河洛地区家谱文化研究

谢琳惠　张昕宇　著

社会科学文献出版社
SOCIAL SCIENCES ACADEMIC PRESS (CHINA)

序言一

中华文化以家庭为本位，倡导家国一体，认为家齐才能国治。历史上统治者对国家的治理往往是通过家族来实行的，家族的安定是国家安定的基础。孙中山先生曾说过："由宗族的团结扩充到国家民族的大团结，这是中国人才有的良好的传统观念。"维护家庭的稳定和谐是中华文明史上最为重要的伦理目标之一。

家谱，上达皇室，下至平民，是以血缘关系为主体，用表谱形式体现家族世系繁衍关系的独特文献，产生于上古时期，完善于封建时代。修撰家谱者，通过记录家族繁衍信息和人文资料，达到尊祖敬宗、和亲睦族、明晰伦理、规范事务、训诫子孙的目的。公修家谱有宣示世家望族荣耀的政治功能，私修家谱有尊祖敬宗的伦理功能。一部家谱往往纵横几百年，上下数千人，内容丰富，包罗万象，能充分反映家族与当时社会、政治、经济、军事、文化等多方面的关系，为后人研究社会、了解历史提供并极为丰富的内容和可靠的数据，具有其他书籍不可替代的文献价值和较高的学术研究价值，素来与国史、方志并称为三大历史文献。著名史学家顾颉刚曾指出，中国的家谱是中国史学中尚未开发的重要"矿藏"。深入开发家谱这座"矿藏"，便可获取许多有关经济、教育、文化、历史、人口、民族等方面的重要史料，以弥补国史、方志等史料的不足，对历史学、社会学、民族学、人口学、教育学等研究均有助益。

《河洛地区家谱文化研究》作者两人，谢琳惠馆长为研究馆员，张昕宇老师为副研究馆员，两位女士均获得郑州大学硕士学位，也都是我的学生。她们在高校图书馆辛勤工作二三十年，工作之余笔耕不辍，编撰出版过相关专著多部，主持完成过国家级科研项目多项，发表过有影响力的核心论文多篇，且是市级地方文献研究基地的负责人及骨干。两人生于河洛文化的核心区——洛阳，又常年工作生活于斯，对河洛文化有独到的见解和深厚的感情，尤其以河洛地方县志、家谱、碑刻、地契、壁画等相关文献收集研究见长。

谢琳惠馆长在加强本馆基础文献资源建设的基础上，为了弘扬河洛文化、提升学校文化素养、凸显馆藏特色，自 2009 年起在图书馆内陆续建设了五个特色馆藏库室：李进学艺术馆、李準先生纪念室、精品碑刻陈列室、壁画地契陈列室、河洛文献资料中心。张昕宇老师负责特色馆的日常管理和讲解服务。她们以此为平台，着力进行特色文献资料的收集、整理、研究与数字化工作，经年累月接待海内外来校参观交流的学者友人以及相关单位领导专家近万人次，并在每年开学季，组织入校新生参观，陶冶师生情操，提高艺术品位，推进素质教育，深受广大师生好评，洛阳理工学院图书馆内的特色馆中馆建设在河南省高校图书馆界也是引领风尚、备受赞誉。

河洛地区家谱涉及姓氏源远流长，其来源宏阔浩博，姓氏交叉重叠，变化万千者众多，涉及民俗学、历史学、姓名学等学科，多姿多彩。凡此种种，构成了独具特色的河洛姓氏文化。研究河洛地区家谱内容，梳理认识映射出的礼俗制度、婚姻制度、丧葬制度和宗族信仰，对于研究河洛地区区域文化及其传统，甚至中华优秀传统文化传承都是一个重要的切入点和抓手。两位作者分工协作，通过各种途径收集整理河洛地区相关家谱 400 余件，在整理原始文献基础上明确河洛地区家谱内涵，确定本书研究范畴、研究方法及研究思路，论证本书整体框架结构及各章节命名，并专门请教国内相关研究领域知名专家，征询对书稿的意见和建议，以此为基础最终完成了 30 余万字的书稿撰写工作。

通读全书，可以看出作者将河洛地区家谱作为一个整体进行系统研究，在构建一手家谱文献资料库的基础上，分析探讨河洛地区家谱收集、整理策略，研究河洛地区家谱中蕴藏的编撰方法、社会现象、宗族信仰以及家谱文献中的文学叙事方式。通过实地走访福建的上杭，广东的广州、河源、梅州、韶关、南雄珠玑巷等地的相关文化古迹和家谱收藏机构，深入了解河洛与客家宗族形态的异同，通过比较研究河洛家谱与客家家谱，分析河洛文化与客家文化的关系与传承。以优秀家谱为例，萃取河洛家谱文化中所体现出来的中华民族传统美德，探讨河洛地区家谱的文化价值以及当代传承与创新等，不一而足。

本书在展示河洛地区家谱资料内容及特色的同时，可以为彰显河洛传统伦理道德，传承优秀河洛文化，推进南北谱学交流，明了海内外"河洛郎"血缘关系提供文献服务，有助于促进社会和谐，弘扬民族精神，增强文化自信。

感于两位女士在繁忙的工作、生活之余，对学术追求仍孜孜不倦，于佳作问世之际，作序一篇，聊表祝贺！

河南省高校图书馆工作委员会主任

郑州大学教授、原副校长

崔慕岳

序言二

　　家谱，是一种以表、谱形式记载一个以血缘关系为主体的家族世系繁衍及其重要人物事迹的特殊图书形态。它产生于上古时期的商朝，完善于封建时代。历史上家谱曾有多种名称，家谱仅是其中使用得最多和最有代表性的一种。家谱类文献的名称大致还有谱牒、族谱、族系录、族姓昭穆记、族志、宗谱、家乘、家牒、世家、世本、帝系、玉牒、辨宗录、列姓谱牒、血脉谱、源派谱、家世渊源录、乡贤录、会谱德庆编、清芬志、先德传、续香集等。三千多年来，家谱在不同时代显现出不同的形态，发挥着不同的作用，其价值与特色非常值得我们研究和探讨。

　　从商周到汉代，家谱的主要作用是祭祀祖先、证明血统、辨别世系，同时又是权力和财产继承的依据。进入魏晋南北朝的门阀社会后，家谱在政治、社会、生活方面的重要性大大增强，家谱的主要作用是证明门第，做官、婚姻嫁娶以及社会交往等都要以家谱为依据，家谱由家族文献转而成为一种政治工具。隋唐两代，取士多由科举，家谱在选官方面的政治作用削弱，但在婚姻等方面的作用增大。宋代以后，取士、婚嫁不看重门第，各社会阶层的成员升降变迁也很频繁，家谱的政治作用基本消失，编修家谱成为家族内部的事情，家谱的作用也随之发生变化。宋元明清几代家谱的纂修主要是为记录家族历史，尊祖、敬宗、睦族、团结、约束家族成员，教育后代，提高本家族在社会中的地位和声望，家谱的教育功能增强，家谱中大量出现家族祖先的善举恩荣和各种家训、家箴，对于传播封建伦理、稳定社会秩序发挥了一定作用。因而，家谱的纂修无论是唐代以前还是宋代以后，往往都得到政府的支持和鼓励。此外，明清两代科举取士，各地中举名额都有一定数量，一些考生往往冒移籍贯，避多就少，迁往文化相对不发达地区，以期容易考上，为此，经常引起诉讼，家谱此时又发挥了证明作用。清代旗人袭爵、出仕，需要出示家谱以为凭据，这可以看作家谱的政治作用的一点绪余。

在当代，家谱作为一种历史文献和准地方文献，它的价值大致表现在以下几个方面：第一，对于古代人物研究具有相当权威的资料价值；第二，对于人口史研究具有重要的史料价值；第三，为封建时代宗族制度的研究提供了最基本的资料；第四，为移民问题的研究提供了第一手资料；第五，是联系团结海外华人，增强中华民族凝聚力的重要因素；第六，是促进两岸和平统一、反对"台独"的有力工具。除此之外，家谱资料还为地方史、家庭结构、社会结构、妇女地位、优生学、民俗学、经济史、科技史、宗教史、中外关系史等领域的研究，提供了大量的可信资料，具有极为重要的价值。

从上古以来，历代所修家谱是难以计数的，其中绝大部分因年代久远，已经湮没于历史的长河之中。存世家谱分藏于海内外各类公藏机构和私人手中，其中公藏占主导，但私藏也不容轻视，尤其是新修家谱的收藏，私藏肯定超过公藏。国内公藏以各级、各类型图书馆为大宗，尤其是省级公共图书馆；此外，在各地的文化馆、文管会、博物馆、纪念馆、档案馆、档案室、文物商店、修志会、公安局以及临时机构清退办中，也都有多少不等的家谱收藏数量。图书馆收藏家谱数量较多的有上海图书馆、中国国家图书馆、南京图书馆、浙江图书馆、湖南图书馆、安徽省图书馆、吉林大学图书馆、河北大学图书馆、中国人民大学图书馆、福建省图书馆、南开大学图书馆、中央民族大学图书馆、福建师范大学图书馆等。家谱收藏分散是有目共睹的不争事实，其收集难度之大也是难以想象的。即使是国内收藏家谱最丰的上海图书馆，其所藏多是上海、江苏、安徽、浙江、江西、福建、湖南、湖北等东南与中南数省家谱原件，其余东北、华北、西北、西南、华南等地家谱原件则收藏极少。

在中国历史上，河洛地区长期是政治、经济和文化中心，历代世族、先贤是中华文明发展的重要建设者和见证人。河洛地区家谱编撰历史源远流长，名家世族如唐宋时代的魏徵、白居易、裴度、杨业、范仲淹、程颢、程颐、邵雍等，明清时代的宋礼、王邦瑞、魏养蒙、郑成功、张鼎延、王铎等，其家谱经后人整理续修，大多仍存于世。由于宋朝之后，国家经济、文化中心南移，加之河洛地区战乱、水害等原因，较之江南地区，河洛家谱湮灭残损严重，其研究尚未引起学界的足够重视，相关研究成果较为欠缺。

本书两位作者，生于河洛地区，长期工作生活于洛阳，致力于河洛古籍及地方文献的整理与研究，在图书馆学、文献学、河洛文化、中原文化等方面有独到的研究与见解。经过长期积累，研究成果颇丰，主持或参与过多项国家级、省部级科学项目研究，公开发表专业论文50余篇，其中30余篇为CSSCI核心期刊论文。自2009年起，谢琳惠馆长负责在洛阳理工学院图书馆内建设开放李準先生纪念室、精品碑刻陈列室、李进学艺术馆、壁画地契陈列室、河洛文献资料中心等特色馆中馆。为了丰富特色馆藏文献，曾先后与洛阳姓氏文化研究会联合，重点对洛阳市及所属县市区家谱进行普查和搜集，共查访到相关家谱1250种，并通过各种渠道收集了以白居易、程颢、程颐家族为代表的家谱360余种400余册。两位作者在收集、整理、研究河洛文献的同时，经年累月接待海内外学者友人参观交流，大力弘扬河洛文化，深受好评。她们的前期理论研究及文献整理实践均为本书的撰写积累了相关资料和研究经验。

通观全书，《河洛地区家谱文化研究》体例允恰、脉络清晰、资料丰富、考辨精详。书中前有概述，宏观论述谱牒学、中国家谱的发展过程，用数据图表分析中国家谱研究现状，使读者得以把握中国家谱及其相关研究的基本情况；第二至六章细述河洛地区家谱研究价值、收集整理策略、编撰方法、文学叙事、社会问题、宗族信仰、家训家规等，完整而成体系地展示了河洛地区家谱的内容和特色；第七章通过实地考察，比较研究了河洛家谱与客家家谱的关系与传承；第八章分享著者收集整理的河洛地区精华家谱实例 35 部；第九章分析河洛地区家谱中潜含的意识形态和文化功用，探讨河洛地区家谱文化价值的传承与创新问题。附录作为全书的补充，开阔了读者的学术视野，从不同角度提升和扩大了全书的学术影响力。

坚定文化自信，深入挖掘中国传统历史文化内涵是当代文化研究的重点所在。家谱作为中国历史文献的重要组成部分，不仅与国史、方志及其他历史文献比较研究，能起到辨伪存真、文史互证的作用，在当前和谐社会建设、优秀传统家风家训传承中也具有现实意义。谢琳惠、张昕宇两位女士以弘扬河洛文化为己任，把图书馆工作理论与实践相结合，长期收集、整理、研究河洛地区家谱资料。本书问世，对于该区域家谱研究来说，是有益的阶段性总结和补充，对于南北谱学交流、当代家谱的撰修也大有裨益。

通读之后，欣然作序，聊表对本书出版的祝贺！

南开大学商学院信息管理系

教授、博士生导师

徐建华

序言三

南宋著名史学家郑樵，将宋以前的谱系之学分为帝系、皇族、总谱、韵谱、郡谱、家谱等6种类型（《通志·艺文略》）。其中的家谱，也称为族谱、宗谱、家乘（取孟子"晋之乘"之义。"晋之乘"，即晋国官修史书，名曰《乘》）等，是一种记录宗族或家族世系传衍和重要人物事迹等内容的文献资料。这些宗族或家族以父系同姓亲族作为组成人员，以婚姻和血缘关系作为联结纽带。

以洛阳为中心的河洛地区，作为中华民族血脉之根、文脉之根的圣地，见证了中华民族的形成和发展壮大、中华文化的产生和繁荣昌盛。世世代代繁衍生息在河洛大地的河洛家族，讲究追本溯源，自古有修撰家谱的传统。"家有谱、州有志、国有史，其义一也。"（章学诚）在一定范围内、一定层面上，河洛家谱正是中华民族史、中国文化史记录传承的载体。迄今，在河洛地区存世家谱众多，从时代上看，旧谱以明清家谱为主；从体例上看，河洛地区家谱大多显得较为完善和规范。如珍藏于洛阳嵩县"两程故里"的《河南程氏正宗世系谱》（程步月版），完成于清光绪三十二年（1906），其世系记载严格按照五世图法：五代为一图，第一图以黄帝为始祖；昌意、白帝为二世；高阳氏为三世；称、鲧、穷蝉为四世，卷章、禹、敬唐为五世。第二图以第五世卷章始，后接着第六世、第七世、第八世、第九世，这五世为第二图。第三图又以第九世始，如此延续下去，且每有名人之处，皆用小传予以介绍。

范文澜先生说："孟子以前，儒家实际就是礼学。"朱绍侯先生说：

"孔子所谓的德治，就是礼治；孔子所谓的仁，其标准就是礼乐。"由此我们可以认为，西周初年周公在洛邑（今洛阳）"制礼作乐"的完成，标志着儒家学说的诞生，至少是奠定了儒家学说的根基。又因周公封于鲁、周公后人治理鲁，故有"周礼尽在鲁也"的说法。诞生于鲁国的孔子不但长期受到周文化的熏陶，还不远千里来到洛阳，问礼于老聃，学乐于苌宏。他曾说"周监于二代，郁郁乎文哉！吾从周"，把"克己复礼"作为终生奋斗目标。今存"孔子入周问礼碑"就立于洛阳市原老城东关大街北侧的县文庙前。儒家文化长期是我们国家传统文化的主导文化、主流文化，因此，河洛地区旧谱中儒家正统观念以及民族意识大都比较突出，有强烈入世意识，注重宣扬先辈家贤的高风懿德，期望子孙报效国家、建功立业。重视教育、家族和睦、勤俭创业等传统美德在河洛地区旧谱中也得到普遍体现。

新中国成立后，尤其是改革开放后，海外华人华侨、台湾同胞、港澳同胞到大陆寻根问祖的热情高涨，他们希望回乡认祖归宗、回馈乡梓；大陆家族也希望重修家谱，凝聚血亲。所以在20世纪80年代后期掀起了新时期家谱修撰热潮。新修家谱在保存旧谱框架内容的基础上，普遍展现出新的时代特征，将旧谱的指导思想与当代社会充分结合，以历史唯物主义为思想指导，主动适应社会主义新的时代要求，修谱宗旨由原来的"强宗固族"升华为"民族富强"，"寻根谒祖"发展为"祖国统一与爱好和平"等。

修谱热潮的高涨，自然而然地促进带动了谱牒研究的热潮。近年来，谱牒研究中的区域家谱研究，如安徽的徽州家谱研究、东北的满族家谱研究、福建的客家家谱研究、宁夏的回族家谱研究等，均取得了十分可喜的成果。但作为家谱文化的起源地，河洛地区的家谱研究似乎尚未引起学界等有关方面的足够重视，就已有成果看，或是仅对河洛地区家谱作题录式介绍，或是仅对一家一姓家谱进行源流考辨，而对河洛地区家谱的史料价值及文化价值缺乏整体认识和系统研究。河洛大地，有共同的文化背景与文化传统，诞生在这里的家谱，有许许多多的共同性，相关研究还有很大的拓展空间。

　　本书的两位作者，谢琳惠研究馆员、张昕宇副研究馆员，长期工作在河洛地方文献收集整理研究的第一线。九层之台，起于累土。经过春露秋霜年复一年的辛苦积累，现已拥有相关一手家谱文献 400 余件，在我看来，仅此一点，就是一项可圈可点的重要贡献。而二位作者呈现给我们的《河洛地区家谱文化研究》一书，正是她们对这数百部家谱原件多层次、多角度深入细致梳理、探索研究的成果。粗略归纳起来，大体可以涵盖以下几个方面：第一，本书从中国家谱的起源及发展演变和当前国内家谱研究现状两条脉络，让我们了解、把握了中华家谱史及其相关研究的基本情况；第二，细述了历史上河洛地区家谱的收集策略、整理策略及影响家谱编撰的因素，分析了河洛地区家谱研究工作已经取得的成果与亟待加强改进之处；第三，分析了河洛地区家谱中反映的社会问题、宗族信仰问题以及家谱中的文学叙事方式，展示了河洛地区家谱的重要地方特色；第四，鉴于家训家规内容是河洛地区家谱的重要组成部分，尤其是当前社风家风建设可以而且需要从传统家教中汲取精华，作者特将具有代表性的家训家规内容提炼出来并分析其时代价值；第五，比较研究了河洛家谱与客家家谱、闽南家谱的关系；第六，着重介绍和分享了洛阳市及相关区县 35 部优秀家谱实例；第七，总结了河洛地区家谱中潜含的意识形态，探讨了家谱文献对于当代的文化功用以及在社会主义核心价值观建设过程中家谱文化的传承与创新问题。通过以上这些方面，可以看出本书对河洛地区家谱文化的研究是系统且严谨的，在区域家谱研究领域可称为典范之作，这对当代家谱的编撰也具有借鉴指导作用。

　　以习近平同志为核心的党中央，特别重视中华传统文化的继承和创新，延续历史文脉，坚定文化自信，为实现中华民族伟大复兴的中国梦培根铸魂，已成为时代的共识。家谱文化是中华传统文化的重要组成部分，作为中华民族一笔珍贵的历史文化遗产，我们应该而且也有必要充分发掘和传播家谱的时代价值，从家庭教育方面为社会主义核心价值观的弘扬和践行培根固本！同时应该也有必要通过家谱为海内外游子存一份乡情，增强故土的向心力和凝聚力。

2021 年是"十四五"规划的开局之年。时值牛年新春佳节，承两位作者将《河洛地区家谱文化研究》书稿赐我阅读，并约我写几句话。拜阅书稿，深为她们热忱的家国情怀、严谨的治学态度以及她们所取得的重要学术成果而感动！遂不惮愚拙，欣然命笔，写出以上这些文字，权以表达笔者对本书面世和作者成就的由衷祝贺！

中国河洛文化研究会理事

河南省文史馆馆员

洛阳姓氏文化研究会名誉会长

徐金星

自　序

2019 年 9 月习近平总书记在郑州主持召开的黄河流域生态保护和高质量发展座谈会上指出，要保护、传承、弘扬黄河文化。黄河文化是中华文明的重要组成部分，是中华民族的根和魂。要推进黄河文化遗产的系统保护，深入挖掘黄河文化蕴含的时代价值，讲好"黄河故事"，延续历史文脉，坚定文化自信，为实现中华民族伟大复兴的中国梦凝聚精神力量。

河洛地区作为黄河文化的发源地，长期是奴隶制国家、封建制国家的都城所在地，见证着中华民族的兴衰变迁。灿烂悠久的河洛文化，深植于中原厚土，孕育出历史长河中的璀璨群星，作为黄河文化的核心组成部分，其对中华民族的文明进程有着深远的影响。黄河文化以农耕文化为主，而祖先崇拜与宗法制度，则是农耕文化的重要社会基础。河洛地区家族历代重视家庭建设、子孙教育，讲究追本溯源、敬宗睦族、清正家风、耕读传家，有撰续家谱的传统。

家谱是以记载一个血缘家族的世系与事迹为主要内容的史类文献，历代撰续的家谱是家族内最牢不可破的契约文书，家之有谱，犹国之有史、地之有志。可以说，家谱是家族自身最本真翔实的文献资料和史料记载。一个家族，尤其是世家，即那些世代相沿的大姓氏大家族，要想对其思想深入挖掘，必须通过其家谱对姓氏源流、图谱世系、分流播迁、诗词歌赋等进行广泛了解。对家谱资料的收集、整理与研究，有助于突破正史的传统局限，使家谱成为国史与方志的有益补充和佐证，有助于传承中华正统文化的精髓，赋予优秀中华传统文化新的时代精神和生命力。

众多家谱研究成果中，引人瞩目的是上海图书馆编纂的《中国家谱总目》，它是一部迄今为止收录中国家谱最多、著录内容最为丰富的专题性联合目录，收录家谱种数达到52401种。这部宏著不仅是所录家谱的集大成者，还客观评价了所录家谱的特色，萃取了谱中有价值的资料等，在客观记录家谱本身的同时为读者提供了更多有用的家族信息和查询线索。此外，学者张海瀛等主编的《中华族谱集成》，陈建华等主编的《中国家谱资料选编》，谢琳惠的专著《洛阳地区家谱提要》等，均是近年来家谱搜集整理与研究方面的代表性成果。

河洛地区家谱撰续历史源远流长，流传下来的家谱文献数量非常可观。唐代诗人白居易，宋代政治家吕蒙正、范仲淹，宋代理学大家程颢、程颐、邵雍，明末清初书画家王铎，清兵部右侍郎张鼎延等家族的家谱仍存于世。由于历史久远、文献珍贵，加上家谱的私密性和神圣性，民间自古就有"黄金犹可借，家谱不可借"之说，几乎每个家族都对家谱份数有严格控制，并要求妥善保管，秘不示人，这些都给家谱收集整理以及研究带来困难，所以河洛地区家谱的收集与整理，目前大多限于民间的个人行为和家族行为。文献学、谱牒学等相关研究论著或是对河洛地区家谱做题录式介绍，或是对一家一姓进行源流考辨，而将散落世界各地的河洛地区家谱资料作为一个整体进行系统的整理与研究，尚处于空白状态。这使得河洛家谱应有的文化价值得不到更好的开发和利用，在探究华夏文明之源，传承弘扬黄河文化，利用根亲文化资源，增强中华民族凝聚力，打造中原华夏文明创新区建设等方面，无疑是巨大的缺憾。

充分整理挖掘区域家谱的文化内涵及其时代价值，是著者撰写本书的初心，而河洛地区家谱具有的研究便利性及文化价值丰富性，是本书以河洛地区家谱作为主要研究方向的助力。河洛地区家谱的文化价值丰富性，首先体现在河洛地区家谱的编撰思想最为丰富，历史延续久远，强调家谱"尊祖收族"作用，进行"尊尊亲亲之道"的伦理教育。程朱理学的兴起和发展，更加强调纲常礼教，社会各个层面均受其影响，在家谱上也体现出纲常礼教的内容。因而，宋、元、明、清修家谱的指导思想就是传播纲常礼教，一直延续到清末。比如说洛阳程氏家族修谱始于东周，据《二程故里志》（程氏景先堂藏版）记载，从春秋晋国程叔本始撰至清光绪三十二年（1906）程步月续修，程氏家族共修谱十四次，程步月版《河南程氏正宗世系谱》古谱现珍藏于洛阳嵩县二程故里。1987年程远化等再修《河南程氏正宗世系谱》，尊始祖为黄帝，始迁祖为程羽。谱中载有宋淳熙八年（1181）朱熹文以教育程氏子孙道：

> 君亲一体，忠孝一道。五刑之戒，莫大于不忠。百行之首，莫先于不孝。为人臣者，当鞠躬尽瘁。为人子者，当慎终追远，不可一毫或忽也。

程氏家族历代注重修身齐家，重视家教家风培养。北宋理学家、"洛学"代表人物程颢写下了173字的程子家训，用以规诫子孙族人。其弟程颐对子孙明示："天下之治，正家为先。治家之道，以正身为本。"洛阳程氏家族在弘扬忠孝、廉洁、宽容、节俭这些中华民族传统伦理家教的同时，用孔子"君子有九思"的修身之道，着力培养程氏后人的君子风范、圣贤人格，这是程氏家谱的显著特点，与今天社会主义核心价值观公民层面的观念是遥相呼应的。其次，在家谱体例方面，河洛地区家谱也表现得更为完善，既有小宗谱法，也有大宗谱法。私修家谱自宋兴盛以后，宋代家谱大多遵循欧苏体例，该体例在世系图上采用五世一迁的小宗谱法，每谱只记五世，上自高祖，下至玄孙。明代完成了将正史体裁引入修谱的转变，明以后家谱深受正史、方志的影响，仿照正史、方志的体例编修家谱，综合小宗、大宗之法，一方面行"图定为五世一提行，准朱文公及欧阳谱"的小宗之谱，另一方面又依据"大宗之法"的要求，规定"五世提行必先大宗，而后小宗，循此周而复始，不拘年齿，寓宗子法也"。于是一部家谱成了一个家族百世的纲纪，远远突破了宋欧苏五世体例的框架。正因如此，河洛地区家族谱所记内容也大大增加。内容除记载祖先名讳、世系、事迹、官职外，普遍收有姓氏源流、迁徙情况、分支分派、祠堂、家训家规、人物传记、契约文书、艺文著作等内容。

著者工作在洛阳理工学院图书馆，该馆屹立于河洛大地，长期以来坚持加强河洛地区特色文献资源建设，积极弘扬河洛优秀传统文化。为丰富特色馆藏文献，著者与洛阳姓氏文化研究会联合，重点对洛阳市及所属县市区家谱进行了普查和收集，共查访到家谱1250种，后又征得各方面同意，通过各种渠道收集了以白居易、程颢程颐家族为代表的360余种400余册河洛地区姓氏家谱。

这本小书以馆藏400余册河洛地区家谱为文献载体，撷取精华，深入考究河洛家谱的体例变迁、家谱内叙与公开文献的异同、家族内迁外徙的路线图，比较研究河洛家谱与客家家谱，着力研究家谱中记载的家训族规内容，深入挖掘河洛传统家训文化中蕴含的时代价值，从馆藏河洛地区家谱文化研究这个角度阐述家国一体、尊宗敬祖、自强不息、刚健有为、百折不挠的中华优秀传统思想，延伸扩展学术界对于区域家谱的研究。撰写本书试图达到如下目的。

一是表彰先贤，启迪后生。河洛地区历代名人是中国历史的重要建设者和见证者，集中体现了中国传统知识分子谦淳和谐、崇文重教、兼容并蓄、明达智慧、尊祖睦亲、爱国爱乡的精神气质，家谱中蕴藏着丰富的家族内部没有公开的史料，有助于世人进一步了解先贤所在家族的姓氏源流、族规家法、世系图谱、事迹诗文、分支迁徙等史实，甚至能起到对公开文献辨伪的作用。系统研究河洛地区家谱，发掘河洛地区家谱的编制体例变迁，比较世族家谱与一般家谱的凡例异同，审视家谱所叙内容与国史、方志、碑刻等公开文献的差异，梳理河洛地区家族内迁外徙路线图对于表彰先贤、启迪后生、凝聚世界华人力量、传承中华传统文化精髓、提高中原崛起文化自信力、实现河洛文化复兴均是有利因素。河洛地区的世族家谱大多被其后人整理，进行续修、重修，如唐宋时代的白居易、魏徵、裴度、程颢、程颐、邵雍、范仲淹等。明清时代存世家谱更多，如宋礼、王邦瑞、魏养蒙、张鼎延、王铎等。本书将重点考索河洛地区存世家谱，通过各种渠道将其收集整理，构建河洛地区家谱文献资源库，研究河洛地区家谱文化发展趋势。

二是挖掘史料价值，传承河洛文化。历史上，河洛地区名人望族灿若群星，绵延不绝，有炎黄子孙的人文始祖炎黄二帝，有政治人物商汤、周公、刘秀、曹操、武则天、上官仪、魏徵、范仲淹、郑成功，有思想家老子、苏秦、邵雍、程颢、程颐，有文学家韩愈、杜甫、白居易、刘禹锡、李贺，有医学家华佗、张仲景，有画家吴道子，有佛教人物玄奘，有天文学家张衡等，不胜枚举。这些河洛名人对中国传统文化的形成与发展起到了重大的奠基与推动作用。对存世河洛地区家谱的收集、整理与研究，有助于萃取河洛优秀传统文化的时代价值，使其焕发新的生命力。

三是推动谱学研究，加强南北交流。作为家谱文化的起源地，作为中华姓氏的主要产生区，河洛地区居民尤其重视根亲意识、祖先崇拜，其家谱文化在整个中国的家谱文化中，占有举足轻重的地位。著者在前期相关研究中，提出河洛地区家谱整体上具有姓氏众多、历史久远、名人众多、移民居多、版本繁多、时代特点鲜明等六大特征，厘清了客家人五次大迁徙与河洛地区的关系。据查，河洛地区所修家谱版本，清代多为版印本，民国则主要为石印本，新中国成立后至20世纪80年代多为手抄本或油印本，当今多为铅印本或电脑排印本。存世亦有少量的碑刻家谱。在前期研究的基础上，本书进一步系统研究散落各地的河洛地区家谱，对当代家谱学、文献学、文化传承与创新具有积极意义。

四是为寻根拜祖做好服务。随着社会的发展、经济的繁荣，人们的物质生活基本得到了满足，而且多数地方还相当富裕，人们迫切需要寻觅家族渊源，希望把家族的根脉梳理清晰，使宗支世系一目了然，而这些宝贵材料只能在家谱中找到。上海图书馆家谱阅览室自开放以来，接待了海内外众多读者，已故的国家原副主席荣毅仁就曾到上海图书馆查找其家族家谱，当查到自己在谱上有名时非常兴奋，这成为其晚年最后一次回到上海时非常欣慰的一件事。中华民族正在实现伟大的强国梦，海外游子、侨居他乡的众多侨民，寻根拜祖是为了寻找灵魂的故乡、精神的慰藉，找到祖根，明了血缘关系，梦回故乡，心念故土，充满温馨和自豪。访故里，访故旧，访祖国，"寻根热"的出现是中华民族强大的标志，对促进祖国统一、增强海内外华人的团结具有重大价值。

五是促进社会和谐，弘扬民族精神。河洛地区孕育出的河洛文化是中华民族的根文化、母体文化，发掘与传承优秀传统文化，有助于树立中华民族高度的文化自觉性和文化自信心。河洛家谱文献中所体现的刚健有为的人生态度、和而不同的处世方法、天人合一的哲学思维等，对于今天我们建设民主法治、诚信友爱、人与自然和谐相处的社会均有现实指导借鉴意义。

目 录
Content

第一章　中国家谱的发展及相关成果概说

第一节　谱牒学及其演变

一般认为，谱牒是记载一个家族的历史资料，也称为家谱、族谱、家乘、宗谱等，是记录宗族或家族的世系发展情况的图书或简册，这些家族以父系同姓亲族为组成人物，以婚姻和血缘关系为连接纽带。郑樵将宋以前的谱系之学分为帝系、皇族、总谱、韵谱、郡谱、家谱等 6 种类型①。

对谱牒的研究古已有之，其应用研究始于汉代，《史记》中有关帝王谱牒的记载，说明汉代司马迁已经把家谱资料应用到史学领域——纪传体史书的撰写中了。"谱学"一词，最早见于萧子显《南齐书·贾渊传》，据说晋以前"谱学未有名家"。② 在魏晋南北朝时期，由于谱牒的社会作用很突出，引起了人们对谱牒撰修的高度重视，一时修谱之风盛行，谱学成为一种专门学问，产生了精于谱学的谱学家。什么样的人才能称为谱学家呢？唐代柳芳说："善言谱者，系之地望而不惑；质之姓氏而不疑；缀之婚姻而有别。"按柳芳意思，谱学家必须熟悉人物的政治、社会地位，辨清族姓的来源和支派及其婚姻关系。

魏晋南北朝时期，由于谱学的兴盛，形成了几代传承的谱学世家，最为著名的当为南朝的贾氏谱学和王氏谱学。贾氏谱学的奠基者是东晋的贾弼，其子孙贾匪之（宋）、贾渊（齐）、贾执（梁）世传其学，绵

---

① 郑樵 . 通志 [M]. 北京：中华书局，1987：第 1 册 783.
② 萧子显 . 南齐书 [M]. 北京：中华书局，1972：第 2 册 907.

延200余年，形成了一个典型的谱学世家。与贾氏谱学并称的是王氏谱学，其并非像贾氏谱学那样出于家世嫡传，而是一批王姓谱学家（主要是琅琊王氏和东海王氏）的合称。《新唐书·柳冲传》："王氏之学本于贾氏。"这说明王氏谱学是受贾氏谱学影响而发展起来的。王氏谱学兴起于梁武帝时，创基者是琅琊人王弘，他"日对千客，不犯一人之讳"。而把王氏谱学推向高峰的则是另一派王氏——东海剡人王僧孺，他撰《中表簿》，又改定《百家谱》，集《十八州谱》七百一十卷，有《百家谱集抄》十五卷、《东南谱集抄》十卷。

隋唐时期的魏元忠、张钧、刘知幾、李衢等人虽不以谱学家知名于世，但他们的谱学著作仍有很大影响。北宋苏洵作《谱例》《苏氏族谱图》《大宗谱法》，欧阳修作《欧阳氏谱图》等，称誉为"苏谱法""欧谱法"。南宋郑樵是大学问家，倡导谱牒，所著的《通志·氏族略》，对谱牒的篇目整理等意义重大。

明清是家谱编修的最高峰，涌现出一批谱学专家及为数不少的谱学专论。明代归有光是非常有影响的学者，他在《华亭蔡氏新谱序》中认为，当时谱学已经被废日久，即使很大的官吏，其三代四代之后，无人知晓的情况也司空见惯，谱牒已经消亡了。清代章学诚在方志研究方面成果丰硕，方志与谱牒密切相关，因而他对谱牒的研究也多有成果，其著作有《高邮沈氏家谱叙例》等。他的著作对家谱的起源、发展、作用、意义进行评判，剖析了以前家谱理论和实践存在的不足，建议官府应设志科，兼收谱牒。纪昀编修《四库全书》，其撰写的《景城纪氏家谱序例》被奉为典范之作。谭嗣同曾作《浏阳谭氏谱》四卷，对谱学的历史、编撰方法与意义等进行论证，全面翔实，值得阅读和研究。

民国以后，学术界一大批学者着手全面研究谱牒，从中发掘其历史价值、文化意义，成绩突出。20世纪谱学大家当推潘光旦（1899~1967）、罗香林（1906~1978）、杨殿珣（1910~1997）等人。

潘光旦先生著有《中国家谱学略史》《家谱与宗法》《章实斋之家谱学论》《通谱新解》《说家谱作法》《家谱还有些什么意义？——黄冈王氏家谱代序》等一系列谱牒学成果。其中，《中国家谱学略史》（载于

《东方杂志》第二十六卷第一号107～120页，1929年1月10日出版）是其代表作，内容涉及谱学之史实，全书分为：（一）国立谱官谱局；（二）谱学及姓氏学专家代有其人；（三）谱学在书库中的特殊地位与其内部分化；（四）谱学作品之多；（五）谱学与史学的关系；（六）宋以来于谱学有贡献的学者及其内容。在潘氏的笔下，古代家谱学大致经历了三个阶段：第一阶段为先秦到两汉时期，此阶段谱学主要记载帝王诸侯的世系，平民谱学没有重大发展；第二阶段为魏至唐，为中国谱学最盛时期；第三阶段是自宋迄今，谱学由官而私，实用功能尽失。潘氏的系列文章对近代家谱学研究无疑具有开创之功，然而潘氏认为宋代以后谱学不但没有发展，反而呈退化趋势，对宋以后的谱学多有批评，对明代谱学更少有论述。

罗香林先生是著名的历史学家、客家研究的开拓者。他一生为家谱的搜集与整理做出了特殊贡献，曾访美、日阅谱。1965年10月，其发表在香港大学中文系系列讲座资料，并用英语做题为《中国族谱研究》的演讲。这是他首创的研究课题，可说是继甲骨学之后，又一新学科领域。其后补充并撰成《中国族谱研究》一书，叙述中国族谱研究之史学意义、中国谱学之源流演变与特征、中国谱牒之流传与保存以及中国族谱之学术地位等，从此奠定了中国族谱的学术地位，成为历史学中的一个重要分支。

杨殿珣大半生致力于古文献的整理与考订工作，家谱学代表作是《中国家谱通论》（载《图书季刊》新第三卷第一、二合刊，新第六卷第三、四合刊，新第七卷第一、二期合刊，1945年6～12月出版）。该文共分三章，第一章为中国谱学沿革，包括：（一）谱牒起源，（二）两汉谱牒，（三）魏晋南北朝谱学概论，（四）魏晋南北朝谱学著述，（五）魏晋南北朝谱学的批评，（六）唐代谱学概况，（七）宋代谱学概括及欧苏族谱，（八）宋代以后谱学概况及清人对于谱学的贡献；第二章为家谱的名称内容及编纂体例，包括：（一）家谱名称沿革，（二）宋以前家谱内容推测，（三）明清以来家谱内容述略，（四）明清以来家谱内容的递增，（五）家谱编纂体例，（六）家谱书法，（七）特殊家谱举例；第三章为家谱的收集与应用，包括：（一）历代家谱搜集，（二）国立北平图书馆所藏家谱统计，（三）历代对于家谱的应用及明清以来家谱的可信程度，（四）家谱在现代学术研究上的应用。该文论述了中国谱学的起源、发展状况，家谱的内容体例，家谱的搜集与应用，但其对区域性谱学的阐述相当有限，给后来者留下了很大的研究空间。

新中国成立初期，谱学研究基本处于停滞状态。改革开放以来，由于逐步对家谱学重视，谱牒研究工作逐渐恢复并取得了一些成绩。20世纪80年代之后，学者们对宋以来的谱牒研究不断深入，谱学的发展也不断得到肯定。最近30年，国内外研究家谱的专家与学者不胜枚举，相关的专著与论文也非常多，如来新夏、冯尔康、常建华、徐建华、王鹤鸣、张廷银等。

来新夏教授主要从事历史学、目录学、方志学等研究，被学界称为"纵横三学"的著名学者。其2011年出版《近三百年人物年谱知见录》，叙录明末至清末三百年间人物年谱，收录谱主1251人，叙录年谱1581篇。全书分为十卷，前八卷为书录，按年代编次，卷九为知而未见录，卷十为谱主、谱名、编者、谱主别号索引。所著录者，除卷九，均为编著者经眼。著录内容包括谱主小传，年谱著录情况，年谱内容特色、价值等，十分丰富，一书在手，既可以指引门径，又有省却翻检之功。

冯尔康教授主要从事中国古代史、清史、中国社会史暨史料学的教学与研究。其重要研究领域之一即中国宗族历史，1994年出版《中国宗族社会》，将中国宗族史划分为四个发展阶段，即先秦的贵族、典型宗族制，中古的士族宗族制，宋元的官僚宗族制，明清的绅衿宗族制，发展趋势是平民化和民众化；1996年出版《中国古代的宗族和祠堂》；1997年参与编撰《中国家谱综合目录》，为该书撰写长篇序言，论证谱牒的学术价值；2011年出版《中国宗族制度与谱牒编纂》，这是一部涉及中国古代、近当代宗族史和谱牒学的论文集。

常建华教授师从冯尔康教授学习清史，对谱学研究颇有建树，相关专著有1998年出版的《宗族志》，2005年出版的《朝鲜族谱研究》及《明代宗族研究》，2012年出版的《明代宗族组织化研究》（上下

册）等，陆续发表《家族谱研究概况》(《中国史研究动态》1985 年第 2
期)、《二十世纪的中国宗族研究》(《历史研究》1999 年第 5 期)、《中
国族谱学研究的新进展》(《传统中国研究集刊》2008 年第 5 辑)、《近
十年晚清民国宗族研究综述》(《安徽史学》2009 年第 3 期)、《近十年
明清宗族研究综述》(《安徽史学》2010 年第 1 期)、《民国宗族研究综
述》等有关宗族、家谱的综述性文章。

1997 年来新夏和徐建华出版《中国的年谱与家谱》，由年谱和家谱
两部分组成。第一，年谱，分年谱的缘起与发展、谱主、编者、体裁、
刊行与流传、史料价值、编纂工作、工具书等八部分；第二，家谱，分
家谱的起源、发展与演变、名称与类型、内容与结构、避讳与谱禁、价
值与利用、流传与收藏、记录与整理、纂修、特殊家谱——玉牒、少数
民族家谱等十一部分，也是研究年谱和家谱不可多得的佳作。

2010 年徐建华出版《中国的家谱》，分家谱起源、名称与类型、发
展与演变、内容与结构、字辈与堂号、宗规家训、纂修、家谱的流弊、
避讳与谱禁、皇室家谱——玉牒、名谱之最——《孔子世家谱》、少数
民族家谱、流传与收藏、记录与整理、价值与利用、家谱的现状、家谱的
数字化、附录等十八部分，对中国家谱起源发展与演变进行了整体梳理。

20 世纪的谱学大家普遍肯定魏晋南北朝谱学的成果，而对宋以后
的谱学发展不够重视，尤其对区域性谱学研究涉猎很少，整体宏观概括
多，缺乏针对性。

第二节　中国家谱的发展

历史证明，中华文化以家庭为本位，家国一体。统治者对国家的
治理是通过家族来实行的，家族的安定是国家安定的基础，家齐才能国
治，正如孙中山先生所说，"由宗族的团结扩充到国家民族的大团结，
这是中国人才有的良好的传统观念"。因此，维护家庭的稳定和谐就成
为中华文明史上最为重要的伦理目标。

家谱，上达皇室，下至平民，以血缘关系为主体，是一种以表谱形式体现家族世系繁衍关系，尤其是把重点人物进行详细介绍的独特图书①。修撰家谱，旨在记录家族人文资料，繁衍信息，明晰伦理，规范家族事务，尊祖敬宗，倡导家族团结和睦，促进民族大团结。家谱产生于上古时期，完善于封建时代。

古代家族极其重视家谱的撰写与修订，公修家谱有宣示世家望族荣耀的政治功能，私修家谱多有尊祖敬宗的伦理功能。一部家谱往往纵横几百年，上下数千人，内容丰富，包罗万象，能充分反映家族与当时社会、政治、经济、军事、文化等多方面的关系，为后人研究社会、了解历史提供并展示了极为丰富的内容和可靠的数据，具有其他书籍不可替代的文献价值和较高的学术研究价值，素来与国史、方志并称为三大历史文献。中华文明上下五千年，历史长河源远流长，各类家谱，历经沧桑，难以数计，起码有四万多种流传于世界各地，内涵之丰富，研究价值之重大，在历史文献中具有独特而重要的地位。著名史学家顾颉刚曾指出，中国的家谱是中国史学中尚未开发的重要"矿藏"。深入开发家谱这座"矿藏"，便可获取许多有关经济、教育、文化、历史、人口、民族等方面的重要史料，以弥补国史、方志等史料的不足，对历史学、社会学、民族学、人口学、教育学等研究均有助益。图 1-1 是南宋大儒朱熹晚年为友人家族谱手书的"家宝"二字，遒劲有力，气势恢宏，足见其对家谱的重视，该手迹也一度成为谱师修谱时的通用品，往往刻印于民间家谱的谱首。

中国家谱的起源，说法不一，归纳一下，传统学术界基本持四种观点：殷商起源说、周代起源说、秦汉起源说、宋代起源说。这些认识和看法均是依据出土文献来界定的，如果综合运用考古学、民俗学等方法进行考察，就会发现家谱的产生时代更早。很多民族的发展史证实，文字发明以前，基本是以口传、结绳来记述家族世系的，中华民族也不例外。

---

① 徐建华. 中国的家谱 [M]. 天津：百花文艺出版社，2002：1.

图 1-1　朱熹手写"家宝"二字

　　殷商起源说。最古老、最原始传世的甲骨文属于实物家谱，也是世界上独一无二的。第一，容庚等编的《殷契卜辞》，有一件编号为209号，是最早的一件；第二，《库、方二氏藏甲骨卜辞》中一件编号为1506号的，是最早被收录的甲骨家谱；第三，董作宾先生编著的《殷墟文字乙编》，其中有一件编号为4856号，是最早让公众见到的。第三件有较高的文献学价值，但文字少，与第一件相比，稍次一点。第二件被大英博物馆收藏，是一大片牛肩胛骨，编号为1506，记载着商人家族世系，文字典型完整。11代世系，13个人名被详细记录，按世系30年为一代，该家族有三百余年家谱史，年代久远，世所罕见。对此片甲骨，学界分歧较大，董作宾、胡小石、郭沫若等先生认为是伪的，于省吾、李学勤、饶宗颐等先生认为可信。

　　周代起源说。周代已存史官修谱制度，并且铸记家族世系于鼎彝之风在全社会盛行，在已发掘的周代青铜器上，可以看到详略不一的家族世系记载。"世系"一名，最初见于《周礼·春官·小史》："掌邦国之志，奠系世，辨昭穆。"其中，系是指天子的帝系，而诸侯的世系则称为世本，世是指世系，本则表示起源。柳芳在《族谱总论》中提道："氏族者，古史官所记也，昔周小史定系世，辨昭穆，故古者有'世本'，录黄帝以来至春秋时诸侯卿大夫名号继统。秦既灭学，诸侯子孙失其本系。汉兴，司马迁父子乃约《世本》修《史记》，因《周谱》明世家，乃知姓氏之所由出。"《史记·三代世表》记载"自殷以前诸侯不可得而谱，周以来乃颇可著"，意思是说商代以前的谱牒无据可查，而西周以后的谱牒则可以查考，可见在当时是能够见到西周时期的谱牒的。

秦汉起源说。商、周王室的家谱，后人曾加以整理，编成《五帝德》《帝系》《五帝系牒》《世本》《帝王诸侯世谱》等通代谱牒。据传由先秦时期史官修撰的《世本》一书在西汉末年时经刘向校整后定为现名，后来在唐朝时为避唐太宗李世民讳，又一度改名为《系本》。《汉书·艺文志》记载："《世本》十五篇，古史官记黄帝以来迄春秋时诸侯大夫。"汉代著名史学大师司马迁在创作其不朽的史学著作《史记》时，就曾参考并仔细研究过这些资料。他自称："余读牒记，黄帝以来皆有年数。"在此基础之上，他结合实地游历、考察所得，写成《五帝本纪》《夏本纪》《殷本纪》《周本纪》《楚世家》《三代世表》等，完整、系统而具体地记录了黄帝、颛顼、帝喾、尧、舜等五帝的世系和夏、商、周三代王室以及楚王室由始祖而下的本支历代世系。同时，司马迁还根据春秋时期各国国君的家谱，编成《十二诸侯年表》。遗憾的是，那些原始的家谱文献由于年代久远，大多早已失传。今天，我们只能见到后人辑佚、整理的部分本子和司马迁《史记》中的记述。

宋代起源说实证更多，不再赘述。殷周最早使用文字记载的家谱形式是甲骨文和金文，甲骨文已是比较全面系统的文字，金文是刻在钟鼎及器物上的文字，这些文字记载中有世系的变化，意义重大。在文字发明以前，祖先们记载各种大事用结绳和口述来完成，家族世系也不例外。这是比较原始的家谱形态，口述家谱和结绳记事，在一些相对落后的民族，一直沿用至今。

我国家谱文献起源很早，可"家谱"专词的出现却相对较晚。相传荀子编修的《春秋公子血脉谱》是中国历史上第一部以"谱"为名的宗族史籍，其"血脉"二字，形象地揭示了家谱作为血缘系谱的特点，尽管此书如今已佚，但被称为谱的滥觞。目前见到的最早"家谱"专词记录，见于六朝时刘孝标《世说新语注》中曾引用的《王氏家谱》，据此推断，"家谱"一词最晚出现在南北朝时期，但具体出现于何时，已不可考。

综上所述，家谱文献在中国自古有之。司马迁说："维三代尚矣，年纪不可考，盖取之谱牒旧闻。"（《史记·太史公自序》）他在记录三代史迹时，就参考过那个时代的谱牒。后来史书的"表"，就是由谱牒演变而来的，这是家谱的原始状态。

经过氏族社会、夏商时期的发展，到了周代，家谱文献逐渐脱离了其原始状态，达到一个新的发展阶段。这是因为，周朝建立了由氏族组织演变而来的以血缘为基础的宗法制度，即嫡长子继承制。可以说谱牒的正式产生与宗法制度有关，谱牒的一个重要作用就是维护宗法制度。

在宗法制度下，周王自称天子，王位由嫡长子孙即宗子继承。天子的幼子、庶子则被封为诸侯。诸侯职位由其嫡长子孙继承。诸侯的诸幼子、庶子则被分封为卿大夫。由卿大夫到士，其大宗、小宗的继承制与上同。这种大宗、小宗是多层次的，也是相对的。周王是大宗子，诸侯相对周王而言，是小宗，但在诸侯本邑内，诸侯则是大宗，卿大夫相对诸侯而言，就是小宗，如此等等。天子为周室的宗子，诸侯为一国的宗子，卿大夫为一家的宗子。天下、一国、一家，只有大宗才称宗子，由宗子掌握天下、一国、一家的所有权。宗子在本邑宗族中占统治地位，主持祭祀和占卜，并有团聚宗族、管理宗族事务、统率宗族武装的责任，对宗族其他成员享有政治权和剥削权。由天子至士民，层层分封，通过血缘关系确定财产和权力的分配，从而达到巩固奴隶制统治的目的，由此可知，宗法制度也就是家族制度，其核心就是一个家族只有嫡长子能够继承氏族名称和先人的爵位，其余诸子只能另立小宗作为氏族或家族延续的旁支。基于这种严密的等级身份制的需要，用来"奠系世、辨昭穆"，记载血缘亲疏、嫡庶长幼的家谱，在周代有了相当大的发展。不但各个贵族出于尊祖、敬宗需要，在鼎彝礼器上竞相铭刻自己家族的世系和活动，同时国家也设立专官负责全国所有贵族家谱的记载与管理，建立了一套完善的史官修谱制度。史官修谱制度又造就了一批谱学世家，出现了中国第一批谱学著作。这一切，标志着中国家谱到周代已经正式诞生[①]。

---

① 王鹤鸣. 中国家谱通论 [M]. 上海：上海古籍出版社，2010：14.

秦汉设立了管理谱牒的官职，名宗正，掌管记载序录王室嫡庶之顺序排列，包括各个宗室亲属远近关系，但宗正只负责管理皇族事务和掌修皇族的谱牒；魏晋南北朝是家谱发展的重要时期，国家设立了谱局和谱官，专门从事谱牒编修和保管工作，其谱局收藏的是百家之谱。按照规定，凡是百官族姓撰修了家谱的，都必须呈送谱局，谱局的谱官对私修家谱加以考核、审定，然后收藏在谱局中，成为官方承认的官籍，称为簿状。而百姓家中所藏的家谱则是私书，称为谱系。郑樵《通志·氏族略第一·氏族序》说："自隋唐而上，官有簿状，家有谱系。官之选举，必由于簿状；家之婚姻，必由于谱系。历代并有图谱局，置郎、令史以掌之，仍用博古通今之儒知撰谱事。凡百官族姓之有家状者则上之，官为考定翔实，藏于秘阁，副在左户。若私书有滥，则纠之以官籍；官籍不及，则稽之以私书。此近古之制，以绳天下，使贵有常尊，贱有等威者也。所以人尚谱系之学，家藏谱系之书。"魏晋南北朝时期无论是在选官用人，还是在世家大族的婚姻方面，谱牒都发挥着极其重要的作用，这是其突出的时代特点。魏晋南北朝选官实行九品中正制，朝野上下没有不重视门第观念的，所有选举均要参考谱牒，"平流进取，坐至公卿""上品无寒门，下品无士族"就是当时的真实写照；门阀制度下，社会被分割为不同等级社会阶层，主要有士族与庶族、上层士族与下层士族、南方士族与北方士族、侨姓士族与土著士族等。这些社会阶层又形成一个个相对封闭的婚姻集团，不得与其他阶层通婚，否则会受到人们的指责，甚至被弹劾。可以说，魏晋南北朝时期的谱牒为维护官僚统治起到了保驾护航的作用。

唐朝是官修家谱最发达的朝代之一，政府设立专门机构组织编修了数部大型谱牒著作，著名史学家郑樵曾说"谱系之学，莫盛于唐"。士族兴起之后，打破门第禁锢，家谱在社会生活的作用渐趋弱化，但门阀观念并没有消失，继续对社会产生影响。唐朝推行科举制，但之所以多次编制官修谱牒，其原因也还是出于对门第的追逐。唐太宗修《氏族志》，武则天修《姓氏录》，诸臣效法，各修其家谱。唐宋宗正寺，有所谓《皇唐玉牒》《皇宋玉牒》，记载皇族帝系宗支，主管皇族事务。修谱之风气逐渐渗入社会各界，尤其是民间乡野之地。

经过魏晋南北朝的兴盛和唐朝的发展，宋代以后谱牒撰修发生了变化。首先是社会环境及编撰宗旨的变化。宋代社会阶层不再有士族与庶族的区分，官员的选拔也与门第没有关系，不需要再查看谱牒，因此，宋代家谱的编撰宗旨与以前相比有了很大的变化。宋代修谱关注的重点在于"尊祖敬宗收族"，在于鼓吹"尊尊亲亲之道"的伦理道德教化功能。其次，除了皇族的玉牒作为皇家档案资料，藏于宫中，官府已经不把谱牒作为档案文献来重点保存。谱牒修撰不再由官府组织，而是转变为私人修撰，具有一定的隐秘性。私人修谱，不能公开，只给族人参阅保管，不得外借，更不能到市场上销售，不然就是不肖子孙。这样谱牒成了家族档案，大多保存在私家或大姓的祠堂中。宋代士大夫对新修家谱表现出很高的积极性，许多著名的士大夫如范仲淹、欧阳修、王安石、司马光、苏洵、黄庭坚、文天祥等都曾亲自主持家谱的纂修。欧阳修曾奉敕编订《许氏世系表》，王安石为其作序，虽只是一篇文章，却可以说是后世家谱的雏形，也是较早的传世至今的谱系。从宋代开始，谱牒研究变为专门之学科。

明清以后，统治者继续积极鼓励家谱的纂修，康熙、雍正都曾号召纂修家谱，地方官员也热衷于劝说百姓编修家谱，规定三十年要修谱一次，叫做"进谱"，这使得家谱数量大增，甚至达到了没有无谱之族的程度，纂修家谱成为家族生活的头等大事。与宋代的家谱相比，明清时期的家谱体例更加完善，记事范围也更加广泛，内容更加丰富，更加注重伦理教化的功能。

改革开放以后，呈现出了续修新谱热潮，谱牒学研究专家常建华教授指出，至少有六千多种家谱在国内仍被保存着，非常珍贵。根据《全国古籍善本书目》统计，家谱珍本、善本数量有六百多种。家谱文献虽类型多样，但还是以书本家谱为最。

完整的家谱，记载了本家族在一定历史时期的政治、经济、文化状况，不仅"记载本族世系和重要人物事迹"，还记载和家族有关的重大历史事件，以及与本家族相关的地方风俗习惯、名胜古迹、年节来历等，具有难能可贵的史料价值。当今世界在改变，中国也在改变。中华大姓要恢复当年的地方功能，恐怕已经不可能。只是，各家子孙都在尽力重新整理过去的资料，至少恢复一些家世传承的记录。这些谱系数据，仍旧可以作为慎终追远、敦亲睦谊的基本信息，使得同族的子弟，还可以彼此联络，不忘血肉相连的关系。因此，家谱作为重要的历史文献，世人应加强研究，充分发挥其史料和人文作用。

第三节　中国家谱的修撰原则

孝道文化是中华传统文化的瑰宝，而家谱又是体现孝道文化的重要载体，修谱即是行孝，修谱一般遵循以下七大原则。

一　世系宗法原则

不管是何种类型的家谱，也不管是何时修的家谱，都具有一个原生的特征：记录一家、一姓或一族的血缘世系。这个固有的基本特征，决定了家谱修撰必然遵循世系原则，具有"明血统，辨昭穆"的基本功能。因此在奴隶、封建社会中，家谱被统治者所利用，成为推行宗法制、实现"家天下"的政治统治工具，这也决定了家谱修撰必然遵循宗法原则。

世系，即世表、世系表、世系图、根图、垂丝图等，即用图表的形式，把本家族的血缘关系系统地表现出来。宗法，是按嫡庶关系、血统渊源来组织、统治社会的一般法则。宗法制度是由氏族社会父系家长制演变而来的，是王族贵族按血缘关系分配国家权力，以便建立世袭统治的一种制度，有大宗、小宗之分。

在周代，"天子建国，诸侯立家，卿置侧室，大夫有贰宗，士有隶子弟"（《左传·桓公二年》），形成了系统而完整的宗法制度。这一制度依靠自然形成的血缘亲疏关系划定贵族的等级地位，从而防止贵族间对于权位和财产的争夺。在宗法制度下，从始祖的嫡长子开始传宗继统，并且世代均由嫡长子承继；汉代的"举孝廉"是宗法制的变种，魏晋南北朝的"九品中正制"和"门阀制度"互为表里，都建立在宗法制的基础上，该时期中国历史上出现了以官方编修家谱为主导的第一个编修家谱高潮；唐代士庶矛盾尖锐，统治者组织官方大修家谱，通过修家谱来打击士族的"傲气"，抬高庶族的"士气"，引导士庶合流，中国历史上展现了官修为主的第二个编修家谱的高潮；宋元明时期，封建地主阶级政权与族权分离，政府除经营好皇家的家谱——玉牒以外，不再过问私人家谱的兴修，众多的宗族用小宗法去做政府想做而不便做和无力做的事情，以维护神权和政权。这种宗法的民众化，是宗法制以另一种形式的新发展，促使更多的宗族和家庭大修其家谱，由此中国历史上形成了以民修为主的第三次编修家谱的高潮。官修与民修，似乎换了家谱修撰的主体，但实际上都是封建地主阶级利用家谱来实现封建宗法统治。

二　以史为据，述而不论原则

家谱是一个家族代代相传的瑰宝，是实事求是记录家族兴衰荣辱的历史资料。"以史为鉴，可以知兴替。"在家谱的编修过程中如果没有事实根据，凭空捏造杜撰，那便不能称之为"信谱"。

修撰家谱依据从何来？由史来！史志是一个国家重要的历史文献资料，也是一笔宝贵的人类文明财富。史料具有很强的可靠性，以史为据编修家谱能增强家谱的可信性。在家谱的编修过程中应充分挖掘史料，辨别史料真伪，搜集本家族始祖、名人等重要历史资料，以时间为经、空间为纬、人物的生活轨迹为线索，客观记叙，对先人不做主观带感情色彩、影响后世对家族先辈客观认识的评论。

三　详近略远，薄古厚今原则

随着历史不断发展，史料的记载方式也随之完善，故近现代的史料可信性远高于远古时代，而家谱也重在记叙当下事件或人物。"详近略远，薄古厚今"地记载人物及其事迹，不仅能提高谱书的可信度，也能大大提升搜集资料的效率。且不论远古时代的先人事迹真实与否，与近代族人相比，近代事迹更能引发阅谱之人的兴趣、共鸣。

四　回避敏感，秘而不宣原则

　　家谱编修时要规避相对敏感的话题，如国家安全、军事设施分布等，做到秘而不宣。较为敏感的话题虽然能引起阅读家谱者的兴趣，但很难保证阅后不造谣、传谣，而造谣传谣之影响很难估量，是好是坏也难以预估。国家兴亡匹夫有责，国家敏感问题的确不应该出现其中。

五　生不立传，人不求全原则

　　"传"是"传记"的简称，是一种常见的文学形式，是后人对先人的一种评价性文章，主要记述人物的生平事迹，根据各种书面的、口述的回忆、调查等相关材料，加以选择性地编排、描写与说明而成。

　　"生不立传"，是写史人的一个态度。古语有云："盖棺论定！""历史对错让后人来评说。"人会变化，先前行为良好，后来人生发生变化，导致晚节不保也是常有的事。如若给生人立传会出现偏差，且带有请托行为、人情世故、主观色彩、个人喜恶等影响客观公正的因素，因此给尚在世的人立传为时尚早。既然要立传，就应让后来者认识一个真实的历史人物，"盖棺再论定"。

　　人无完人，不能对一个人求全责备。且好坏也不是一两件事能定论的，判断历史对错也要因特定历史时期、历史环境而定，不以今日之参照标准去衡量古人，今日之标准也不能成为后来者评价今人的标尺！

六　弘扬正义，抵制淫邪原则

　　谱书本身具有教化族人的作用，是很好的家族历史文化、思想道德的教材。家谱的第一读者是家族族人，自然应弘扬奋发有为、积极向上、克勤克俭、尊长敬贤、互帮互助等社会正能量，若有负能量的东西掺杂在里面，可能会使家族内部尚年幼的族人深受影响，不利于传承优秀的家族文化、弘扬优秀的家风家训。家谱本身具有教化作用，警示后人更是家谱的重要作用，因此家谱里更不应有与传统道德观念相抵触的内容，否则不利于弘扬中华传统文化，尤其是孝文化。

七 考证求实，直隐相成原则

针对古今修谱中攀附造假抄袭拼凑的现象，考证求实应提到修撰家谱必须坚持的原则高度。在修谱全过程尤其是对祖源世系的梳理和澄清中，考证既是原则又是方法，没有考证鉴别，求真求实就无从谈起，甚至不能修谱。对历史人物事件充分考证之后才能做到观点有据、存信阙疑、直隐相成。

第一，要弄清观点来源于资料、资料决定观点的逻辑关系。首先对资料的占有要尽量全面，立论才有基础，观点才可避免片面。要杜绝先有观点后找资料的做法，否则往往立论不稳，漏洞百出。其次，是对资料要有鉴别，没有鉴别的资料毫无用处。鉴别有几条标准，大致是考古资料重于文献资料；国史重于方志，方志重于家谱；国史中要更注重早期资料。最后，要借鉴前人的鉴别成果，比如明清考据学成果。

第二，由于自然的、历史的、社会的原因，谱系失传是普遍现象。有的可以通过考证重新建构，有的由于资料缺乏无法考证，这样就只能用存疑的办法解决。中华民族素有不忘始祖的传统，而始祖以下人物世系失传并不少见。比如远古时期尧、舜、禹是同时代人，同是黄帝后裔，有的传近十代，有的传四五代，传代较少的祖先人物失传是有极大可能性的。西周初年到有确切纪年的公元前841年，各诸侯国有的传三四代，有的传七八代，也有的失传。各地家谱中，世系完整者凤毛麟角，完整而又无误者难得一见。家谱应收录真实有据的信史，摒弃荒诞不经的传说，存疑资料缺乏无法考证而又必须交代的部分。

第三，古代史家有秉笔直书的传统和美德，无可否认修撰家谱应继承这一传统，但是我们在考察考证家族历史人物、历史事件时，隐恶扬善也是不能回避的问题。因为家谱除存史价值之外还有教育功能，我们理应侧重于记录先祖的嘉言懿行以弘扬祖德、教育后人；而孔子倡导的"为尊者讳、为亲者讳"在修谱中也应得到体现，对于先祖的污点恶行或轻点或曲笔或忽略即可。

第四节　中国家谱的主要内容

家谱记载的内容在不同历史时期不尽相同。

商代甲骨家谱和青铜铭文家谱仅录世系，格式上是每人一行，说明关系，较为简单。

周代家谱从东汉桓谭说的"旁行邪上"来推测，应是一种表格，父辈名讳居一格，子辈名讳居一格，子子孙孙按辈分各居一格，叫作"旁行"。父统诸子，子系于父，谁是谁之子，谁是谁之父，一目了然，叫作"邪上"。

汉代的家谱格式大致有三种：一为横格表制，分代分格，按世代顺序排列，《史记》中有关各表就是其代表；二是以姓名为单位，先叙姓氏起源，再述世系和官位；三是一贯连写。汉代流传至今的两块碑文《孙叔敖碑》和《赵宽碑》是其代表。

魏晋南北朝的家谱或是分行写，或是连行写，每代与前代空一格，这从现存北魏薛孝通贶后券、彭城王元勰妃李媛华墓志和刘宋王朝时临澧侯刘袭的墓志就可以看出，不同的是后两方墓志不仅记述了本家世系，而且还详细记述了亲戚的谱录，这在后代是不可思议的，但在南北朝时期是司空见惯的。

唐代的家谱，大多为合谱，一般是以姓为单位排列连写。

宋代自欧阳修和苏洵以来，图表形式成为家谱独特的体例标志，欧式和苏式也成修谱的范例样式，图 1-2 所示欧式家谱在形式上的显著特点是"世代分格"，即每世每人都占有一格，将人物的世系和世表组合于一格之内，欧式世表以"九族之亲备"为原则，共修了十八世，为两个"九族"；苏式家谱在形式上的显著特点是"垂珠体"，取消了欧式家谱每人一格的形式，而是上下父子之间用"垂线"纵贯，左右兄弟之间用"横线"相连，一个页面为一张大图表，如同倒向的树形，寓一本而连万枝之意，苏式世系只重"五世一图""详近略远"。欧苏修谱均注重实事求是，强调族谱之修，应"断自可知之代"。

图 1-2　苏式家谱和欧式家谱样例（左苏右欧）

明清时期的家谱，大多取法于宋代家谱，卷首列世系总表，以方便查寻，然后每人半页，依辈排列。家谱修撰，到了明清两代，其内容结构已基本定型。

明清以后至今，家谱的格式大致排列如下：

（一）谱名：一部家谱，首先跃入眼帘的是封面上的谱名。家谱、宗谱、族谱、房谱、世谱、支谱、谱系、谱传、渊源、统谱、通谱、谱牒、玉牒、家乘、会谱、合谱、主谱、坟谱、祠谱、联宗谱、世系图、族系、世家等，林林总总，不一而足，其中最常见的是家谱、宗谱和族谱。谱名中最重要的是谱籍和姓氏，反映出该谱是什么地方、什么家族的家谱。如《洛阳徐家营崔氏族谱》，表明本谱是洛阳郊区西南徐家营崔氏家族的族谱；有些家谱将本家族历史上所属堂号、郡望标在谱名里。如《（江苏苏州）三槐堂王氏续修家乘》（乾隆年间，王巨源等纂修），三槐堂是历史上著名的堂号、郡望，将其标在谱名上，除表明本家族的归属外，也带有炫耀的味道。

（二）像赞：家谱卷首刊登始祖或著名祖先的画像，并附上赞语。正面为像，背面为赞。将本家族先人中显达之人，画出其仪容，有的写上赞语，如"秉性忠直""忠悬日月"等，置于卷首，以达到光大族望、熏陶后人的目的，有些还刊载一些先人遗墨。宋代以后，中国家谱以"尊祖、敬宗、收族"为编修宗旨，将本家族列祖列宗的遗像置于家谱的前面位置，这是可以理解的。

（三）目录：祖先像赞之后往往是目录，目录提纲挈领地揭示该家谱的主要内容与次序排列。如《（安徽祁门）王源谢氏宗谱》（嘉靖十六年）目录，卷首：考辨二；卷之一：姓原纪略；卷之二：统宗表略；卷之三：统宗世系；卷之四：孟宗世系（上）；卷之五：孟宗世系（下）；卷之六：统宗事略；卷之七：传、孟宗事略；卷之八：敕命、序；卷之九：记；卷之十：训、说、赞、铭、传、墓志、赋；附录：贞节事略。从目录可以看出，家谱继承了正史、方志记载叙述的方法，有史，有图，有表，有志，有传，形式多样，兼容并蓄，记载遗像、宅基、祠堂、坟墓等采用图文并茂等表述手段，明显带有家谱自己的特色。

（四）谱序：家谱的序言。有新序和旧序之分、自序和他序之别，其内容为叙述修谱缘由，本谱的修撰历史、过程与内容概要，修订年月，家族的渊源承传和迁徙经过、郡望，以往历次修谱情况及对谱学理论的认识等，目的和作用是宣扬本谱主旨，颂扬祖德，使子孙读来能敬祖向善。如果本谱是续修之作，那么除收载新写的序外，以往历次修谱的旧序（又称原序）也一并收入。有时为了增光族望，还请当时或当地名人写序，并将以往名人为前谱所作的序也依时间先后排列收载。谱序在有的家谱中亦称"引""谱说""谱铭""谱券"等。谱序是了解、研究一部家谱的直接切入点，是了解该家族世系源流的重要资料。

（五）题辞：大多是历代皇帝或名人为本家族或家谱所写的赞誉之辞，放在显著位置，用以炫耀家世。题辞仅为显赫家族所具有，不是每部家谱都有的。

（六）恩荣：也称告身、诰敕、赐谕、宸章、封典、世恩、公文、褒颂、恩荣录、恩纶录等，集中记载历代皇帝和地方官员对本家族或某些成员的褒奖和封赠文字，包括各种敕书、诏命、赐字、御制碑文、祭文或各种匾额等，目的是通过重君恩来彰显祖德。

（七）凡例：也有的称谱例，主要是以条文形式阐明本谱的纂修原则、编写体例、收录范围、结构特点、各种著录规则，本谱中各类目的立类理由、适用范围，各种可入谱和不可入谱人物的标准，以及如何避讳等。其中心是强调家族血缘的重要性和谱书记述的真实性。内容较为丰富，少则几条，多则几十条。这是阅谱、识谱的入门指南。

（八）谱论：也称谱说、援古，主要是收录前代名人学者关于谱学理论的简要论述，对修谱的作用、功能、意义、历史、原理、方法等加以阐述，其中尤以欧阳修、苏洵、朱熹、程颐等宋代文学家论述最为普遍，也有将明、清皇帝关于修谱的谕民榜、谕民诏令等载入谱中的，作为另一种类型的谱论。在安徽、江西等地的家谱中，谱论有修谱五法、作谱五难、谱有六不书、谱例七款、作谱九戒等内容。

（九）图：明清时期的家谱一般都有图版，其内容不完全相同，一般具有祖庙、祖茔、祠堂以及水源或住宅四至方位图。

（十）节孝：宋代以至明清，特别重视节孝，家族中出了节妇孝子，是全家族的荣耀，因此很多家谱在首卷都立节孝一章，对本族德行懿范者（如节妇、烈女、孝子）列传志行，内容包括年谱、寿序、墓志铭、祭文、行述、碑铭等。

（十一）考：有疑则考。一个家族，承传几百年、几千年，自然有些事情后世不太清楚，然而修谱时又必须写上，因此只得进行考索求证。通常需要进行考证的，大抵有如下内容：姓氏来源、始祖、始迁祖、迁徙经过和原因、支派分布、某些世系、仕籍、先人科名以及祠庙、祖茔等，尤其是本支的先世考、迁徙史最为重要。也有的家谱将这些内容称为谱镜、谱撮。

（十二）世系：是以图表形式反映家族成员的血缘承继关系，也称世表、世系表、世系图、垂丝图、根图，这是家谱的重要内容。世系有四种基本的记述格式，即欧式、苏式、宝塔式和牒记式。欧式又称横行体，其特点是：世代分格，由右向左横行，五世一图。通常是以始祖或始迁祖为一世，五世为一表，满五世另起格，依次类推，即一至五世、五至九世、九至十三世、十三至十七世……分别列表，清晰可考。苏式又称垂珠体，其特点是：世代直行下垂，世代间无横线连接，全部用竖线串联，图表也是由右向左排列，主要是强调宗法关系。宝塔式，就是将世代人名像宝塔一样，由上向下排列。采用横、竖线连接法，竖线永远在横线的中间。因容量有限，大家族不宜采用此法。牒记式，不用横、竖线连接世代人名间的关系，而是用纯文字来表述这种关系。每一人名下都有相关简介，如字、号、功名、官爵、生卒年月日、葬地、功绩等。牒记式的世系形式固定，次序分明，比较节省纸张。采用何种方式，要因时因地制宜，灵活掌握，以宜看宜懂、内容真实、层次分明为目的。

（十三）世系录：也有的家谱称作"世序""世传""世系考""传实""行实""世录""齿录"，是对世系表的解释，即按照家族辈分、长幼顺序，记录一个人生、老、病、死、葬的简历。其内容包括父名、排行、名、字、号、生卒年月日时、享年、官职、功名、德行、葬地、葬向、妻妾的生卒年月日时、封诰、岳家、子女、女嫁之人、有无富贵外孙等，特别注重生死和血统。这是家谱中最重要、最本质的内容，约占家谱四分之三的篇幅，是寻根认祖的主要依据。

（十四）派语：也称字辈，是记载族人的排行字语。封建时代的家族排行，都是有一定寓意的，字辈大多是由皇帝、名人、祖先来确定，子孙后代，一代一字作为排序。

（十五）族规家训：这是每部家谱的必载内容，是各家族自己制定的约束和教化家族成员的家族法规。其内容十分广泛，基本上为修身、齐家、忠君、敬祖、互助、守法等方面。其中一部分为规约，族人必须遵守，如有违犯，则以家法惩罚；另一部分为训语，主要为劝诫的内容，教人行事立世的道理，这部分通常称为家教；还有一部分为庙规、典制，也称家礼，为家族祭祀礼仪，如祭祀规矩、程序，冠礼、笄礼、婚丧仪式等。族规家训内容是古代伦理道德在家谱中的集中体现。

（十六）祠堂、祠产、坊墓：记载家族祠堂的建筑图案、历史与现状、规制、神位、世次、祠联、祠匾、配享、祭祀、管理，以及祠产、义庄、义田、祭田的管理和牌坊、祖茔及各房各支墓地的分布和坐向等。墓图绘制所在地地名、方位、四址交界。墓志介绍墓主的生平和墓庐建置情况。

（十七）仕宦录：也称荐辟系、科第录，用以记载本家族历代及第入仕之人的姓名、履历、科名、政绩、功勋、著作等。

（十八）传记：又称行状、行述、行实、志略等，与世系录有点相似，所不同的是世系录本家族每个男性成员均有记载，而传记则是家族中有特殊事迹、丰功伟业、名可行世者方可入传。古代有"生不入传"的规定。传记又分为列传、内传、外传三种，列传是记录族中有功绩男子的传记，内传为有懿行的女子传记，外传为有品行的出嫁女子的传记，可由后人写，也可请当时的名人写。有的按德行、孝友、烈女、仕宦等分类排列。

（十九）志：家谱中另一种比较重要的内容，大多为家族中专门数据的汇集，如科名、节孝、仕宦、宗行、宗寿、宗才、封赠、族内学校、学产、历代祖屋、祖茔、祖产分布等。这是明清家谱取法于史书中的"志"即专门史而编成的。

（二十）杂记：其他类目不收或遗漏的均在此处叙述，大多为本家族的一些专门资料，如男女高年、争讼、田产、茔地契约、诉讼文书等，范围很广很杂。

（二十一）文献：也称著述、艺文、文苑等，所收载的均为本家族先人的著述，其中包括各种家规、家训、家范、墓志、行状、诗、文、帖、简、奏疏等。有的是全收，有的仅开列目录。家谱中的艺文著述，在体例上一般称作艺文志、辞源集、文征集等。

（二十二）修谱姓氏：一般包括两项内容，一为领衔、编纂人姓名，一为捐献经费人姓名，均列在谱末。

（二十三）五服图：五服是古代丧服制度中的五种服色，包括斩衰、齐衰、大功、小功、缌麻五色。这是根据生者与死者的亲疏关系而穿的五种服饰。五服是古时家族法规的重要依据，很多家谱后面附有五服图，为使族人重视和了解。

（二十四）余庆录：家谱修成，本册后面照例留几页空白纸，上书"余庆录"，意为子孙绵延，留有余庆。

（二十五）领谱字号：专门记载族谱的编号、总数、分发各房谱数及领谱人的名字，定期抽查，以防丢失或外传。

此外，在有些家谱中，还有一些特殊内容，如有的专设义谱，收载族内所收异姓养子、义子的世系，有的家谱收录族中重要人物年谱资料。近代一些家谱后面，还附有一些统计图表，如人口等。

以上所说家谱的各种内容格式，并不是每部家谱都完全具备，家谱的详略程度不一样，格式分合也不一样，排列次序也不完全一样，但总体来说，基本上是按照上述内容次序排列的。不同家谱的内容有增有减，目类有分有合，次序有前有后，但世系图、世系表是必不可缺的，否则就不称其为"谱"了。

第五节　中国家谱的研究现状

为了掌握中国家谱研究的现状，2020 年 10 月，著者采用超星的发现系统，分别以"家谱"和"家谱研究"为检索词进行了有关检索，并对检索结果进行初步分析，从而有助于读者对中国家谱研究的现状有更加深入全面的认识。

一　"家谱"检索结果的分析

在超星的发现系统以"家谱"为检索词，获得如下信息：共搜到54317 个结果，包括相关图书、期刊、硕博士论文、报纸等，总被引用频次为 44316 次。

（一）相关知识点

从图 1-3 中可以看出，围绕"家谱"的相关知识点第一层次是族谱、家族、宗族、氏族谱系、研究；第二层次是徽州、史料、姓氏、清代、福建省；第三层次是少数民族、明代、世系、名人等。相关知识点清晰揭示了家谱研究的丰富性和多样性。

（二）主要作者

从图 1-4 可知，在学术研究领域与"家谱"有关的主要作者群中，陈支平、张青、林彬、常建华、林晓峰相关作品最丰，其中陈支平发文最多，达到184篇。王强、张海瀛、武新立、王鹤鸣、林万清紧随其后，第三层次的是高志彬、柳哲、刘启龙、李国良、刘鑫等。高产作者研究关注的领域主要集中在中国家谱、地方志、历史文化史、社会史、历史人类学等。

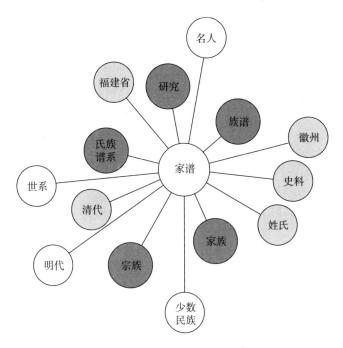

图1-3 "家谱"相关知识点

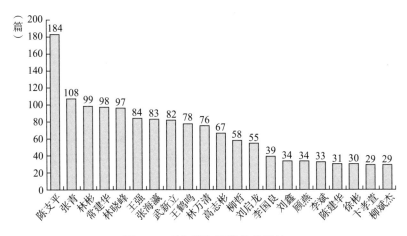

图1-4 "家谱"相关作者统计

（三）相关机构

从图1-5可知，国内家谱研究机构学术影响力以厦门大学、南开大学、安徽大学、中山大学、安徽师范大学最显，福建师范大学、复旦大学、南京大学、中国社会科学院、中国人民大学随后，中央民族大学、华东师范大学、上海师范大学、山东大学、南京师范大学为第三方阵。从中也可看出，研究主要集中在国家级社会科学研究单位和历史悠久、知名的高校，这些机构有较充分的研究资源，以学科领域内的知名教授为核心打造强大的科研团队，持续发表相关作品。

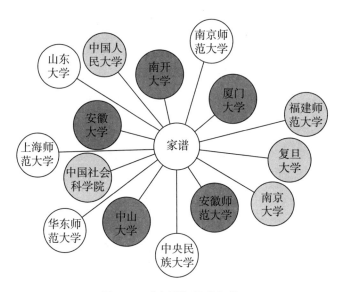

图1-5 "家谱"相关机构

（四）各类型学术发展走势

图1-6对包括图书、期刊、学位论文、会议论文、专利、报纸、科技成果7种载体类型中有关"家谱"的科研发展趋势按照年份进行了线状显示。我们可以一目了然地看出"家谱"相关类学术成果在图书出版量、期刊数量、学位论文量等的统计数据。20世纪90年代初进入了"家谱"相关类研究著作出版的黄金期，如1995年有235部，2000年有238部，2003年达到367部，最高值是2013年达到962部。期刊发表最多的2016年达到797篇。学位论文2003年有11篇，2016年达到

128 篇最高值，突破三位数。以上数据表明"家谱"相关的信息呈现出越来越受关注的趋势。

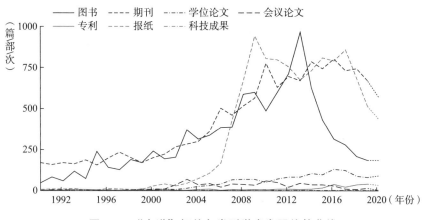

图 1-6　"家谱"相关各类型学术发展趋势曲线

其他会议论文、专利、报纸、科技成果等通过曲线图可知数据量较少，此处不做深入分析。

（五）发表论文的核心期刊统计

表 1-1　发表"家谱"相关论文核心期刊统计

序号	名称	数量（篇）
1	中文核心期刊（北大）	2055
2	CSSCI 中文社科引文索引（南大）	1109
3	A 类期刊	502
4	统计源期刊（中信所）	373
5	CSCD 中国科学引文库（中科院）	148
6	EI 工程索引（美）	11
7	PubMed/Medline 收录	9
8	SCI 科学引文索引（美）	1

从表 1-1 可知，发表在北京大学中文核心期刊群中的高质量论文数量最多，达 2055 篇；其次是南京大学 CSSCI 中文社科引文索引期刊群，其中收录有 1109 篇。

（六）学位论文类型统计

表1-2 "家谱"研究学位论文类型统计

序号	名称	数量（篇）
1	硕士学位论文	1004
2	博士学位论文	247
3	学士学位论文	1

从表1-2中可以明显看出"家谱"研究学位论文类型以硕士论文为主，有1004篇，占到了约八成；剩下约两成为博士论文，有247篇；学士论文仅有1篇。

（七）地区情况

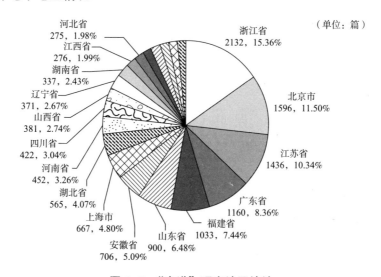

图1-7 "家谱"研究地区统计

按地区统计，浙江省、北京市、江苏省、广东省、福建省、山东省等政治、文化、经济发达，家谱资料数量多，根亲意识强的省市，相关学术成果数量排名居前，可以称为国内家谱研究的中心地区。

（八）基金情况

从图1-8基金项目统计中可以看出，以"家谱"为研究主体立项的基金项目中，国家社科基金项目共388项，占48.62%，基本占全部项目的一半；各省市基金项目共170项，占21.3%；教育部基金项目共

144 项，占 18.05%。

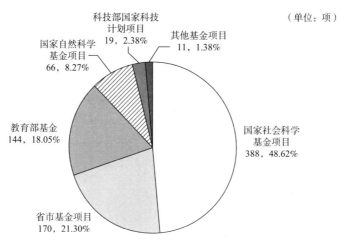

图 1-8　"家谱"基金项目统计

二　"家谱研究"检索结果的分析

2020 年 10 月，在超星发现系统平台上以"家谱研究"为检索词，获得如下信息：一共搜到 4444 个结果，包括相关图书、期刊、硕博士论文、报纸等，总被引用频次为 8814 次。

（一）相关知识点

从图 1-9 可知，围绕"家谱研究"的相关知识点第一层次是名人、史料、清代、家谱、研究；第二层次是明代、族谱、古代、家族、徽州；第三层次是宗族、姓氏、满族、明清、民国等。"家谱研究"与"家谱"的相关知识点有很大程度的交叉，从"家谱研究"的相关知识点可以看出，当代"家谱研究"的重点是明清时期和名人的家谱及史料。

（二）主要作者

从图 1-10 中可以看出，与"家谱研究"领域相关的作者群中，王强、常建华、王鹤鸣、陈建华、徐彬、柳哲、柳斌杰、张廷银著作最丰，其中王强达到 79 篇。专家们研究关注的领域主要集中在中国家谱、中国社会史、目录学、地方文献、民国方志等方面。

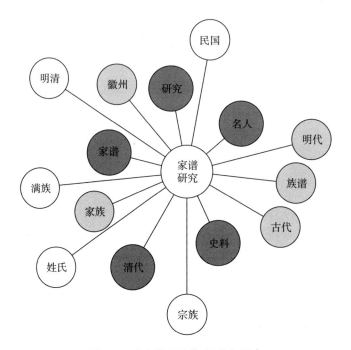

图 1-9 "家谱研究"相关知识点

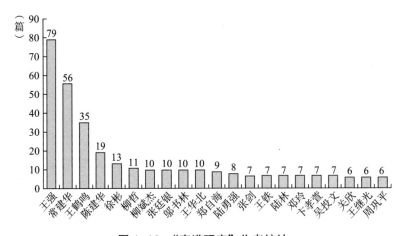

图 1-10 "家谱研究"作者统计

（三）各类型学术发展走势

图 1-11 各类型学术发展趋势曲线对包括图书、期刊、学位论文、会议论文、专利、报纸、科技成果等 7 种载体类型中有关"家谱研究"的科研发展趋势按照年份进行了线状显示。从中我们可以看出，"家谱

研究"相关学术成果主要出现在图书、期刊、学术论文 3 类载体中。整体曲线表明，2018 年达到这一统计曲线的阶段性最高点。

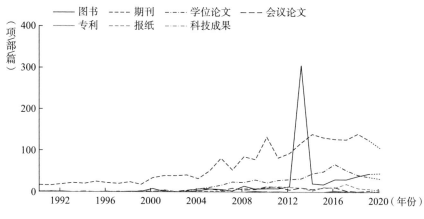

图 1-11　"家谱研究"各类型学术发展趋势曲线

具体地讲，家谱研究类图书最早出版于 1988 年；在 2013 年达到这一统计曲线的最高峰，年度出版达到 305 部，呈突起状态，在曲线图上十分显眼。

期刊论文是我国出版"家谱研究"学术成果总量最大的载体类型，20 世纪 80 年代以后，论文发表量曲折上升，在 2018 年达到这一统计曲线的最高峰，年度发表量达到 140 篇。其他载体相关成果较少，学位论文、会议论文、专利、报纸、科技成果等不做分析，可略做了解。

（四）发表论文的核心期刊统计

表 1-3　发表"家谱研究"论文核心期刊统计

序号	名称	数量（篇）
1	中文核心期刊（北大）	497
2	CSSCI 中文社科引文索引（南大）	339
3	A 类期刊	126
4	统计源期刊（中信所）	92
5	CSCD 中国科学引文库（中科院）	30
6	PubMed/Medline 收录	4

序号	名称	数量（篇）
7	EI 工程索引（美）	1
8	SCI 科学引文索引（美）	1

从表 1-3 可以看出，"家谱研究"类论文发表在北京大学中文核心期刊群中的数量最多，达 497 篇；其次是南京大学 CSSCI 中文社科引文索引期刊群，发表相关论文 339 篇。

（五）学位论文类型统计

表 1-4 "家谱研究"学位论文类型统计

序号	名称	数量（篇）
1	硕士论文	432
2	博士论文	101

从表 1-4 学位论文类型统计中可以明显看出，学位论文只有硕士学位论文和博士学位论文两类，其中以硕士学位论文为主，达 432 篇，占到了八成；剩下两成为博士学位论文，有 101 篇。

（六）期刊情况

从图 1-12 可以看出，发表"家谱研究"领域论文的期刊基本上都是人文社科类期刊，以满族、回族等少数民族研究类、图书馆学类、古籍整理类期刊为主。

（七）地区情况

从图 1-13 地区统计可以看出，国内家谱研究较为集中的地区是北京市、安徽省、江苏省、上海市、浙江省、山东省、湖北省、广东省等这些政治文化发达、存世家谱数量多、根亲意识强的省市，北京市为最，它们可以称为国内家谱研究的中心地区。

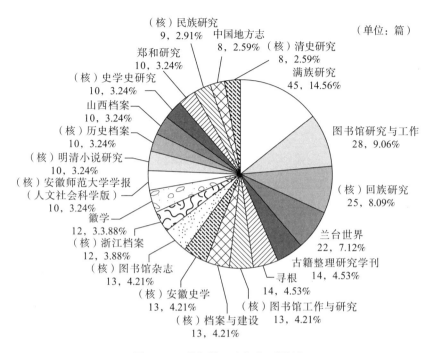

图 1-12 "家谱研究"期刊统计

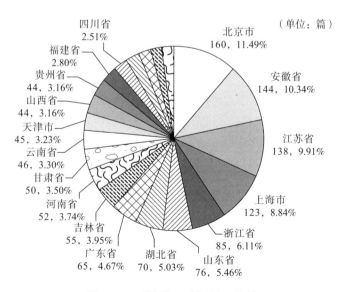

图 1-13 "家谱研究"地区统计

（八）各频道发文量情况

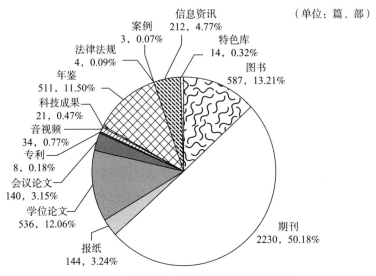

图1-14 "家谱研究"各频道检索量统计

据图1-14显示，家谱研究发文主要集中在期刊、图书、学位论文、年鉴四类频道，期刊论文共发表2230篇，图书共出版587部，学位论文共536篇，年鉴共511篇，其他频道发文数量较少。

（九）基金情况

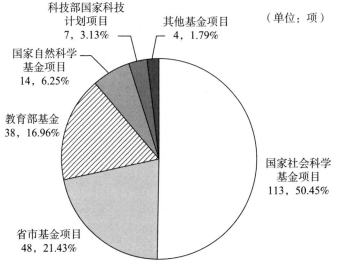

图1-15 "家谱研究"基金统计

　　从图 1-15 中可以看出，以"家谱研究"为研究主体立项的基金项目中，国家社科基金项目 113 项，占 50.45%；其次是各省市基金项目 48 项，占 21.43%；再次是教育部基金项目 38 项，占 16.96%。立项项目以人文社会科学类为主，自然科技类项目占比较小。

第二章　河洛地区家谱研究现状及研究价值

第一节　河洛地区家谱的研究现状

　　为了摸清河洛家谱的研究现状，2020 年 10 月，著者采用超星的发现系统，以"家谱 & 河洛"为检索词进行了有关项目检索，获得如下信息：一共搜到 47 个结果，包括相关图书、期刊、报纸等，总被引用频次为 16 次。著者对检索结果进行了如下初步分析。

　　（一）相关知识点

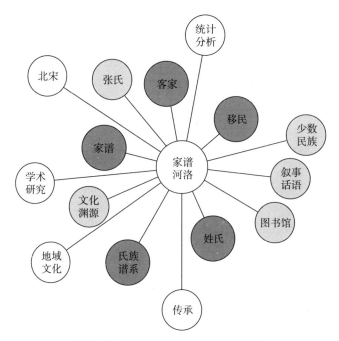

图 2-1　"家谱 & 河洛"相关知识点

从图2-1可以看出,围绕"家谱&河洛"的相关知识点中第一层次是移民、姓氏、氏族谱系、家谱、客家;第二层次是少数民族、叙事话语、图书馆、文化渊源、张氏;第三层次是传承、地域文化、学术研究、北宋、统计分析。从"家谱&河洛"的相关知识点可以看出,从事河洛家谱研究的重要机构是图书馆,研究重点是文化渊源以及区域文化。

（二）主要作者

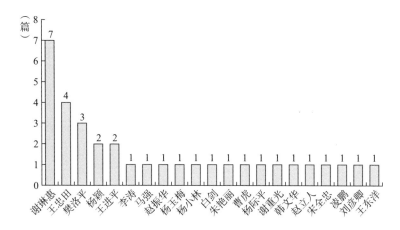

图2-2 "家谱&河洛"主要作者统计

从图2-2可知,与"家谱&河洛"领域相关的作者群中,本书著者之一谢琳惠女士学术关联性最强、影响力最大;王忠田、樊洛平、杨颖、王进平随后。

（三）相关机构

从图2-3可知,研究"家谱&河洛"领域的专家主要集中在氏族谱系和客家文化研究中心,即河南省及福建省的大学里,如郑州大学、洛阳理工学院、福建师范大学、郑州成功财经学院、厦门大学等。

（四）各类型学术发展走势

图2-4对图书、期刊、会议论文、报纸4种载体类型中有关"家谱&河洛"的学术发展趋势,按照年份进行了线状显示。关于期刊论文,2000年出现第1篇"家谱&河洛"方面的期刊论文,20年来共发表相关学术论文25篇。

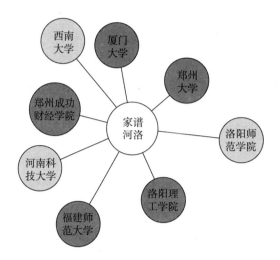

图 2-3 "家谱 & 河洛"相关机构

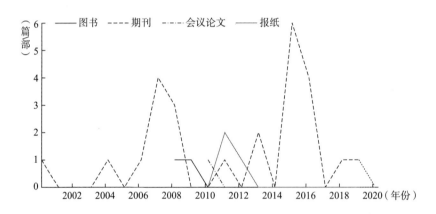

图 2-4 "家谱 & 河洛"各类型学术发展趋势曲线

（五）发表论文的核心期刊统计

表 2-1 发表"家谱 & 河洛"论文核心期刊统计

序号	名称	数量（篇）
1	中文核心期刊（北大）	7
2	CSSCI 中文社科引文索引（南大）	4

结合表 2-1 核心期刊统计可以看出，论文集中发表在北京大学中文核心期刊群和南京大学 CSSCI 中文社科引文索引期刊群上。

（六）期刊情况

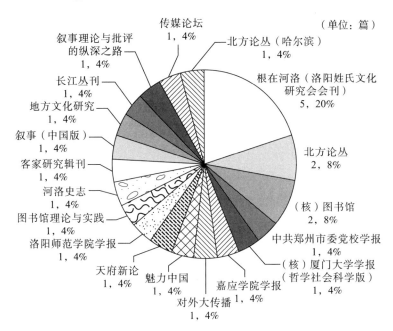

图 2-5　"家谱 & 河洛"刊种统计

从图 2-5 刊种统计可以看出，发表"家谱 & 河洛"领域论文的期刊基本上以图书馆类期刊和大学学报为主，地域性也很明显。

（七）各频道检索量情况

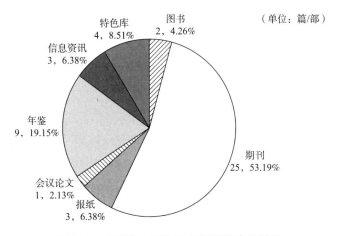

图 2-6　"家谱 & 河洛"各频道检索量统计

结合图 2-6 各频道检索量统计，我们可以看出，"家谱 & 河洛"相关学术研究起步较晚、成果较少，相关研究成果主要发表在期刊上。2008 年出版河洛家谱类第一部相关著作，2006 ~ 2008 年报纸上零星发表过相关文章。以上数据反映出关注河洛家谱的学者并不多，相关学术成果寥寥，因此可以说，内涵丰富的河洛家谱学术研究空间很大，河洛家谱的史料价值及人文价值仍待进一步深入开发和利用。

第二节　河洛地区家谱的研究价值

本书以河洛地区家谱为主要研究客体，由于历史久远、文献珍贵，加上家谱的私密性和神圣性，穷尽收集河洛地区家谱是书稿完成的关键。本书著者分工协作，不辞劳苦、想方设法、全力收集整理河洛地区存世家谱 400 余件，并遍阅现有资料，请教文献学、古籍整理、河洛文化、中原文化等相关领域专家，以期明确河洛地区家谱的内涵与外延，认为当下研究河洛地区家谱的价值主要体现在以下七个方面。

第一，可以系统收集整理河洛地区家谱，构建河洛地区家谱资源库。

河洛地区历史悠久、名人众多，是中国历史发展的重要参与者和见证者，推崇中国传统知识分子忧国忧民、积极进取、崇文重教、明达智慧等诸多宝贵的精神品质。家谱中包含家族自身的文献资料和史料，我们要对一个家族，尤其是古代圣贤家族的思想进行深入挖掘，必须通过家谱对其姓氏源流、诗词歌赋、图谱世系、分流播迁等进行广泛了解。如洛阳伊川忠宣房系《范氏家谱序》中，范仲淹第二十九代孙范秦杰所撰写的《重修家谱序》记载："范氏历史悠久，源远流长，此次读谱，总谱系从黄帝起，至东周士谷共五十八世。"《上谷五十八世世系图》极其详细地叙述了范氏的源流。再如洛阳《白居易家谱》，据白居易五十二代裔，自在（地方名，在洛阳）古谱传谱人白书斋记述："白氏世传家谱，始著于五代祖慕圣。经历代补续，已有一千余年。"一千多年来，白氏族人散居四方，各承一脉，各修支谱。仅居住洛阳地区者，即有十五大支系，他们是：洛阳郊区白碛支系、洛阳郊区白村支系、洛阳郊区白营支系、洛阳郊区花园支系、偃师东石桥支系、偃师白村支系、偃师翟镇支系、宜阳晋陵支系、宜阳西石村支系、伊川古城支系、伊川瑶湾支系、新安克昌支系、新安晁村支系、孟津支系、汝阳支系等分支，十五个分支的白氏后裔目前散居在洛阳市及郊县 115 个村镇，在谱人口三万三千余人，此外还有石关白氏、新郑白氏、朝韩白氏、菲律宾白氏。由此可推见，河洛地区姓氏众多，分支庞杂，各支各房家谱众多。

河洛地区机构、收藏家、古籍整理家等关注家谱的并不多，著者通过购买、复印等多种形式系统收集整理了河洛地区家谱 400 余件，并以此为基础构建了河洛地区家谱资源库，可以为深入研究河洛地区家谱发展趋势、挖掘中原特质文化资源提供较为系统的基础性文献资料。

第二，可以深入研究河洛地区家谱体例及编撰方法，总结河洛地区家谱特点。

河洛地区的家谱，经历了封建社会几千年的演变，有了约定俗成的谱例，家谱修撰到了明清两代，其结构已基本定型。家谱的编撰过程受到多种因素的影响，修谱者的社会经验、文化水平、道德素质、社会阅历等都会对家谱产生影响。同时，修谱过程中的经济支撑也直接影响家谱质量。

前期著者通过研究河洛地区家谱，就提出了河洛地区家谱具有六个鲜明特点：姓氏众多（如洛阳地区现有姓氏达 1339 个，其中有不少是稀见姓氏）、历史久远、名人众多、移民居多、版本繁多、时代特点鲜明。通过进一步深入研究家谱内容，可以从宏观、中观和微观三个视角剖析河洛地区家谱体例，探讨编撰主体与编撰活动之间的关系。

如存于洛阳嵩县的《河南程氏正宗世系谱》严格按照五世图法，五代为一图，第一图以黄帝为始祖；二世为昌意、白帝；三世为高阳氏；四世为称、鲧、穷蝉；五世为卷章、禹、敬唐。第二图以第五世卷章始，后接着第六世、第七世、第八世、第九世，这五世为第二图。第三图又以第九世始，如此延续下去，且每有名人之处，皆有小传阐释。

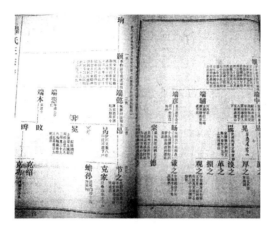

图 2-7 《河南程氏正宗世系谱》五世图一

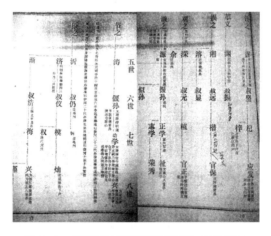

图 2-8 《河南程氏正宗世系谱》五世图二

第三，研究河洛地区家谱内容，可以分析映射出社会、文化和宗族信仰等问题。

河洛地区家谱涉及姓氏源远流长，其来源宏阔浩博，姓氏交叉重叠，变化万千者众多，涉及民俗学、历史学、姓名学等，多姿多彩。凡此种种，构成了独具特色的河洛姓氏文化。研究河洛地区家谱内容，梳理认识影射出的礼俗制度、婚姻制度、丧葬制度和宗教信仰，对于研究河洛地区区域文化及其传统，甚至中华优秀传统文化传承都是一个重要的切入点。

著者通过研究河洛地区家谱内容，例如家谱中体现出的婚姻制度，发现历史上河洛地区的婚姻形式十分丰富，既有门第婚、财婚，又有近亲婚、异辈婚、改嫁等，其中不同门第之间的联姻、婚配成为家族宗谱中最主要的记载内容。我们可以从白居易家族的婚姻探知一二，白居易及其家族与当时的名门望族皇甫氏、杨氏、张氏多有通婚。

关于家谱中体现出的叙事方法，著者发现河洛地区家谱的叙事话语以直义与转义相结合的话语形态存在，且以直义为主，但转义行为不容忽视①。在家谱的宏观叙事、微观叙事和中观叙事中均有转义话语存在，且叙事话语的转义主要是隐喻，还有提喻与换喻，而反讽很少，除此之外转义中的意象特征也尤为重要，具有强烈的寓意。其转义话语特征主要存在于两个层面：一是话语表现具体叙事对象层面；二是用特定的意识形态和宗族文化来叙说宗族人物和历史事件。

关于家谱中体现出的宗族信仰，著者发现"祖"字在河洛地区家谱内容中占有重要的地位，其出现的频率仅次于"世"。"祖"字由"示"部与"且"字结合而成，其含义体现在：第一为宗庙，第二为祖宗或族人，第三为祭祀，第四为崇拜，蕴含着自然崇拜、生殖崇拜、祖宗崇拜、祭祀仪式、孝悌精神等。其常以始祖、先祖、祖先、世祖、祖宗、始迁祖、本祖、家祖、祖庙、祖坟等词语形式出现在河洛地区家谱中。在河洛地区家谱中，宗族通过敬宗法祖的方式达到祖宗崇拜的目的，祖宗崇拜也可以说是儒家文化的基础，并起到稳定宗族的效果，"祖"字所蕴含的崇拜文化、宗庙文化、族人文化等是家谱文化内涵的重要组成部分。

第四，研究家谱与公开史料内容异同，可以梳理河洛地区家族内迁外徙的历史轨迹。

河洛地区人口迁入多在元明清时期，以由山西洪洞县迁入为主。由山西洪洞县迁入的姓氏占总迁入姓氏的64.1%，迁入时期大多为明朝。人口迁出多在秦汉元明清时期，先后绵延一千五百余年。著者收集的诸

---

① 转义，指汉语语词由固有的意义而转换借代出来另外的意义，隐藏其事。

多家谱中，都有支系南迁的记载。审视家谱记叙与国史、方志、碑刻、墓志等公开文献的差异，梳理河洛地区家族内迁外徙的时代轨迹，这对于"追本溯源""尊祖、敬宗、睦族"，为海内外华夏子孙寻根问祖提供珍贵线索有着极为重要的意义。

如洛阳《白氏宗谱》中的《家状》记述，东南地区的白氏后裔系由洛阳迁至南阳辗转江西、福建，而后又有后裔迁往我国浙江、江苏、广东和港澳台，以及新加坡、印尼等国。白居易这支白氏，在福建、浙江、江苏、广东和港澳台及东南亚都有一定影响。又如洛阳洛宁张氏，以张挥为始祖，张虎为始迁祖，避乱南迁至西林，历元明而成云霄巨姓，此后宗支衍派闽、粤、台、豫、桂各地及日本和东南亚诸国。再如著者收集到的洛阳市第一部《邵氏家谱》，谱前有七序，其中二序为宋绍兴三十二年（1162）文殿学士兼枢密院使汝州陈伯康撰，名为《题邵氏宗谱序》，序中略述源流及播迁云："……自皇宋南渡，子姓扈跸散处四方，有居于临安者，有徙于绍兴庆元者，有徙于建康昆陵者，有徙于歙与扬州者，有徙于姑苏云间者，有徙于江右南昌及抚州九江者，有徙于福建建宁泉州者，及广东厓州南雄者。"对此，史书、志书均未载，《邵氏家谱》南宋名人序言解决了客家南迁及客家住地这一重要问题。

第五，研究河洛地区家训家规内容，有助于实现河洛地区优秀传统家风的时代价值。

在我国五千年文明历史长河中，一直都有家训文化的传承，每个家族的家训家规皆是祖辈将自己一生的精神财富和为人处世的经验凝于笔端，撰写时唯恐有所遗漏，唯恐后人误入人生歧途，家训家规中蕴含了对子孙的谆谆教导和慈爱之心。如河南嵩县程氏家族用《程子家训》规诫子孙族人，曰："父慈子孝，兄友弟恭。夫妇和，朋友信。见老者敬之，见少者爱之。有德者，年虽下于我，我必尊之。不肖者，年虽长于我，我必远之。勿谈人之短，勿矜己之长。仇者以义解之，怨者以直报之。人有小过，以量容之；人有大过，以理责之。勿以善小而不为，勿以恶小而为之。处公无私仇，治家无私法。勿损人利己，勿嫉贤妒能。见不义之财勿取，遇义合之事则从。崇诗书，习礼仪，训子孙，宽奴仆。守我之分，听我之命。人能如此，天必从之。此常行之道，不可一日无也。"

家训家规内容是河洛地区家谱的重要组成部分，集中体现在序文、祖训、族规、家法等处。家训家规记载家风家教典范故事，对后代子孙立家报国、贡献社会、承继家族优良传统均有巨大价值。整理河洛地区家谱中的家训家规内容，将其共性略概其要，以期更多读者研究、汲取、传播优秀家训家规，提高自身及家人的文化素质、道德素质，进一步弘扬社会主义核心价值观，创新传承河洛地区优秀传统文化，实现河洛地区优秀传统家风的时代价值。

第六，比较研究河洛家谱与客家家谱，可以推动南北谱学交流。

作为家谱文化的起源地、中华姓氏的主要产生区，河洛地区居民尤其重视根亲意识、祖先崇拜，其家谱文化在整个中国的家谱文化中，占有举足轻重的地位。客家人由于历史原因，经过几次由中原地区向南迁徙，形成了牢固的"根""祖""宗"的观念，具有特别浓厚的怀乡意识，对先祖望族在中原的历史念念不忘，并以各种形式表达荣耀感、优越感和自豪感。客家人历来十分重视谱牒，产生了大批的族谱、家谱。即使繁衍国内各地，或播迁海外，其族人后裔都会自发续修，绵延不断，并与故乡本族交流，以"崇先报本，启裕后昆"。

通过实地走访福建的上杭，广东的广州、河源、梅州、韶关、南雄珠玑巷等客家人聚集地的相关文化古迹和家谱收藏机构，可以深入了解河洛与客家宗族形态的异同；学界原先对客家文化的研究主要集中在对客家民俗文化具象如民居、饮食、服饰、习俗等方面的调查和叙述，很少见到客家文化特质方面深层次的探索。通过比较研究河洛家谱与客家家谱，分析河洛文化与客家文化的关系，可以从客家文化具象深入到研究客家文化特质，探讨历代客家人独特的精神文化世界，推动南北谱学的学术交流和互动。

第七，利于萃取河洛地区家谱文化精髓，弘扬中华优秀传统文化。

河洛地区孕育出的河洛文化是中华民族的根文化、母体文化，发掘与传承优秀的传统文化，有助于树立中华民族高度的文化自觉性和文化自信心。通过对河洛家谱文化的研究，可以发现家谱中的祖训家范、治家格言、族规家戒、艺文著述等内容，都充满了中华民族优秀传统文化——儒家文化的精髓，集中体现了"孝、悌、睦、合、勤、慎、善、信"等思想，普遍倡导孝敬祖先、友爱兄弟、团结族人、诚信正直、乐善好施、勤于耕读、俭以持家、勿做坏事等美德，对族人具有很强的教化和约束作用，对社会的稳定和发展也具有积极的意义。萃取优秀家谱文化中所体现的刚健有为的人生态度、和而不同的处世方法、厚德载物的思想境界、天人合一的哲学思维等，对于赋予优秀河洛文化新的时代精神和生命力，弘扬中华民族传统美德，建设当前民主法治、诚信友爱、人与自然和谐相处的社会有指导借鉴意义。

第三章　河洛地区家谱的收集整理及编撰研究

第一节　家谱收集整理的发展历程

中国家谱历史久远、内容丰富、数量庞大。唐代以前的家谱，其政治作用较强，一般由政府集中收集和管理。如秦汉时期，皇室家谱有专门的管理机构——宗正；魏晋南北朝时期政府管理家谱的机构叫谱局，谱局不仅编修管理各种谱牒，也管理民间按规定上呈的自修家谱、族谱；在唐代，除了政府管理家谱外，还有一种情况，即由僧侣掌管州县乡里的谱牒。

宋代以后，由于家谱的政治作用削弱，政府除了设置专门机构编修皇帝家谱即玉牒之外，不再编修管理其余各类家谱，民间自行编修家谱之风盛行。民修家谱一般保存于自家祠堂或私人之手，尤其是明代以后，由于家谱被认为寄托了祖宗的灵魂，更是严禁外传、秘不示人。擅自借给外人，私自抄录、涂改、外卖家谱者，被视为大逆不道，甚至被清除出族，永远不准入祠和入谱。因此，民间收集家谱极其不易，明清藏书家众，但基本上没有以家谱为其收藏特色的。

民国后这一状况有所改变，有些家族的有识之士将自家家谱送入有关机构公藏，国内的一些机构尤其是图书馆也开始注意收集各种家谱。总体来看，现当代图书馆、档案馆、博物馆等公藏机构在谱牒文献收集中受政策、人力、物力、财力等诸多因素的制约，大范围全面收集谱牒文献存在一定的困难。随着人们对家谱的日益重视，很多人不愿意将家藏旧谱（1949 年以前出版的家谱）捐赠给公藏机构，或是只愿意捐赠复印件或扫描图像。对于新谱（1949 年以后出版的家谱），由于印制数量有限，又多为非正式出版，通常只会捐赠给国家或所在地省级图书馆等大型文献收藏机构。

除了国内机构，国外的一些机构也对中国家谱产生浓厚兴趣，尤以美日最为积极。据有关人员不完全统计，中国家谱有 18799 种收藏于美国国会图书馆、美国哥伦比亚大学东亚图书馆、哈佛燕京图书馆等，还有中国家谱 1613 种被京都大学东洋学文献中心、日本国立国会图书馆等机构收藏。在世界其他地方，如韩国、法国、英国等，亦有中国中文家谱收藏，数量不详。

家谱是中国的，然而在近代，其研究与收藏却被国际学界走在了前面。例如，位于美国盐湖城的犹他家谱学会，从 1894 年起就成立了家谱学会图书馆，累计拍摄中国家谱一万七千多种，收藏数百种原件，成为世界上收藏中国家谱微缩胶卷最多的机构。

20 世纪 80 年代以后，我国政府对家谱的收集整理工作十分重视，多次在世界范围内对中国家谱进行调查摸底，家谱收集进入了繁荣期。据统计，上海图书馆是收藏中国家谱最多的机构，达到 1.2 万种，再就是国家图书馆，大约有 3000 种。此外，有 2565 种收藏于山西省社会科学院家谱资料研究中心，也是国内家谱保存较多的机构之一。同时一系列大部头的家谱目录相继出版，给家谱资料的查找、利用和普及带来了便利。

《中国家谱目录》是首部综合性家谱目录。山西省社会科学院自 1984 年起，因整理点校《山西通志》，开始收集复制家谱。1991 年底，香港举办中华族谱特展，山西省社科院参展，至此历经 7 年时间，他们克服诸多困难，收集复制 2000 余部家谱，收藏之丰富，蔚为可观。为了更大范围展示所藏家谱，1992 年山西省社科院将其收集复制的家谱，整理成《中国家谱目录》，由山西人民出版社出版发行，该《目录》涵括家谱 2565 部，有 251 个姓氏被收录。其收藏范围不包括台湾、西藏、新疆、吉林的家谱，其他省、市、自治区的，均有收录。

1995 年 12 月，巴蜀书社出版发行了《中华族谱集成》。该书首批分六卷一百册，收录张、王、李、刘、陈五姓族谱共 93 种。每个姓氏前，均附有编选说明，比较全面系统地介绍了每部家谱。该书装帧典雅，印制精美，百册并立，异常壮观，是 20 世纪 90 年代族谱整理出版的典型代表。

1997 年 9 月，中华书局出版发行了《中国家谱综合目录》。1980 年初国家档案局开始对各省、市、自治区单位收藏家谱的情况进行调查。1983 年，南开大学历史系开始整理统计收藏于北京公共图书馆和大学图书馆的家谱。1984 年春，国家档案局、南开大学历史系、中国社会科学院历史研究所联合，在前期工作基础上，决定编纂《中国家谱综合目录》，收录全国的家谱。一共有 14719 条家谱条目被该《目录》收录。其条目下的著录办法是：一是顺序号，二是书名，三是卷数，四是编纂时代，五是编纂者，六是版本，七是收藏单位，八是备注等项，此外"地区索引"和"报送目录单位名单"附于综录之后，便于阅读查找和使用。

2000 年 5 月，上海古籍出版社出版发行了《上海图书馆馆藏家谱提要》。顾廷龙先生是著名图书馆学家，上海图书馆界的老前辈，能化腐朽为神奇，在故纸堆里搜救宝贝，收集大批家谱，奠定了上海图书馆家谱馆藏基础，也为抢救与收藏我国家谱做出了历史性的重要贡献。"谱牒研究中心"于 1997 年成立于上海图书馆，旨在对馆藏家谱进行全面整理、开发与研究。其邀请复旦大学历史系、安徽社会科学院历史研究所、华东师范大学古籍研究所专家学者参与到中心的研究任务中，按照体例统一的标准，先把馆藏家谱目录提要编写出来，以备用于深入研究。《提要》中编印的 1949 年前的旧家谱约 11700 种近 10 万册，收录姓氏达 328 个，总计 200 余万字。《提要》有编写要求：首先始祖，其次始迁祖，再其次迁徙路线，最后卷次内容以及其他资料等，"分省地名索引""人名索引""堂号索引"等附于书后。《提要》的及时面世，对查询、阅览、研究家谱非常便利。

2000 年 10 月，《浙江家谱总目提要》由浙江人民出版社出版。现存的浙江省历代家谱数量占中国存世家谱总数的约三分之一，浙江图书馆组织专家学者历时四年编撰完成了收录浙江家谱 1.2 万余种的《浙江家谱总目提要》，该书近 26 万字，收录姓氏总计为 299 个。从修谱时间来看，上自明代下迄 21 世纪初，其中尤为珍贵的是绍兴《姒氏族谱》，该谱是大禹后裔宗谱中结构、内容较为完整、翔实的一部，从传说中的大禹写起，止于一百四十一世孙，时间跨度 4000 年；有各种不同的版本形态，如抄本、稿本、石印本、木刻本、木活字本、铅印本、油印本、电脑打印本等。《提要》把始修时间、修谱次数、家谱特点、宗族堂号、始祖及始迁祖、卷目内容、名人业绩、字辈排行及其他珍贵史料等著录详尽。堂号索引、收藏单位名称对照表、浙江家谱存目以及谱籍索引附于书末，便于查询。

2009 年 7 月，《中国家谱总目》由上海古籍出版社出版发行，是上海图书馆历时 9 年编写而成的。该书共十册，1200 万字，收录家谱 52401 种，姓氏 608 个，把中国家谱中使用汉字记录的、2000 年底前印刷的统统收录。这套家谱是迄今为止收录中国家谱最多、著录内容最为丰富的一部专题性联合目录，是一部不可多得的具有极高学术价值和使用价值的专著，把中国 56 个民族姓氏家谱的概况进行了展示，海内外独一无二，就像画了一张全球华人寻根问祖的"路线图"。

改革开放以来，随着人们活动空间的不断拓展，家族群居式生活模式被打破，流动性成为人们生活与工作的常态，数字技术与移动互联网解放了时空对人们的限制，家谱出现了数字化趋势，家谱数字化成为保护、整理、传承、研究家谱的现实选择。本书家谱数字化概念的内涵是：从利用和保护家谱的目的出发，采用图像扫描、缩微等现代技术将家谱的语言文字或图形符号转化为能被计算机识别的数字符号，从而制成家谱书目数据库和家谱全文数据库，用以揭示家谱文献信息资源的一项文化系统工作[1]。家谱数字化包括建立家谱书目数据库、家谱全文数据库，建设家谱网等。

---

① 毛利军. 中国家谱数字化资源的开发与建设 [J]. 档案与建设，2007（01）：22-24.

家谱书目数据库普遍具有数据海量、检索效率高的特点。具有代表性的有上海图书馆自 2000 年开始建设的"家谱书目查询数据库"，它是目前数据量最大的家谱书目数据库，数据量达 17041 条，并不定期更新，允许国内外读者联网检索；中国国家图书馆 2002 年启动建立的"地方志家谱书目数据库"，收藏的中国家谱书目数量仅次于上海图书馆，可以提供网络浏览和检索服务。部分家谱收藏较多的图书馆如安徽省图书馆、福建省图书馆、浙江图书馆等也对馆藏家谱资源进行了计算机编目并提供网络检索服务。

家谱全文数据库以家谱的内容为揭示对象，对家谱资源的全文进行数字化处理以便为读者提供全文阅读、全文检索或智能分析服务。根据家谱全文数字化的技术处理情况，数据库可分为图像版、文字版、图文版。较之书目数据库，家谱全文数据库更易于为用户提供准确的家谱内容和便捷的查询服务。但由于涉及古字、生僻字和异体字较多，家谱中的世系图、世系表需要特殊的中文平台系统排版等原因，目前家谱全文数据库开发较为缓慢。具有代表性的是北京大学中国基本古籍库工作委员会与北京爱如生数字化技术研究中心联合编辑研制的"中国谱牒库"。"中国谱牒库"是专门收录历代谱牒类典籍的全文检索版大型古籍数据库，共收录宋元明清历代家谱 5000 余种，年谱 1200 余种，仕谱 3000 余种，日谱 500 余种，合计约 1 万种。数据库全文字数超过 10 亿字，图片超过一千万页，数据总量约 350G，并配备专用的检索系统和功能平台，可进行毫秒级全文检索和一站式整理研究作业。

盛世修志，望族修谱，为了满足人们寻根问祖、追根寻源、普及家谱知识、编印买卖家谱的现实需要，依托互联网技术，若干规模不同、影响力不一的家谱网站近年来也应运而生。全国性大型网站有如 2008 年中国国家图书馆启动建设的"中华寻根网"、创建于 1999 年由国务院台湾事务办公室管理的中国台湾网族谱栏目等；中型的有省市家谱研究会建设的网站，如"中国家谱网""安徽家谱网"等；还有一些名门望族自行建立的姓氏网站，如"孔氏宗亲网""程氏家谱网""世界王氏网""闽台宗祠网"等。家谱网站的建设适应时代发展潮流，更易于普及家谱知识、传播家谱信息、凝聚家族力量、增强个体归属感。

从家谱的收集发展史可知，家谱收集跌宕起伏，与时代息息相关，既有旺盛、辉煌期，又有衰落、窒息期。令人可喜的是，当前对于家谱史料及人文价值的认识普遍加强，家谱资料的收集、整理工作遍地开花、硕果累累，呈现一派蒸蒸日上的新气象。

第二节　河洛地区家谱收集整理现状

河洛地区目前从事家谱收集整理的部门主要有图书馆、博物馆、文物保护管理所、文物工作队和家谱馆，也有个人家谱收藏者。经统计，纳入"全国古籍普查平台"中的河洛家族谱古籍共 152 部，其中家谱为 41 部、宗谱为 47 部、族谱为 64 部。各类收藏机构中，图书馆收藏古籍家族谱 139 部，占绝大多数，其中河南省图书馆为最多，有 57 部；新乡图书馆列第二，有 37 部；郑州大学图书馆排第三，有 20 部。

目前河洛民间从事家谱编撰收藏较为有名的是"老家河南家谱馆"。老家河南家谱馆经中共河南省委办公厅批准，由河南省档案馆和河南省姓氏文化研究会联合主办，河南省家谱文化研究院和河南省姓氏文化研究会家谱委员会承建，采用官办民营的方式，重点展示"老家河南、根在中原"的优秀传统文化和姓氏家谱根亲文化。该馆聚焦"老家河南、根在中原"主题，坚持"突出教育"原则、"资料汇聚"原则、"观众为上"原则，努力打造国内知名的家谱寻根谒祖平台和传统文化教育基地。家谱馆共分为 8 个展厅：1 个姓氏和家谱文化综合展厅、3 个家谱陈列厅（收藏有 600 多个姓氏，2 万多部，20 多万册全国各地家谱）、3 个姓氏独立展厅和 1 个家风家训厅。该馆收藏的家谱数量和品类，已在全国名列前茅。

著者前期与洛阳姓氏研究会联合，对洛阳市及所属县市区家谱进行了普查和收集。此次活动得到了各县市区地方志办公室及私人家谱研究者的大力支持，共查访到了家谱 1250 种。这 1250 种家谱在各县市的分布如下：市区（不含吉利）115 种，吉利区 80 种，偃师市 531 种，孟津市 203 种，嵩县 14 种，伊川县 60 种，宜阳县 76 种，栾川县 1 种，汝阳县 3 种，洛宁县 153 种，新安县 14 种。在这些家谱中，现存清代家谱共 300 种，占 24%；民国所修家谱共 200 种，占 16%；新中国成立后新修、重修、续修家谱共 750 种，占 60%。

面对形形色色、参差不齐的新旧家谱，收集整理过程中需要重点关注以下三方面问题：准确判断家谱的质量，确定家谱收集整理的方法，着力解决家谱收集整理中存在的问题。

一 准确判断家谱的质量

如何评判其质量优劣，是家谱收集整理工作中的一项重要前期工作。除了看家谱年代、装帧、册页是否完整等外部因素外，更要看家谱的资料质量、体例质量和文字质量。一部好的家谱，应该是一部朴实的家族资料的科学汇编，我们需要评判家谱资料是否翔实与准确，家谱体例是否规范和严密，家谱文字是否科学和一致。

（一）家谱的资料质量

家谱的资料性是家谱文献的基础和决定因素，家谱的资料质量是判断家谱优劣的关键。源远流长的中国家谱发展历史，有赖于不同时代的编著者对资料的高度重视，形成了良好的传统，把收集资料放在首要的位置，尊重历史事实，让第一手材料说话，来反映家族的变迁。只有占有了大量的资料，谱书内容完备，资料翔实，才能称得上一部上乘的谱书。新的时代，编修新家谱，编撰者同样需要按照"教化、凝聚、存史、学术"的编纂要求，充分搜集材料、占有材料、鉴别材料、准确运用材料，用全面、客观、丰富的史实把握过去、陈述当下、期待未来。

1. 判断家谱资料的采集标准

（1）实事求是原则

资料真实是谱书的生命。家谱是传世之书，要想经得住历史的检验，要求资料真实、准确无误，资料不仅要多、要全，而且重要的是要真实。浏览评判家谱资料质量，要看编撰者是否具有过硬的理论水平和认知能力，是否能够把握本家族的历史实际和现实实际，是否能全面反映家族的历史人物和时代变迁，是否能够正确评价社会历史的进步与反动、评价家族历史人物的功与过，所列族内名人的情况是否能与其他文献的记载相佐证。是否实事求是，推理经过是否明了，探源是否清楚，是判断家谱资料优劣的首要因素。甚至在一定程度上说，家谱应当做到比国史更真实。

（2）广征博引原则

家谱社会历史意义重大，同时也具有自然生命意义。家谱、国史、地方志是研究历史重要的资料，可以说家谱对国史、地方志研究是有益的补充。它们记载的内容、范围、详略存在差异，国史和地方志记不同区域的大事，一家一族之小事、局部之事由家谱完成。国史和方志是主干，家谱则是枝叶，因此，家谱资料的一大特色就是详细。这就要求家谱修撰者必须站得高、看得远，广征博引。凡涉及有关的家族资料力求收全，达到家谱资料能够贯通古今、竖不断线。竖不断线并不是家族年年月月的事都要记述，而主要是反映家族在各个重大历史时期的大事、要事不能缺。凡是有关家谱的文字资料、口碑资料、实物资料都要收全。

2 鉴别家谱资料的内容

时代不同，家谱的功能各有侧重，这就造成家谱资料的内容也就有所不同。比如说，上古时代的家谱，仅为君王贵族所有，其作用就是证明血统；先秦时期的家谱特别重视世系，家谱内容就仅为世系，这时的家谱内容都较为单一；魏晋隋唐时期家谱作用大大增强，家谱的内容也相应增加，其内容基本上包括郡望、源流、家族世系；宋代以后，家谱的作用转到尊祖、敬宗、睦族上，其资料通常包括族姓源流、恩荣、人物传记、祖宅祠堂、祖茔、家传；当代新修族谱中谱序、姓氏源流仍是主要内容，与旧谱相比，一般增加了照片、居住地望及人文风情、大事记、统计表等。家谱资料应包含以下10部分内容。

第一，家族的世系。姓氏源流；家族世系及其分支；每户源流，户主及妻名、字、生卒年月日、职业、职务、工作单位、电话、学历与工作简历、兄弟姊妹排行顺序；父母成员情况及岳父母成员情况；家庭成员有突出成绩的可以写出事实材料；户主子女姓名、性别、排行顺序；每户的人口及分布等。

第二，家族的人物。家族中的名人、专家、学者及各行各业有成就者，也包括有不良事迹的家族历史人物的资料等，既宣扬家族成功人士，也不避讳家族中有过错之人。使用者从家谱人物资料中能看出一个家族的好家风和家族优良品德的传承。

第三，居住的地方。始祖或始迁祖居住地，或者叫作发祥地和家族现住地具体记载资料，一般应有那里的自然资源状况、文化教育背景、农业手工业等产业、风俗习惯、宗教信仰等。

第四，家族的重要活动。政治的、科学研究的、军事的、经济的、外交的、文化艺术的及其家族祭祀的重大活动等均应被纳入收集对象。

第五，族人的分布。始祖地、外迁地的资料等。绘制出族人的分布情况，支撑地图和表格，再用文字进行追述。

第六，族人的迁徙。族人的世序、姓名、时期、原籍住地、现居住地、迁徙原因等资料。

第七，文献资料。包括族人生前著作、诗词、祭文、墓志铭文、书法、绘画及杂论等。

第八，实物资料。实物资料包括庙、祠堂、学校、坊、坟茔，家族文物包括文玩摆件、书画收藏、玉器首饰、相关图表等。

第九，口碑资料。口碑资料是指与家族有关的口传资料，如回忆录、录音、谈话等，以"补史之缺、续史之无、详史之略、参史之错"的原则，发挥口传资料作用。

第十，其他可能存在的资料。

如《新乡饮马口赵氏族谱》（2008年）记载的赵氏家族在本地区影响较大，该谱分为上、中、下三册，包括世系、世纪、祠堂、茔兆、赵氏诰命、赵氏静乐园纪略、赵氏家范、赵氏其他类（文章）等九卷。概括起来，该谱包括谱名、目录、谱序、凡例、世系、姓氏源流与家族播迁、祠堂、茔兆、诰命、艺文、家范等十余方面内容，称得上中原家谱中内容丰富之佳作[①]。

3 评判家谱资料的整理过程

收集的一手家谱资料，由于形式、内容和时间的不同，比较散乱。为了编撰高质量的家谱，需要对一手资料进行整理、编排，便于资料的查找、利用和保管，充分发挥资料的作用。家谱资料的整理就是把经过鉴别、考证的可用资料进行系统归纳及总体分析，有条理、有系统地排列资料，进行资料登记，认真分类，为编写家谱做好准备。收集整理家谱资料，决定着家谱的质量，一般是修谱过程中工作量最大、时间最长的阶段，一般要求约占修谱总时间的三分之二。一部家谱前期所收集整理的资料，一般是成谱的十倍以上。

（二）家谱的体例质量

清代桐城史学家姚仲实在《史学研究法》一书中说："史之为法大端有二：一曰体，二曰例。必明乎体，乃能辨类，必审乎例，乃能属辞，二者如鸟有两翼，车有两轮，未可缺一也。"体例专指一类著作区别于其他著作的体制形式，由体裁、结构和章法三个要素组成，不同的著作都有其相应的体例。家谱是一种家族生活史的综合性著作，也有其特殊的体例。判断家谱的体例质量就在于看家谱的编写体裁、结构和章法是否规范和严密。

家谱体例源于上古时代，经过漫长的历史时期的发展，定型于宋代，到明清时期更加完善和成熟。当今的社会生活极其丰富多彩，是过去任何时代都无法比拟的，旧家谱的体例已经不能完全适应和满足社会主义新时代的需要。新时代撰续家谱，探索和规范新家谱体例以适应社会主义新时代要求是一个至关重要的问题。实践中，新中国成立后尤其是近30年新撰修的高质量家族新谱一般对旧谱进行了批判继承，以历史唯物主义为指导，将旧谱的指导思想与现代社会充分结合，对旧家谱体例进行了改革和创新。

---

① 王仁磊. 中原家谱的主要内容及其史料价值管窥——以新乡家谱为中心的考察 [J]. 河南科技学院学报，2015（01）：99-102.

好的家谱要求结构严密，逻辑性强。据冯尔康先生研究，清代的家谱由谱序、恩纶录、像赞、宗规家训、世系、世系录、派语、宦迹考、传记、祠堂、坟墓、祠产、先世考辨、著述、余庆录、五服图和领谱字号等17个方面组成[①]；王鹤鸣先生总结，家谱由谱名、祖先像赞、目录、修谱名目、谱序、凡例、恩荣录、谱论、姓氏源流、世系、传记、家法、风俗礼仪、祠堂、坟茔、族产、契约、艺文、字辈排行和领谱字号等20个方面组成[②]；徐建华先生认为，明清以来的家谱由谱序、题辞、凡例、谱论、恩荣、图、节孝、像赞、考、宗规家训、祠堂祠产坊墓、派语、世系、世系录、传记、仕宦录、志、杂记、文献、修谱姓氏、五服图、余庆录、领谱字号等23个方面组成[③]。以上三位先生是从全国家谱的整体情况出发，总结家谱可能包括的结构内容，而具体到每一部家谱，则很难全部涵盖上述内容。在一部家谱中，含有上述提及的10项以上内容便可认为结构完整。

在旧谱结构基础上，当代新谱增加了述略、居住地地情、大事记三项。"述略"置于谱书主体部分的前面，起到导阅的作用，勾画了家族的发展历史和现状的总体轮廓。"居住地地情"主要记述家族成员在当地历史、地理的环境下兴乡创业的历史和现状，能够使家谱更好地体现为社会主义建设服务的宗旨，突出时代精神和家族特色。"大事记"是吸取地方志的体例，丰富了家谱体例。"大事记"采用编年体和纪事本末体相结合的方法，记述家族在各个历史时期的大事和要事，展示家族对社会的贡献和风范。经过这样的设置和探索，当代家谱前有序，后有附录，中有主体。以述略为纲，以大事记为经，主体内容为纬，以时系事，横排竖写，纵横交叉，形成一个统一的有机整体。

旧家谱的结构大多是分类叙述，根据家谱的规模，有的几卷，有的十几卷，有的上百卷。比如被誉为"存世谱牒之冠"的《孔子世家谱》，以延时之长、族系之明、纂辑之广、核查之实、体例之备、保存之全

① 冯尔康.清史史料学[M].沈阳：沈阳出版社，2004：255-256.
② 王鹤鸣.中国家谱通论[M].上海：上海古籍出版社，2010：279-348.
③ 徐建华.中国的家谱[M].天津：百花文艺出版社，2002：42-47.

被列为吉尼斯世界纪录"世界最长家谱"。明天启版《孔氏族谱》现无全帙，残存 3 卷，估计原有 6 至 8 卷；清康熙版《孔子世家谱》共 24 卷；清乾隆版《孔子世家谱》共 22 卷；民国版《孔子世家谱》分 4 集，108 卷，总计 154 册；第五版《孔子世家谱》续修告成，颁谱庆祝大典于 2009 年举行，该版编撰历经 13 年，耗资千万，收录总人数超过 200 万人，其中 56 万人资料转录自民国《孔子世家谱》，140 多万人属于新增。与民国版相比，新家谱保留了传统家谱的结构形式和主要内容，也有其突出特点，共有三大创新：一是跨越性别、民族与地域，二是增加个人信息，三是建立数据库。全谱共分卷首和初集至五集，共 80 册：初集为始祖孔子至分六十户，二集为四十三代孔仁玉之后外迁支派，三集为孔仁玉之前外迁支派，四集为待考支，五集为海外支。

新修家谱的结构根据家谱的内容，可以选择卷（篇）、章二层次式组合，卷（篇）、章、节三层次式组合，或者卷（篇）、章、节、目四层次式组合。不论采取什么形式，新家谱的结构应达到结构科学、层次分明、主次有别、横成系列的编撰要求。

家谱章法指的是家谱篇目和编写方法。篇目是谱书的总体设计框架，是用以指导搜集资料和进行编写的提纲和依据。高质量家谱篇目的拟订需要做到全局在胸、不遗不漏、突出特点、合乎科学、反映现实。

（三）家谱的文字质量

高质量的家谱要求过好文字关。新修家谱需要重视文字的科学、统一、规范，一般要参照《方志编纂指南》等书中关于行文规范的要求撰写，判断新修家谱的文字质量需要重点看是否在以下 10 个方面统一规范执行。

1. 用字、标点

统一使用文字改革委员会编印的《简化字总表》及文化部和文字改革委员会联合发布的《第一批异体字整理表》中的汉字，不得使用其他不规范的字。只在引用古籍及用作姓名用字时可使用异体字。标点符号按《新华字典》（1971 年修订重排本）附载的《常用标点符号用法简表》的规定使用。

2. 称谓

记述历史上的政权机构，采用当时称谓，按照一般习惯通称，不用"满清"，不加"反动""腐朽"等政治定语。对于人物称谓，直书姓名，不加虚衔和褒贬之词。官职职务，概用当时的实职，一般不写"先生"或"同志"，也不使用"该人""该同志"。

3. 时间

年份应书以全数，凡公历年月日一律用阿拉伯数字表示。凡世纪、农历年月日一律用汉字表示。生卒年代、年龄、年度等用阿拉伯数字表示。在括号内注明人的生卒年可不必加"年"字，如"司马迁（前145～前87）"。公元前的世纪、年代要加"公元前"字样，公元后的世纪、年代可以不加"公元"字样。

中华人民共和国成立以前，一律采用中国历史纪年法，先写朝代名称再写年号，所用数字皆用汉字，在括号内用阿拉伯数字可省去"公元"和"年"，如清顺治元年（1644）。中华人民共和国成立以后纪年，一律采用公历纪年，如1951年。

记述时间要准确，类似"今年""明年""上个月"这样的时间名词不要使用，而应写具体时间。不要使用不确切的时间概念，如"最近""目前""大跃进时期""文化大革命时期"等。年份、年代不用简称。

4. 数字

习惯用语数字、语汇和成语中数字、表达性语言中数字及数字专门名称，一律用汉字表示，如"腊月初八""丢三落四""七七事变""三中全会"等。相邻的两个数字并列连用表示概数时，连用的两个数字之间不用顿号隔开，如四十五六岁、四五天、六七十种。用阿拉伯数字表示数值范围时，用连接号"～"连接，如1500～3500元，100～300米，30%～50%。统计数字要按新规定正确使用阿拉伯数字，表格一律使用阿拉伯数字。引文中分数用汉字表示，如"四分之一"；百分比（包括千分比）用阿拉伯数字，如"25%""15‰"等。

5. 度量衡

古代度量衡，可以尽量采用当时的制度，一般不换算，以免造成讹误。中华人民共和国成立后的度量衡，一律根据《中华人民共和国计量单位名称与符号方案（试行）》的规定书写（1981年8月7日《人民日报》公布）。其数字使用阿拉伯数字，如150公斤、100米等。

6. 引文

引文要忠于原文。凡属引用的文字，以双引号标出；未标点者，应进行标点，并注明出处，以便校核和查阅。引文有错字时，用括号写入正确的字。引用译文时，应选择准确的译文本，译文中的人名、地名、官职等应统一。

7. 注释

"注"是对文中难懂的术语、典故，于第一次出现时标注。新家谱的注释采用"页末注"。需作注的地方在右上角标出序号，有些地方可以随文注释。

8. 地名

使用省或市、县名称时，应具体写明"××省""××县"，使用第三人称，不使用"我省""我县"这样的代名词。记述历史沿革和古人的活动、籍贯等，可用古地名，在括号内注明今地名，如临安（今杭州）。其余，一律使用今地名，必要时在括号中注明古地名。

9. 货币

遇到货币问题时，一律写当时的货币名称，其币值一般不折算，在特殊需要的地方（如物价飞涨、货币贬值时）也可考虑折算。

10. 选录

重要的文献选、辑、录、存必须如实核对，不能随意改动，对于受历史条件限制而出现隐讳、难懂的，不甚通顺的语句，只要其意义基本明了，也不要改动，要忠于原文。若有错字也不要改动，可在括号内注正字。历史档案中的人名，也不要轻易删改。

二　确定家谱收集整理的方法

（一）明确收集范围

关于河洛地区范围的认识，学界经历了两个历史阶段。第一阶段，即河洛文化研究初期 1989 年前后，认为河洛地区包括今豫西地区及至晋南一带，没有明确的地理界限，可称"模糊说"。第二阶段，以 1993 年秋季在河南省巩义市召开的"中华炎黄文化与河洛文明国际学术讨论会"综述为代表，对河洛地区的东西南北有了一个明确的地理界限，可称"四至说"。薛瑞泽、许智银认为，河洛地区是指以洛阳为中心，东至郑州、中牟一带，西界华阴、潼关一线，南以汝河、颍河上游的伏牛山脉为界，北跨黄河以汾水以南的晋南，河南的济源、焦作、沁阳一线为界①。

对于河洛文化圈，一般认为河洛地区作为当时的政治中心之一，其影响波及更远。其范围不是一成不变的，随着文化中心影响力的变化，文化区域的范围会呈现出或大或小的扩张或收缩，需要用历史唯物主义的观点考察。朱绍侯先生认为，河洛文化圈实际要超过河洛区域范围，应该涵盖目前河南省全部地区，东与齐鲁文化圈相衔接，南与楚文化圈相衔接，西与秦晋文化圈相衔接，北与燕赵文化圈相衔接。究其实质，河洛文化就是狭义的中原文化②。

本书研究的河洛地区家谱，以"四至说"为收集范围。

（二）按照古籍文献和地方志中的家谱线索收集

地方志和谱牒依赖性强、关系亲密，历史上各级政府、文化名家、史志研究者爱好者均高度重视。清代学者章学诚曾言："夫家有谱，如县有志，国有史，其义一也。"其认为家谱和县志、国史同等重要，甚至认为："传状志述，一人之史也；家乘谱牒，一家之史也；部府县志，一国之史也；综纪一朝，天下之史也。"其以历史学家的视角对传、谱、志、史进行准确定位，厘清了它们之间的相互关系。地方志和谱牒是中华优秀传统文化的产物，血缘相连、同源异支。古籍文献和地方志是研究谱牒文化的"富矿"，是收集名人家谱的重要线索来源。

历史上，河洛地区名人望族灿若群星，延绵不绝：有炎黄子孙的人文始祖炎黄二帝，有政治人物商汤、周公、刘秀、曹操、武则天、魏徵、范仲淹；有文学家韩愈、杜甫、白居易、刘禹锡、李贺；有思

---

① 薛瑞泽，许智银."河洛"与河洛地区研究补正 [J].中国历史地理论丛，1999（02）：9.

② 朱绍侯.河洛文化与河洛人、客家人 [J].文史知识，1994（03）：40-46.

想家老子、庄子、墨子、韩非子、邵雍、程颢、程颐；有医学家华佗、张仲景；有画家吴道子；有佛教人物玄奘；有天文学家张衡等，不胜枚举。这些河洛名人对中国传统文化的形成与发展起到了重大的奠基与推动作用。充分查阅相关方志和古籍，不遗漏相关线索，对于名人家谱收集的查漏补缺、穷尽收集，保证名人家谱库的科学性、完整性具有重要作用。

（三）按照地方姓氏排查

河洛地区现存姓氏极其丰富。据初步调查，仅洛阳地区现有姓氏就达1339个，其中有不少是稀见姓氏。如仅在方圆不足百里的县级市偃师，就收集到偃师现用姓氏531个，其中单字姓氏522个，双字姓氏8个，其他形式的姓氏1个。源出于偃师或一支源头出于偃师的117个姓氏中，除一个复姓外，其他均为单姓。面对河洛地区姓氏众多的情况，收集家谱时，这一方法要求进一步加强与地方史志办、档案馆、姓氏研究学会等机构和私人收藏家的联系，通过构建长期稳定友好的合作关系，了解当地历史人物及档案资料，获取间接线索，掌握地方姓氏分布情况，做到有的放矢地收集，提高收集工作水平。

为了丰富特色馆藏文献，著者曾与洛阳姓氏文化研究会联合，重点对洛阳市及所属县市区家谱按照姓氏进行了普查和收集，共查访到家谱1250种，后又征得各方面同意，通过不同渠道收集了以白居易、程颢程颐家族为代表的360余种近400册河洛地区姓氏家谱。现将已掌握的清代撰修或刊行，并有具体时间可考者，汇总如下：顺治年间6种，康熙年间24种，雍正年间6种，乾隆年间60种，嘉庆年间42种，道光年间66种，咸丰年间6种，同治年间36种，光绪年间48种，宣统年间6种。

（四）实行专人收集与集体收集

专人收集，就是选择部分人先行收集，先行收集的专人或者对某家族有研究、有联系，或是对某区域的家族分布熟悉，这样做的好处是精力集中，收集进度快。应做到一方面了解把握更为丰富的家谱线索，另一方面收集比较了解的家谱；在专人收集基本结束时开展集体收集，对一些不熟悉、不易得的家谱，团队利用多种渠道加强收集。收集的整个流程中，要做到言之必行、取信于民：安排取谱、送谱一定要时间充裕，更不应违背当地的忌讳，遵守礼节，遵守相互之间的约定，写好收藏证书，如果是复印、影印、拓印，要在操作过程中确保原谱不损坏、不污染、不丢失，让藏谱人放心，保证相互之间良好的关系和信任。有的家谱已经有几百年的历史，不仅保存完好，而且还没有油渍、批印等，这些均是前人爱谱尊谱的体现。

（五）实地收集与活动征集相结合

家谱收集日常工作主要由家谱收藏机构派专人或团队开展实地调查，联系家谱所有人，前往家谱所在地，实地进行商谈收集。可以采取不同的方法：一种是倡导捐赠，组织有纪念意义的捐赠仪式，颁发收藏证书给捐谱人以资纪念，对捐谱行为进行宣传；另一种是购买，对于一些古旧家谱、珍贵家谱，因其文物价值和史料价值非常高，用购买的方式就比较合适。当然，通过拍摄、复印、拓印等开展收集也是可行的，主要是对家谱文献整体性、全面性一定要高度重视。

这种家谱的实地收集方式很有必要，也可通过定期、不定期开展家谱展览、修谱辅导、学术沙龙、名人纪念等活动进行家谱活动征集，通过这些文化活动，可以增进交流，扩大不同区域影响，提高家谱收集工作的水平。

（六）注重深入基层，构建家谱信息网

深入基层，访家串户，落实专人，调查研究，是切实可行的办法，一定避免坐等上门，守株待兔。家谱收集人员要广开门路，多找知名人士、离退休人员征求意见，主动联系乡镇村委会、文化站、老年协会、街道社区，通过信息员建立起联系网络。这些基层单位熟悉情况，在地方上有一定社会地位，尤其一些领导具备一定知名度，且消息灵通，在家族中也有声望，比较可信可行，往往能够提供有价值的家谱线索。他们联系收集家谱，也一般能够得到家谱所有者的信任，使收集活动得以顺利开展，民众也较为配合。

（七）联系家谱编撰、印刷等机构提供家谱信息

地方知名家谱编撰企业、印刷厂、出版社等，接触续修家谱的机会

多，也有不少线索。家谱收藏机构与上述机构保持联系，可以依据提供的家谱线索寻访不同家族藏谱、续谱状况，按图索骥，与藏谱人面对面交流，提出建议，可捐献、可复印、可预订，进一步保证家谱文献的整体性和全面性。

（八）传媒征集及其他征集

当前传媒业发达，在传统征集方法的基础上，应充分采取新兴的现代化传播手段，用网络、电视、广播、报纸等现代媒体，解读家谱的意义、作用，全面介绍，多渠道宣传，强化宣传力度，务求家喻户晓，让全社会都来关注、关心、理解家谱的收集工作，使家谱的收集工作开展起来更为顺畅。

（九）强化家谱网络信息收集

家谱收藏机构要时常关注当当网、亚马逊、淘宝网、孔夫子旧书网等网站家谱信息，上面有卖家专门做家谱生意，可以用具体地域或姓氏为关键词在网上书店进行查询选购；也可通过姓氏文化网、宗亲网等网站发布的信息收集家谱文献。

三　着力解决家谱收集整理中存在的问题

（一）家谱收集人员短缺

目前开展的家谱收集还是一个比较小众的工作，主要还是依靠家谱持有者对本地文化机构的无偿捐赠和寄送，家谱收集工作整体来看还比较被动。尤其是在中小城市、乡镇基层，开展家谱收集的机构和工作人员短缺，对于本地家谱一般是有人主动提出捐赠了，才知道谁家有家谱，系统认识和了解比较缺乏。对于收集到的家谱也因人手问题无法及时修补、整理、分类，不能充分开发利用。

（二）家谱收集者专业素养不高

家谱属于家族的珍贵藏品，家谱收集工作对于收集人员的家谱敏感度、鉴别能力、公关能力、协调能力都有较高要求。而且收集家谱工作不同于其他工作，既要求有学术研究能力，也要求有做群众思想工作的能力，在实际收谱操作中，既要注意策略，又要讲艺术。家谱持有者一般对家谱具有较深感情，不愿轻易示人，更别说捐赠。有的家谱中存有手稿、日记等方面的资料，非常珍贵，涉及个人隐私，家谱持有者对收藏机构能否妥善保管、恰当利用存疑。总之民众对家谱收集工作缺乏必要的认识，对收集人员、收集机构的信用、能力不确定，对家谱公开后可能产生的纠纷、造成的不良后果等方面心存疑虑，这些都大大影响了民间家谱收集工作的开展。

（三）家谱持有者思想觉悟有待提升

持续加强宣传教育，提高家谱持有者的公民意识和思想觉悟，让人们认识到家谱的历史文献价值和社会实际价值是家谱收集工作的重点。家谱持有者不仅要将家谱视为本家族的"传家宝"，还应该认识到这是一份祖辈留下来的中华民族共同的伟大文化遗产，要让家谱在学术界物尽其用，发挥其历史文献价值；还要让家谱发挥它的社会实际价值，比如说教化作用、民族凝聚作用、家族团结作用等。通过这些宣传教育，让家谱持有者提高思想觉悟，增强公民意识，乐意将家谱文献资料以不同的方式面向公众公开。

（四）家谱收集资金来源不足

收集家谱以文化事业单位为主，以私人收藏为辅。财政的支持是家谱征集工作有力的支撑点。文化事业单位是社会公共服务单位，自身没有创收职能，必须靠财政支持，才能开展工作；而私人收藏，由于个人财力有限，也往往捉襟见肘，因此资金不足往往是制约家谱收集工作的首要问题。除了收集家谱过程中对持有人的经济补偿外，收集设备如复印机、摄影机、录音设备等的购买、维护、更换等都需要资金支撑。

（五）家谱收集部门各自为战

当前的家谱收集工作由于主管部门、行政管理部门不同，往往是分系统、分区域、各单位自行开展。又由于家谱的珍贵性、稀缺性，价值较高的珍贵家谱受到各界关注是必然的，不少部门、机构、收藏爱好者开展竞争，提高价码，都想收藏，在这个竞争过程中消耗了大量的人力、物力、财力，甚至让一些文物贩子有机可乘。在今后的家谱收集整理过程中，相关部门应信息共享、开展协作，集中开展收集活动，尽力做到家谱共享。家谱原件存放单位确定后，想保存的其他单位可以制作成复制件留存，从而避免人力、物力、财力浪费，让我们共同开发利用家谱文献，汲取祖辈留下来的精神财富。

第三节　河洛地区家谱收集整理新思路

河洛地区家谱收藏单位需要进一步明确收集工作规范，首先要明确家谱收集范围。一是地域范围，科学界定河洛地区古今所属省、市、县、乡等属地范围；二是载体范围，包括纸质、实物、微缩、声像等家谱类型。其次是要明确收集工作流程，以采购、征集、接收捐赠三种收集家谱的工作方式为主线，科学制定工作流程，并在实践中不断完善优化，才能实现收集工作有条不紊进行。家谱收集工作流程可参考图3-1[①]。

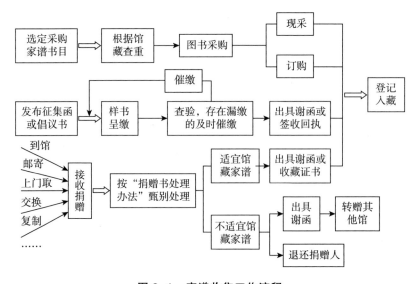

图3-1　家谱收集工作流程

---

① 朱将发.少数民族家谱收集工作思考———以桂林图书馆为例 [J]. 河南图书馆学刊，2017（09）：76-78.

家谱是传统文化的一部分，能使后人重温先祖德行，对和谐社会的发展颇有益处。重视家谱文化建设，既能补充法律制度无法涉及的内容，又可以通过族规、家训、家族的向心力来解决许多难以解决的问题。存世的中国家谱中，一共包括608个姓氏，其中单姓552个、复姓56个，其载体形式多种多样，最多的是书本家谱，最早的是宋代家谱，其中不乏珍本、善本。据《中国古籍善本书目》统计，家谱列入600多种。

目前国内家谱收藏地点极为分散，长期以来国内对家谱的收集、整理、研究工作做得不够，这与国外学者、机构对中国家谱搜集不遗余力、研究多有成果的状况很不相称。家谱文献的保存共享以及家谱文化的传承，需要建立健全不同层次的家谱整理部门，科学制定家谱整理办法，配备具有文献学、历史学等专业知识和古籍整理修复专业技法的工作人员。

一 建立健全不同层次的家谱整理部门

家谱整理部门的职能是对家谱文献资料进行全面、系统、全方位的收集和整理，以供当代人参阅和学习，为后辈的研究、传承提供文献资料，保证家谱内容世世代代传递与保存。家谱整理部门可以依托各级档案馆、公共图书馆、地方志办公室联合建立，不同层次的家谱整理部门要统一工作要求与规范。

河洛地区家谱整理的主体目前包括省市公共图书馆、高校图书馆、社会科学院图书馆、档案馆、方志办公室、博物馆等单位，以及民间私人收藏家谱者、河洛地区宗亲会等。具体收藏状况如下。第一，以公藏机构为主，据统计，主要是图书馆、档案馆、方志办公室和博物馆收藏。第二，省、市级公共图书馆的收藏数量比同级档案馆、方志办公室、博物馆多，内容上更加丰富。县级图书馆的收藏数量大多没有当地档案馆收藏的数量多，部分县级图书馆没有收藏家谱，这些图书馆对家谱历史文献资料的重视程度有待进一步提高。

二 科学制定家谱整理办法

家谱的整理与运用源远流长，家谱资料在古籍文献中多有出现，如

《春秋左氏传》就用了鲁国三孙、晋国六卿等的家谱，这些公卿贵族家谱记载内容清晰。再如《史记》，其中也运用了许多家谱资料。《姓氏簿状》是东晋时贾弼的著作，是第一本关于家谱问题研究的著作。王僧孺是南北朝时期的人，他编撰的《十八州谱》标志着家谱资料的运用走向成熟。宋代郑樵的《通志·氏族略》继承了家谱研究的传统，有一百多部家谱被收录和研究。学术史意义上的家谱整理研究始于20世纪20年代，至今已差不多百年。潘光旦、杨殿珣等大家用现代手段对家谱进行分析整理、开展研究，产出不少学术成果。如潘光旦从优生学和遗传学的角度关注族谱问题，发表有关族谱的系列论文，并利用族谱史料对明清嘉兴望族等开展专题探讨。柳诒徵利用方志、族谱等资料探讨地方氏族迁徙、世系人口诸问题。部分学者尝试用家谱材料来探讨地方宗族、人口、遗传、迁徙等社会史问题，对后来的研究拓展不无启发先导之功。

河洛地区私家家谱一般由本族具有贤德和能力的人掌管，一般情况下，由房长负责，一房一部，不得随意印刷。掌管家谱的人要善于保存家谱，按照规定，从领取到保管，一定记录清晰无误。如此一来，方便检查家谱保管与存放，有没有破坏、损害、失落等情况，另外也可分清保存责任。河洛地区大家族，一般会对家族法规中有关家谱的保管、收藏等提出建设性的意见。例如，需将家谱放进木匣之中，供放于祖龛之上，或藏在书房里，不能随便胡乱摆放。木匣不允许转移为其他之用，家谱不允许老鼠啃咬、虫蛀、污损、油浸、腐败、霉烂、丢失、散落，未经允许不可誊录或借给其他姓氏的人阅览，否则将依家法惩办。如果领取家谱的人隐瞒众人谋取私利、变卖家谱，则被视为不敬不孝，从严处罚。河洛地区的族长对家谱的收藏、保管情况比较熟悉，每年举行定期或不定期的抽查，把发到各有关家庭的家谱集中到统一的地方，比如祠堂、族长家里等，与家谱的原发号进行对照，以了解大家的保管、收藏、利用状况。族长对总体情况进行评判，评定其是非优劣，以及今后注意的问题，对于保管比较好的领谱人进行表扬、奖励，对于保管存在问题的领谱人进行批评教育、处罚。

2012 年问世的四修之《郑州市金水区杨金路街道杨槐村杨氏宗谱》规定了该宗谱的保管注意事项，并希望保管人及族众务必共同遵守：

> 宗谱是家族发展历史的载体，乃家族之神圣大典，望广大宗亲珍惜、保管好吾族《杨氏宗谱》。参考山西洪洞县志编委会办公室和洪洞大槐树移民研究会编《杨氏家谱》中的"族谱保管注意事项"特拟定吾族宗谱保管注意事项于此，望宗亲们严格遵照执行：
>
> 一、宗谱应存藏在族长、祠堂及各家庭长老之处；
>
> 二、存放时应寻一相应木箱专贮，应择避火、避虫蛀、避鼠咬之高处存置；
>
> 三、祭奠时防香熏火烤，以免造成污损；
>
> 四、阅览时要先净手，行拜谱礼后才能予以查阅，戒用手蘸唾液翻阅；
>
> 五、受潮时戒暴晒，以防纸张变脆、变黄；
>
> 六、凡外族人（即便是同姓者）一般不得借阅，如须借阅，须先行拜谱之礼，亦只能在谱主家净手后阅览，紧防外借抄袭。

针对河洛地区家谱的私密性、珍贵性和神圣性，家谱整理可采用多种途径，不同情况采取不同方法。整理家谱原件是最普遍常用的方法，但是这种整理方法有其弊端，例如可能会对家谱有损害。目前逐步发展为采用照相、缩微、扫描等现代技术对家谱进行处理，这样数字化的家谱可以反复使用，对家谱原件减少损伤，解决了很多问题。随着网络技术、计算机技术的发展和普及，家谱内容被录入计算机，并制作成家谱题录数据库、全文数据库，已成为时代所需，这样使用、查询家谱更加便捷高效。同时，不少姓氏研究会、家族宗亲会、家谱编印基地等还建立了家谱网站，广泛为社会服务，这使家谱整理利用上升到更高级、更高效的层次。

（一）珍稀家谱整理办法

历史上，河洛地区名人望族灿若群星，延绵不绝：有炎黄子孙的人文始祖炎黄二帝，有政治人物商汤、周公、苏秦、刘秀、曹操、武则天、上官仪、魏徵、范仲淹、郑成功，有思想家老子、邵雍、程颢、程颐，有文学家韩愈、杜甫、白居易、刘禹锡、李贺，有医学家华佗、张仲景，有画家吴道子，有佛教人物玄奘，有天文学家张衡等，不胜枚举。这些河洛名人对中国传统文化的形成与发展起到了重大的奠基与推动作用。

中国目前仍在使用的姓氏至少有 3500 个，其中起源于河洛地区的约占三分之二。在当今中国人口最多的 300 个大姓中，源于河洛或主支起源于河洛的有近 170 种。河洛地区家谱历史久远、精深宏富，在追溯远祖时，大多都直接追溯到炎黄二帝时期。如洛阳嵩县《河南程氏正宗世系谱》中其《程氏图像统总谱略序》记载"吾程氏之祖，世传出者自黄帝间者也"，并极其翔实地叙述了源流及播迁情况。

家谱整理中首先要明确河洛地区珍稀家谱的定位，本着资料稀见、内容翔实、版本珍稀、完整无缺，编撰有序、征实可信等原则对河洛地区珍稀家谱，尤其是名人、世家家谱进行重点整理，以达到更好地保护好珍稀家谱原件，避免因重复使用而造成不可逆的损毁，有效解决珍稀文献保存与利用之间矛盾的目的。河洛名人、世家多出自书香门第，撰修家谱的族人文化水平和修养总体较高，编排体例也各具特色，其可信度相对较高。这些家谱不仅载有名人不见于其他文献的生平资料，家谱中大量的其他记载，也提供了名人的生活背景、家庭教育、社会关系等诸多珍贵的史料，不仅有助于对该名人及其家族的研究，而且常常涉及一些重大历史事件，也给研究他人他事甚至一个时代提供了丰富的资料，可补正史、方志或其他古籍之不逮，非常珍贵。洛宁地区《张氏家乘》，共四卷，现存于洛宁金门寨，记述了洛宁明清望族张氏家族源流及播迁情况，由清兵部右侍郎张鼎延于顺治十四年（1657）亲自撰写，内容特色鲜明，谱载多士，以张挥为始祖，张仲文为始迁祖，避兵迁居至永宁县金门川德里村，历元明而成云霄巨姓，此后宗支衍派闽、粤、台、豫、桂各地及日本和东南亚诸国。谱中还有王铎、吴伟业、傅以渐、高景、李蔚等历史名人写的文章。该家乘记录内容解决了洛宁史志、史书上关于张鼎延家族发展史上遗留的疑难问题，为研究张氏家族的盛衰史提供了极其罕见的珍贵资料。

对存世河洛地区珍稀家谱的整理与研究，有助于突破正史的传统局限，挖掘其中的史料和人文价值，使其成为国史与方志的有益补充和佐证，有助于传承中华正统文化的精髓，赋予优秀河洛文化新的时代精神和生命力。其主要方法如下。

1. 影印汇编成册

其一，家谱是各个家族历史的载体，家谱文献的原有形态保存着丰富的历史信息。家族后人是家谱阅览的主要群体之一，他们在阅读保有家谱原有形态的影印版时，更能产生与先祖的亲近感，这种效果是重新排版印刷版所无法实现的。其二，家谱文献多为私家编修，出自众家之手，体例格局并无定式，编排质量参差不齐，如若重新点校编辑排印，很难找到统一的体例来平衡。其三，家谱文献多有世系图、祖先像、住宅图、坟茔图等手绘图谱，正文如改用现代印刷文字重新混排，在风格上会显得不太协调。显然全文影印是出版珍稀家谱的合适选择，影印汇编成册方式有多种，如全面的、局部的、一姓各地的、不同时代的等。

2. 编辑家谱提要

对收集到的、有存放线索的珍稀家谱编辑选录式提要，方便读者查询。提要包含该家谱内容的概述和价值评估，要求言简意赅、提纲挈领，使读者能够更好地了解该家谱特征和价值。提要主要简述家谱的卷帙以及基本内容，大多包括谱序、凡例、目录、修谱名目、像赞、源流、五服图、字辈、仕宦录、家训族规、祠堂、坟茔、世系、图录、传记、著述、余庆录、领谱字号、谱跋等内容。

3. 制作人物年表

人物年表是记载某人从出生到死亡的详细资料，反映其人生历程，采用年、月、日的先后次序，真实记载某人生活经历和时代背景。年表信息是其他材料无法取代的。

4. 撰写名人传记

河洛地区历代名人是中国历史的重要建设者和见证者，集中体现了中国传统知识分子谦淳和谐、崇文重教、兼容并蓄、明达智慧、尊祖睦亲、爱国爱乡的精神气质，家谱中蕴藏着丰富的家族内部没有公开的史料，有助于世人进一步了解先贤生平事迹、历史贡献，故详考细述河洛地区曾经出现的名门贤良，既为纪念先贤启迪后世所必需，亦是彰显河洛地区传统伦理道德的需要。

5. 专家论著

论文和著作是常见的成果形式，通过对特定问题进行详细、系统考察或研究，对河洛地区家谱某一专题进行全面系统的论述。阐述"一家之言"，提出自己的观点和认识，具有内容广博、论述系统、观点成熟等特点，这是开展河洛地区家谱工作的理论依据，值得大力提倡，同时可以充分挖掘家谱的资源价值，拓展社会影响。

6. 形胜、人物图集

利用现代手段，把古代家谱中保留下来的住宅、墓地形胜、古人形象等图谱，整理汇编成图集，而且要印制精美，这种材料具有文献价值，更具有文化价值，非常难得。

7. 家谱数字化

家谱数字化就是从利用和保护家谱的目的出发，采用图像扫描、缩微等现代技术将家谱的语言文字或图形符号转化为能被计算机识别的数字符号，从而制成家谱书目数据库和家谱全文数据库，这是揭示家谱文献信息资源的一项系统工作[1]。家谱数字化一种是纸质家谱的数字化，包括建立家谱书目数据库和建立家谱全文数据库；另一种是家谱的软件化和网络化。我们对河洛地区珍稀家谱可以建立家谱书目数据库和家谱全文数据库，家谱全文数据库是以家谱的内容为揭示对象，对家谱资源的全文进行数字化处理从而为读者提供全文阅读、全文检索或智能分析服务。根据家谱全文数字化的技术处理情况，家谱全文数据库可分为图像版、文字版、图文版。较之书目数据库，家谱全文数据库更易于为用户提供快捷、准确的家谱内容。

---

① 毛利军.中国家谱数字化资源的开发与建设[J].档案与建设，2007（01）：22-24.

（二）重点与一般区别整理

相较一般类型的图书，河洛地区重点家谱的整理也存在很大困难。第一，河洛地区家谱著录项目多，版次也较多，且绝大多数的家谱并非严格遵守出版要求的正规出版物，很多信息欠缺，不完整或十分隐晦，不容易提炼出来。第二，河洛地区家谱的老版为文言文繁体竖排，需要具有比较深厚的古汉语功底和一定量的文史哲知识，才能领会其内容，并进行解读、分析。第三，当代河洛地区新修家谱，限于编修人员的文化水平，不少编排次序混乱，失去常规，错别字较多。然而，河洛地区家谱的收集、整理与研究，不单纯是为了保存历史文化遗产，传承历史文化，汲取历史文化中的精华，更重要的是利用家谱为现实服务，因此必须要对河洛地区家谱进行重点与一般的区别整理，为读者、研究人员提供便利，进而实现家谱的价值。河洛地区重点家谱整理需要完成以下主要工作。

1.著录

为更好地反映河洛地区家谱状况，需要专门对家谱进行系统、规范的著录。著录前要做好除尘灭菌等准备工作，注意著录的规范性，著录的重点与难点。著录的重点在于河洛地区谱名前谱籍的著录，谱籍指谱主的实际居住地，一般可以用始迁祖的迁居地作为主要的界定标准，原则上以今地名著录；著录的难点在于准确描述所著家谱的迁徙过程。首先，要参照古籍著录的标准，并结合河洛地区家谱的实际，制定家谱著录细则。著录项目分别为谱名、编修者、谱籍、内容提要等。家谱主要涉及始祖、始迁祖、先祖、祖先、世祖、祖宗、本祖、迁徙源流以及卷次等内容。河洛地区同一宗系的家谱，不论哪种版本，都要有始祖和始迁祖的名、字、号，尤其是具体的迁徙状况。其次，要对谱本详细阅读，找出有用的信息，开展著录。有差错的进行校订，理顺次序；不同分支，但是同姓氏的要进行鉴别；连接续承不同版次，但是同分支的，遇到重要的史料则对其进行批注。

2.修补

搜集的部分河洛地区家谱，由于人为破坏、保存条件恶劣或年代久远，有缺损、脏污、虫蛀、鼠咬、发霉、变脆等现象。因此，修补河洛地区家谱成为一项重要又艰巨的任务，也是一项相当细致的工作。为了修补家谱，需要专门购买宣纸、浆糊、装订机器、装订线等必备工具，请专业人士对搜集的家谱进行必要的修补工作。

3. 编制简目

对于河洛地区重点家谱，可以编制简目，便于了解家谱概貌，方便信息查询。一般简目包括谱名、责任者、版本年代、册卷数、收藏地、姓氏始祖、姓氏始迁祖等内容。

4. 进行数字化

突出河洛地区家谱的特色，对家谱的文字、音频、视频、图片等进行数字化加工，制成家谱文献数字化产品，包括开发软件及数据库的建设，满足用户的需要，促进家谱文献信息良性循环。拓展家谱文献的信息化渠道，同时要做到保护好家族隐私，维护家族及个人的权益。尊重知识产权，在开展河洛地区家谱文献资料数据化过程中也是必须要重视的。

5. 为社会服务，促进河洛地区文化共同繁荣

一是对家谱开展研究，这对地方区域文化的发掘和研究更有意义，一般来说，是正史和地方志难以具备的，尤其对家谱人物的了解和研究意义重大。洛阳地区对名人家谱，如对刘氏、张氏、王氏、程氏、邵氏、白氏、范氏等家谱已经开展全方位的梳理和分析。在此基础上，发表的十余篇学术论文是以河洛地区家谱为例的，也有几部相关著作问世。二是与姓氏宗亲会、姓氏研究会、姓氏文化学会加强联系，一起开展研究、撰写专题报告，弘扬河洛文化，加快地方的经济、文化事业的发展。

（三）分门别类整理

一般来说，最初搜集上来的河洛地区家谱资料，往往是杂乱无序的，从方便日后利用出发，应对其进行科学分类，这既是家谱加工、整理、收藏工作的必要程序，也是使之发挥效用的必要步骤。在家谱分类上，河洛地区家谱的分类依据为中图法，并结合河洛地区的实际情况，

探索创建了下列分门别类整理流程和方法，希望为今后中原及其他地区家谱分类工作的顺利进行打下基础。

首先，认真做好调查。河洛地区并不是每家每户都有家谱，能够记载家族史、宗族世系的名人望族才有可能。家谱隐蔽地存在于社会的不同角落，收集的难度可以想见。因此，社会调查就显得非常重要，必须深入开展，甚至登门走访，做好思想工作。家谱是世代相传的证物，有些家族视若宝贝，不会随便拿出来。只有认真深入调查，才能有珍贵线索，花费大的功夫才能顺利找到。

其次，准确登记。在具体操作上，可设定登记表进行统计，一种是家谱登记表，另一种是家谱收藏情况登记表，根据具体情况，进行登记造册，供查阅使用。

最后，对家谱进行分类整理。一是采用图表形式，从祖辈开始，按照代代相传的顺序往下编排。编排中，简单一点的只写出名字，也有不写女的，只写男的，媳妇、闺女不写；也有按照辈分顺序排列，把闺女排除出去。二是有族谱、传记、家史等材料的要在家谱中记录全面。三是对于名门望族的家谱力求收到原文。四是本族重要人物事迹要在家谱中突出体现。在收集梳理时，外地的一定要根据省份编排，专门对海外侨胞做好标记；当地的根据姓氏笔画排列出来，查时一目了然，用专卷收集名门望族家谱文献。

（四）推广家谱展览，广泛开展利用

收集整理家谱是基础，开展利用是目的。河洛地区被誉为中华姓氏的摇篮，姓氏文化构成了河洛地区一个独特的文化现象，家谱作为姓氏文化的重要内容，具有自己的地域特点，河洛地区家谱在内容上犹重世系、姓氏源流与家族播迁。"追本溯源""尊祖、敬宗、睦族"是编修家谱的重要目的，河洛地区家谱为研究河洛地区历史上的内迁外徙提供了翔实的史料，也是海内外华夏子孙寻根问祖的珍贵线索。

"家国一体"是河洛文化的鲜明特点，"家国情怀"是河洛儿女的朴素感情。"天下之本在国，国之本在家，家之本在身"，唐代白居易在《白氏长庆集》中表述道："序人伦、安国家，莫先于礼；和人神、移风俗，莫尚于乐。"北宋两程家族的程氏家谱《河南程氏正宗世系》明言"君亲一体，忠孝一道，忘之者谓之逆，遗之者谓之弃，慢之者谓之衰。五刑之戒莫大于不忠，行之首于不孝。为人臣者当鞠躬尽瘁，为人子者当慎终追远，不可一毫或忽也。"由此可见，以他们为代表的古代河洛士大夫极为重视家内人伦秩序与国家安定之间的一脉相承。

家风家训内容既是历代河洛地区家谱的重要组成部分，也是其精华部分，集中体现在序文、祖训、族规、家法等内容之中。

河洛地区家谱的序文、祖训、族规等集中体现了"孝、悌、睦、和、勤、慎、善、信"等价值观，倡导家国一体、孝敬祖先、友爱兄弟、团结族人、正直诚信、乐善好施、勤于耕读、俭以持家、勿做坏事等道德理念。如《白居易家谱》中，唐代白居易劝诫诸少年"知足常乐、看淡名利"；《新安吕氏宗谱》记载北宋吕蒙正以德立家，告诫子孙勿以出身世家而养成纨绔子弟的恶习；《范氏家谱》（伊川忠宣房系）中北宋范仲淹告诫族中子弟要"清心做官、莫营私利"；北宋理学大家邵雍家族的《邵氏家谱》教导子孙"见善必为，力尽而止"；修撰时间为清咸丰十年的《程子宗谱》二卷，为北宋理学大家程颢、程颐的宗族谱，谱载朱熹撰写的《明道先生赞》及《伊川先生赞》。"二程"十分重视家风家训的传承，在继承祖宗立下的"九思立德"家训的同时，程颢还将祖上传下来的家训予以细化，写下了他对后代的要求："人有小过，以量容之；人有大过，以礼责之。处公无私仇，治家无私法。崇诗书，习礼仪，训子孙，宽奴仆。"程颐曾说："天下之治，治家为先，家正则天下治。"程颢、程颐将"九思立德"的家训推而广之，以明德为目标，以成德成圣为目的，以唤回世道人心；《凡村张氏家谱》记载了汉代出使西域的张骞、制造出浑天仪的张衡的事迹言语；《孟津王氏家谱》记载了明末清初书画家王铎家族的家训家教；《洛阳蒙古族李氏家谱》记载了现当代文学家李凖家族的迁徙渊源等，不一而足。

近年来河洛地方政府、民间组织等积极审视河洛优秀传统文化对当地文化软实力建设的作用，通过多种渠道传承展示和创新发展河洛优秀传统家风家训文化，力求焕发其新时代生命力。如每年农历三月三日在河南省新郑市举办的象征炎黄子孙血脉相连、薪火相传的黄帝拜祖祭典，吸引了世界各地的华人华侨来寻根祭祖、缅怀祖先，极大增强了海内外华人的根亲意识和血脉亲情；客家人是中原南迁的汉人，根在中原，自称为"河洛郎"。经历史变迁，现客家民系播迁甚广，成为世界上分布地区最广的民系之一，今光山、灵宝、固始等均为客家主要迁出地。固始县于 2009 年开始推出"固始根亲文化节"，一方面是扬名固始，增加固始在海外的知名度，另一方面就是希望利用这一平台加强交流，推动当地经济社会发展；盛世修谱，改革开放以来河洛诸多家族掀起了修撰续修家谱的新高潮，用以辨亲疏、明昭穆、教子孙、鞭后世，以此提高家族凝聚力；洛阳市委建设了家风家训馆，旨在让参观者见贤思齐，推动更多的家庭牢记家训、正好家风；洛阳伊川县以现存的老家谱文献为例，成为讲解伊川传统好家风的典范；洛阳嵩县政府在"二程"故里建立了"家风教育基地"，以家风教育为核心来弘扬社会主义核心价值观等。

家谱生动展现了先辈的人生足迹，亦是对后代进行人生教育的生动教材，对其心理素质、价值取向、行为模式都发生着潜移默化的影响。推广家谱展览，广泛开展利用，旨在让参观者见贤思齐，推动更多的家庭牢记家训、正好家风，以家风教育为核心弘扬社会主义核心价值观。

三　配备专业工作人员

家谱整理部门的工作人员要怀揣"为往圣继绝学"的使命感，重点协调整理抢救古旧家谱，需要具备文献学、历史学等专业知识和古籍整理修复专业技法，以"整旧如旧"为大原则，以保护家谱原貌为目的，积极展开整理修复。

文献学知识是家谱整理的基础，更是整理好古谱的前提与必要条件。一些古谱可能有缺损、残缺，要修补、整理就要有相关知识，知道缺失了什么才能知道该补什么，又该到哪里去找这些可以补上的信息，这时候文献就是很好的资料，没有文献，就好比航海中的船只没有罗盘，它是指引古谱整理的必要工具。没有丰富的文献知识做后盾，在碰到问题时不可能及时、准确地做出反应，甚至可能会破坏原有的古谱信息，所以说文献知识是整理好古谱的前提与必要条件。

历史学亦称史学，是研究人类社会矛盾运动及发展规律的一门学科，是社会意识形态的一部分。家谱本身就是记录"一家之史"的历史文献，蔡元培先生认为谱牒属史，将家谱与国史、方志比肩。梁启超在《中国近三百年学术史》讲义中肯定"族姓之谱"是重要史料，他认为，"欲考族制组织法，欲考各时代各地方婚姻平均年龄、平均寿命数，欲考父母两系遗传，欲考男女产生两性比例，欲考出生率与死亡率等无数问题，恐除了族谱、家谱外，更无他途可以得资料"。清代学者章学诚主张谱牒入方志，"谱牒之书，藏之于家，易于散乱；尽入国史，又惧繁多。是则方州之志，考定成编，可以领诸家之总，而备国史之要删，亦载笔之不可不知所务者也"。其谱牒入志的思想在修志实践中得到体现，在《和州志》《永清县志》《湖北通志》的修纂中，章学诚特别设立了《和州志·氏族表》《永清县志·士族表》和《湖北通志·族望表》部分，以方志"特表氏族"，记述本地氏族谱系情况[1]。谱牒作为重要的史料，是研究社会学、人口学、民族学、遗传学、伦理学、地名学以及文学艺术等各方面的可靠记录，可以弥补史志记载的不足，帮助我们了解历史人物的生平事迹及家族播迁历史。因此家谱整理人员具备扎实的史学功底，是做好家谱收集整理工作的关键基础。

古旧家谱由于时间久远，又由于战乱、家族颠沛流离、保存条件不善等原因，很多出现了毁坏严重、残缺少字、断行断篇、模糊难辨、纸张黏连等问题，给古其整理、修复、研究及以旧家谱为基础的新家谱续修带来了不小的难度。因此古旧谱牒整理修复人员需要掌握古籍整理修复专业技法，并在修复实践中以高度负责的态度对待古谱，避免不可逆转的人为损毁。上海图书馆原馆长顾廷龙先生在 20 世纪 50年代提出"人弃我取"的古籍收集方针，抢救了大量造纸厂、废品站所收的古籍，其中包括大量家谱，为上海图书馆成为今日中国家谱收

---

① 陈郑云 . 再论章学诚的谱牒学思想 [J]. 档案，2019（07）：11-15.

藏的国内第一大馆奠定了基础。老先生爱书如命，要求所有人拿书、还书时一定要用书夹板捧着，且书口要朝向自己的胸口，以防走路时若书口朝外会被风吹起，从而损毁书籍；书不能靠在身上，或用下巴顶，以防汗水污染。上海图书馆的专业古籍修复师潘美娣等通过古籍修复实践经验总结而撰成《古籍修复与装帧》，内容翔实，体系完备，成为业界权威的教科书。

第四节　河洛地区家谱编撰研究

河洛地区存世家谱多为清代以后所修，书本家谱为主，其他载体形式也颇多，如仅在洛宁县就发现了小界乡窑沟张氏世系碑、东宋乡丈庄程氏世系碑、王村乡卡村曲氏世系碑、陈吴乡金山庙张氏世系碑等碑谱；发现1件布谱，为西山底村司马氏家谱，记有世系迁徙情况及排行字辈等内容；还有1件墙谱，为西山底村张氏写在家庙墙壁上的族谱。

河洛地区书本家谱内容丰富、脉络清晰、体例较为完善，一般包括家族起源、生存繁衍、知名人士、郡望所在、迁徙流播、发展壮大，包含着丰富的地理学、人类学、历史学、社会学、人口学、档案学、图书馆学、民族学、伦理学、考古学等史料，是国内外华夏子孙寻认祖先、归还本宗的重要依据。

一　家谱编撰者的历史任务与编撰目的

"盖闻家之有谱，犹国之有史也。国无史则一国之治乱兴衰后世难考，家无谱则一家之支派繁众奕世莫明，故修谱与修史并重也！"谈到修家谱，周恩来总理有一段感人至深的论述："爱祖国的人，没有不爱家的。我经常想家，想家乡。爱家、爱家乡是爱国的起点，了解家情、乡情是懂得国情的开始。"家谱编撰需要才智、学问、精力，还需要足够的财力支持，家谱的好坏与编撰者的水平有着直接的关系，编撰者的主观动机、编撰能力、思想贤德无疑都是选拔编撰者的重要条件。

（一）古人编撰老家谱

古人编撰家谱目的明确，即追根溯源、亲疏辨析、族人凝聚、育后彰德。

第一是追根溯源。为了止本清源，一定要搞清楚本家族、本氏族的来龙去脉，记录清楚祖籍在哪里，始祖是谁、始迁祖是谁以及分支播迁，这成为古人修谱的主要目的。如洛阳《邵氏家谱》中二序为宋绍兴三十二年（1162）颍州陈伯康所撰《题邵氏宗谱序》，该序中记载邵氏源流及播迁，云："粤稽邵氏之出自召公奭，之后加邑为邵，自三代以来其为名世也远矣，秦汉之时散而复合，合而复涣，其间四布而不可纪。唐太宗敕修天下谱牒，退新门进旧望，左膏粱右寒微，合一百九十三姓千六百五十一家，邵氏亦与首称焉。自皇宋南渡，子姓扈跸散处四方，有居于临安者，有徙于绍兴庆元者，有徙于建康昆陵者，有徙于歙与扬州者，有徙于姑苏云间者，有徙于江右南昌及抚州九江者，有徙于福建建宁泉州者，及广东压州南雄者。"

第二是亲疏辨析。人有亲疏远近之分，这是历史发展造成的，在物质生产、社会财富有限的时代，为了维护部分人的利益，讲究家庭的作用、血缘的纽带关系，族人间的互相支持。编写家谱就是为了传承家族信息，对隔代的世、相关联的系，只有用家谱能叙说清楚，记录清晰，传给后人，才可以分清亲疏远近。《邵氏家谱》记载："第一世，雍，子二，伯温、仲良。第二世，伯温，子二，溥、博；仲良，子三，合、闫、连；第三世，溥，子一，子厚；博，子一，子仁；合、闫、连迁丹徒、宜兴、无锡失考。""第二世，伯温，字子文，先生处士行一，大明府助教，转利州路，转运副使，自洛迁蜀。"如此一来，家族宗亲血脉延续及人物信息一目了然。

第三是族人凝聚。古人修缮家谱也能联系本家族的各类人等，加强家庭稳定和家族团结。历代王朝，乱世时间长，和平时期短。大多在战争频仍、民不聊生的背景下生存，安全感极差，生存无比艰难。这样，大家族能组织武装力量来保护族人，从一个侧面反映了家族的作用。因此强化家族力量振兴家族实力，也成为人们的奋斗目标。

第四是教育后辈。先辈的丰功伟绩激励后代奋发图强，光宗耀祖。激励后人，彰显道德楷模，也是通过撰修家谱来实现的。家谱内容中包含家训、家传、家谱图像等。家训中的内容都可成为治家教子的座右铭，激励年轻人奋发向上，做社会有用之人，如颜氏家训、朱子治家格言等，都是典范。家庭传统，是树立家庭楷模让后代人学习，见贤思齐，是育人的生动材料。家谱图像，指的是祖上有功德人士的画像，美德流传千古，瞻仰英姿，激励后生。也就是说，家谱就是用来记述先辈的功德业绩，激励后辈继承遗志，把家族打理得更强大。

（二）今人编撰新家谱

改革开放以来，社会稳定，经济繁荣，物质生活得到一定满足之后，就需要丰富精神生活了，撰修家谱迎来了前所未有的好时代。一些新家庭、大家族，愿意出钱出力，或者自家有文化人编写，也有专门的组织帮助编写，编撰家谱工作呈现出大好的发展势头。新家谱大多数能够紧跟时代步伐，反映现实生活，从根本上去除了主旨为宣扬门第观念的封建社会的政治内容，如诰封、旌表和明显的"谀墓"碑名等，并开创了女性入谱的先例，摆脱了重男轻女的封建宗法思想，使女性同男子一样可以入谱，提倡男女平等。如 2006 年续修《洛宁张村白氏家族历代家谱》载有："原谱唯填本族男性，看不出全部人口演变状况，当今社会男女平等，此次续谱把本族女性也辑写在谱。"还有1993 年续修的《洛阳周氏宗谱》，1994 年续修的《豫西太原王氏家乘》等，都有女性入谱，体现了鲜明的时代特色。新修家谱功能明确，即铭流、育人、兴家。

第一是铭流。简单讲可以说是家族分支、世系、铭流，指家族发展的轨迹。铭流只是对家族繁衍的基本情况做客观记载，不加粉饰，以一种开放的心态、大度的气派进行详细记述，摈弃狭隘的小家观念。对姓氏的渊源、人数的多少、世系的更迭关联、家族及家庭时代的变化进行记录，使人阅后清晰可见。

第二是育人。续修家谱，追溯前人，作书立传，制定家训家规。育人就是培育后代成为有用人才，汲取先辈经验，寻找发展门径，了解社会变迁的易和不易，使后代人多出英才，发展壮大。家族的载体是人，家谱是记录人成才道路的，其育人目的十分突出，促进家教、推进家教、继承优良家风，服务家族、服务桑梓，更好地造福社会。

第三是兴家。家庭兴旺是每个人最朴素的美好愿望，家庭是社会的细胞，家庭发展的好坏直接反映出社会的发展状态，家庭的安定和谐决定社会的平安和发展繁荣。在当代的发展中，家族的影响越来越小，家庭的影响越来越大，续修家谱就是要为家庭振兴服务好。振兴家庭的目标就是安居乐业、父慈子孝、家庭和睦、健康向上，从家谱中寻找促进家庭变化的好的人文观念，指导生活、惠及未来。

二　影响家谱编撰的主要因素

家谱的编撰受到多种因素的影响，修谱者的社会经验、文化水平、道德素质、社会阅历等都会对修谱产生影响。同时，修谱时的经济支撑也会直接产生影响。影响家谱编撰的主要因素有以下四个方面。

第一是编撰者家学背景及渊源。家谱编撰者家学背景强，文史知识渊博，其编撰的家谱内容叙事翔实清晰，可信度高、可读性强，整体能够保证成谱的质量。在洛阳地区，程氏家族后裔重视谱序的编修，"故今岁会修议，而仍宗磻溪为始迁祖，自磻溪以前汇成一册，另为前编，俾祖德宗功一一可考。然不将数典而忘乎，夫有善弗知不明也，知而弗傅不仁也，尝阅史册所记，磻溪以前我先人功烈何煌煌也，而家乘概后删，却无以昭示来许。"其他如邵氏后裔、洛阳徐家营崔氏后裔、韩文公后裔、白氏后裔等均重视家谱谱序的修订，这些世家家谱质量普遍较高，留下了许多珍贵的资料。

第二是编撰者道德水平及素养。编撰者的品德修养、道德水准、思维模式等直接影响其修撰家谱时是否能够秉笔直书，客观、科学记录，符合实际情况叙事。综合来看，家谱编撰过程中容易出现以下问题：对族人随意地溢美、无限地夸大；对家族名人（特别是历史名人）的职位蓄意抬高、夸大政绩，甚至更改家族名人的历史定论；借用同姓名人、造假名人的事例。在始祖问题上，河洛地区家谱无限上溯至黄帝轩辕氏的现象也较多存在。有些家谱编撰者道德素养不高，编撰动机不纯，其编撰的家谱就会受到质疑，严重影响家谱的质量，造成不良影响。所以说，编撰者的道德水平及素养直接决定了家谱的质量和可信度。编撰中做到"无假借、无攀缘、无一妄语、从实阙疑"，是对家谱编撰者的客观要求。

第三是编撰者社会工作参与度。长期参与社会管理与服务的族人、乡党、地方官，因其社会阅历丰富、受教育程度较高，拥有较多人脉资源，也是家谱修撰必须考虑的因素之一。这些族人、乡党或地方官参与编撰的家谱一般会质量好些、可信度高些。在一些地方，往往有财力的家族聘请知识丰富的退休官员或退休教师帮助续修家谱，或为家谱把关、写序，成谱后世系脉络清晰、所书言之有物。如北宋著名理学家、数学家邵雍，他与周敦颐、张载、程颢、程颐并称"北宋五子"，其家谱《邵氏家谱》，手抄本三卷，修撰时间为民国二年（1913），保存完整清晰，现存于洛阳安乐。家谱载始祖是邵奭，始迁祖是邵雍，于宋初由颍州迁至河南天津桥畔，宅名安乐窝。谱前有七序，第一序为宋绍兴五年（1135）请工部尚书谢钘撰写的《题邵氏族谱序》，该序略述邵氏族谱发展概况，云："此邵氏谱牒所由辑也，邵氏自传陵召公奭之后，由周而来，历千百年……拆其族而辑谱，以贻后人，心甚盛也。"

第四是编撰者具有坚持不懈的撰写毅力。编写家谱需要有坚持不懈的精神，材料的收集、整理、鉴定、分析、归纳、成篇等，要经历诸多非常艰辛的过程，编撰者没有持之以恒的精神和坚强的毅力是不可能完成的。明代程敏政在编修《新安程氏统宗世谱》时说，"因定著为谱辨三十七条，凡例十条，犹未敢自足也，积之二十年，颇尽得诸谱异同之故"。其中足见他坚持不懈、不辞辛劳的精神与毅力。

三　家谱编撰者主体意识与编撰活动

（一）家谱编撰者主体意识对编撰过程的渗透

主体意识是指人对于自身的主体地位、主体能力和主体价值的一种自觉意识，也叫作主体的自我意识。自主意识和自由意识是主体意识的重要内容，它是人之所以具有主观能动性的重要根据。

我们知道，一切史学著作，都是主观与客观的统一。历史长河滚滚而来，在史学家的才、学、识、德修养要求上，虽然不断有新的标准，但在修史过程中，取什么、舍什么、写什么，均需修史者来决定，甚至体现出编撰者的知识、水平、思想、观念、情感等。一般史学著作尚且如此，何况是一个家族内部为了明血统、序昭穆，记载家族繁衍发展历史的家谱呢？因此，家谱文稿中会体现编撰者的编撰思想和主体意识。家谱编撰者应坚持秉公之义、公平持正，实录始终如一，必须才、学、识、德四者兼长。

（二）家谱编撰者主体意识在编撰过程中的运用

修家谱的最初目的是为了证血统、辨门第、严格长幼尊卑、增强家族凝聚力。宋代后，民间编撰家谱的风气日盛，家谱作用逐渐转移到尊祖、敬宗、睦族、增知、育人上。程子曰："家法坏，谱牒尚有遗风；谱牒坏，人家不知来处，故谱不可不修。"

旧时修撰家谱一般要组建以家族中负有文名或职务最高的退休官员或族长为首的修谱团队，一般设主修（由族长担任）、倡修（编修）、监修、协修、校阅等职务。有些家族还会聘请专门的人到府上来把关，居住在家进行家谱的编修，而此类人被称作"修谱师"或"谱匠"。修谱师在编修家谱时，会有一些行内的编撰准则，比如家谱中哪些内容一定要有，哪些内容是不能写入的，简单概括为"五法、六不书"。"五法"为明族属、别长少、辨同异、避名讳、参详略，即入谱者都是同姓的血脉宗亲，尊卑有别，长幼有序。追溯先祖要遵循历史，实事求是，不可随意攀附。对于那些对家族有贡献、有功名、勤劳持家的族人必须详细记载；"六不书"为弃祖、叛党、犯刑、败伦、背义、杂贱者不入谱，即对那些行为不检、犯罪服刑、背弃家族的人，不记入家谱之中，或是记录后再从族谱中除名。这是非常严重的惩罚，除名后，不仅代表着他不被家族承认其血缘之亲，还表示他将失去家产的继承权。

家谱作为宗法制度的产物，流传下来的历代家谱多少会留下历史的烙印，如残留的封建专制思想、源流考上的祖宗攀附假托、为亲者讳导致的书善隐恶等。家谱编撰组织者多为本族族长、德高望重的儒生、裔孙或姻亲中居官仕宦之人，因此其主体意识中格外推崇门第出身和为亲者讳，这在家谱编撰过程中多有体现。

新中国成立之后，受到进步观念的影响，家谱编撰组织者也与时俱进，在修续家谱时，主体意识上普遍发生了一些新的变化。首先是增加了家谱的科学性；其次是突出了尊老爱幼和以孝悌为中心的人伦序列关系；其次是去掉溢美之词，杜绝封建门第观念意识；再其次是当代家谱收录宽松，只要自愿承认为本族人员子嗣者，均可入谱，不再过分强调血缘关系；最后是突破封建桎梏，家谱不再仅限于对入谱人物的歌功颂德，避讳过失犯罪，而是求实存真、秉笔直书，不徇私舞弊。

（三）家谱编撰者主体意识对编撰活动的影响

家谱记载的是同宗同族人的事情，凡人纵使不能留名青史，也能在本族家谱中查询到生卒事迹。家谱的编撰活动一般包含以下 7 个步骤：第一倡谱，倡修者或为族长，更多的是在政治、经济上有一定发言权的杰出人士，也有对宗族事务非常热心的人。第二成立修谱团队（谱局），不定期召开各房各分代表会议，统一编撰思路，明确编撰方案，讨论如何筹措经费，经费如何合理管理，家谱内容设置、确定编撰人选，印刷班子等具体事宜。第三筹集修谱所需经费，保证修谱经费按时到位，修谱工作才会善始善终。第四开局，包括制定家谱中的"凡例"，并出榜通告族人，表明本次家谱的编修宗旨、基本体例、资料报送要求等。家谱编好后，即请名人作序以弘扬先辈祖德，同时请人刻写和印刷，监修、校阅负责校对。第五出谱，即谱书装订完毕后，通告族人，并择吉日将谱迎回祠堂。第六拜谱，谱入祠堂后再择吉日举族对谱予以礼拜。第七发谱，旧时拜谱礼毕，即由族长拿出朱笔按序发谱。当今主要是将谱稿送到印务公司胶印、铅印，印毕后择吉日（如腊月二十三"进灶"前、三月"清明会"等）发谱即可。

在家谱编撰活动中，编撰者是活动组织者、规则制定者、资料收集者、矛盾协调者，其主体意识对编撰活动的成败、家谱文稿质量的高低、族人对家谱的认同程度起着至关重要的影响。编撰者要遵循"是者从之，遗者补之，讹者更之，疑者存之，不知者缺之"的原则，具备锲而不舍、持之以恒、不图回报、不慕名利的执着精神，孜孜不倦、不遗余力地学习谱牒学、史学、方志学等学科知识，怀有尊祖、敬宗、爱族之心，用团结谦让、包容不争、实事求是、亲力亲为的工作作风，根据翔实的资料精确撰写家谱，尽量把人物、时间、地点写清楚，传说也可以写上，但要注明是传说。有堂号的最好能写上堂号，有辈分的要写上辈分字派，最好在五世以上。老谱有疑问之处的，最好能将疑问之处写上；有老谱的，应将序言、始迁祖向上的世系复印或抄录登记上，有间断或谱上没注世系的也要注明，留待后人发掘增补。尊重其他支系的世系根源记载，不能以个人的个性、认识、理念和推论来强加于人，断章取义或毫无根据地指责别人。尊重参加联修谱各支系的根源记载，不能没根据就说所参加联修谱各支系是哪一个支系；所参加联修谱各支不论大支小支，应该是平等关系，不能一刀切或采取"上乱""下合"割断历史的做法，不能胡编乱造、盲目拉平，不能随心所欲篡改祖先的名讳和辈分传承。

编撰家谱不是编撰者几人之事，而是全族人的大事，所以家谱的编撰活动流程、家谱的框架章节内容一定要获得族人代表大会的认可与赞成。家谱记载资料共享、不能保守，相互支持、不搞宗派，家谱记载内容要共同研讨、互相切磋、集思广益、博采众长，才能编撰出一部质量上乘的家谱。

第四章　河洛地区家谱社会问题及宗族信仰研究

第一节　河洛地区家谱中映射的社会问题

一　婚姻研究

（一）婚姻的发展形式

在中国传统观念中，婚姻具有非常神圣而庄严的意义。婚姻作为维系家族兴旺发达的重要媒介，集中体现了一个宗族的人口繁衍、家族政治、文化发展等多方面的特征。中国古代婚姻形式多样，家族婚姻作为中国古代婚姻形式之一，既具有传统婚姻的特征，但因家族性，又具有自身独特的形式。河洛地区作为中国古代文化兴盛地之一，家谱中的婚姻形式具有复杂多样性，这一点在河洛地区世族家谱中体现得尤为明显。通过查询相关的材料，可以发现，河洛地区家谱中体现的婚姻形式十分丰富，既有门第婚、财婚，又有近亲婚、异辈婚、改嫁等。其中不同门第之间的联姻成为家族宗谱中重要的记载内容。

随着家谱发展的跌宕起伏，世族门阀制度对家谱的影响同样可以在家谱记录的婚姻状况中窥探一二。东汉至隋唐，受察举制等社会制度的影响，形成了各种很有权势的家族。为巩固家族的整体利益，维持宗族在政治地位上的长盛不衰，不同门阀之间往往通过婚姻嫁娶，实现家族的壮大。门第成为家族之间联姻的标准，是否门当户对成为衡量家族婚姻甚至家族门第的重要因素。这种现象在唐代依然持久不衰，有所谓的

"五姓七望"之高门大姓，又有"崔家丑女不愁嫁，皇家公主嫁却愁"的谚语。可见，在唐代开放的文化环境下，为了维持家族门第长盛不衰，通过与高门的通婚来彰显家族礼法，巩固家族的政治、经济、文化地位，依然是众多家族婚姻中的主要选择。宋代以后，门第婚仍是河洛地区家族婚姻的主要形式，如宋代郑州管城毕氏家族，自毕士安而下六代，以科举起家，以婚姻维系，具有宋代世家大家"世婚""世宦"的特征。

（二）婚姻的作用及意义

婚姻的作用，首先是传宗接代。不孝有三，无后为大，宗法观念支配下的婚姻，壮大家族、子孙兴旺成为首要目的。其次，婚姻成为关乎家族前途命运的关键点，这一点在河洛地区家谱中有明显体现。从河洛地区家谱中可知，如白居易等名人，其背后都有一个庞大的家族关系网，属于门阀士族。这些名人士族，本身具有较高的社会政治地位，为保证整个家族门阀能够长久地享有政治上和经济上的特权，在婚姻选择上多以门第、政治为标准。门第相当且具有相同的政治立场，这样一来，家族之间互为婚姻，便形成盘根错节的关系网。例如，白居易家族在选择婚姻对象时有重文学传统、重进士科第、在政治上隶属牛党的特点。白氏家族多与文学世家的皇甫家族联姻。白居易、行简、敏中兄弟皆登科入仕。在政治立场上家族之间保持一致，能够增加家族的政治力量，巩固政治地位。在中晚唐牛李党之争中，白氏一族也被卷入其中，与白氏一族多有联姻的皇甫氏、杨氏、张氏，无一例外皆属牛党。共同的政治立场，再加上通过联姻延展的血缘关系，巩固和突出了白氏家族势力在党争中的地位。由此可以发现，对于家族来说，婚姻是重大事情，关系着家族利益与命运。河洛地区大家族成员的婚姻，充分显示了个人与家族的融合，这一点充分体现在门第之间的联姻成为众多婚姻形式中的主要选择上。就嫁娶的男女来说，除了儿女情长，家族的兴旺亦是各自需要承担的责任，婚姻这件事便与家族命运，甚至国家命运紧密相连。

二 丧葬文化

（一）丧葬礼仪

"礼是对于俗的整合，是对于俗的系统化和条理化。"① 自古以来，无论是个体生前财富的多寡还是地位的尊卑，丧葬礼仪都是人生礼仪中重要的一环。河洛地区丧礼保留着华夏最传统的习俗，具有鲜明的地方特色。洛阳作为河洛文化的代表，我们对河洛地区丧葬礼仪的考察可以借助洛阳地区的丧葬礼仪窥探一二。整体来讲，洛阳地区的丧葬礼仪主要包括六个部分：一是装点行程；二是赴告奔吊；三是装殓入棺；四是成服备葬；五是出殡安葬；六是除丧守孝。

装点行程，这是死者断气后生人第一件要做的事。目的是让死者整洁地走，比如为死者擦洗、梳发、整容等。在这个程序里，主要有口含钱、打狗鞭（打狗饼）等礼俗。

赴告奔吊，"报丧"又叫"赴告""讣告"。在洛阳，人死之后，孝子要随即向主子报丧，报丧时孝子手持哭丧棒，披麻戴孝，跪对灶君神位不语。在外地的子女及亲友接到丧讯后，接到讣闻的子女首先要哭悼，然后问明死因等，要及时奔丧、吊丧。女死者，主子为其父母、兄弟和侄儿；男死者，主子为其外祖父母、舅父母和表兄弟。这里讲究：望乡而哭、硬礼（礼钱）、全饭、跪叩迎接、披麻戴孝。

装殓入棺，指浴尸更衣之后，家属将死者移至灵床上，灵床用谷草，通常一岁一根，灵床放在正屋明间，用白纸盒盖住死者面部。随后，在大门外烧掉所扎的"纸马"。在民间大众的心里，死者骑马上天，一路平安。子女哭悼开始，为死者进行穿戴衣服，春天夏天的服饰也有区别，待遗体在棺内放停当后，子女及晚辈便抚棺大哭，向遗体告别。然后，在儿女口喊"躲钉"声中进行盖棺封钉。

成服备葬，指死者装殓之后，孝子们穿着不同的丧服，依据关系的亲疏远近有所区别，称为"成服"。成服之俗来源于周代的"五服制度"，延续至今。通常在家守灵的3天内，孝子要戴孝帽，孝女戴孝布。

---

① 邓永俭主编.河洛文化与闽台文化集 [M].郑州：河南人民出版社，2018：447.

守灵三天，孝子孝女几乎不能离开灵柩，灵柩旁一定不能离开人。另外，灵柩前通常摆上一张"八仙桌"，其上放香火和一些祭祀的用品，这里一定要注意的是，守灵三天，香火一定不能灭，否则有"断香火"之说。另外，要邀请鼓乐队吹打。

整个葬礼的高潮体现在出殡安葬这个阶段。在这个程序上，特别讲究"隆重"、"风光"和"排场"。出殡主要包括的礼俗有启灵、摔盆起杠、出殡仪仗、到达墓地、棺木入墓。启灵往往安排一个身强力大的人"扛大头"，其他人抬住棺木两侧，迅速抬起棺木移至大门外的板凳上，并绑好抬棺的杠子。通常由长子摔碎"老盆"，按一般程序，开始出殡，跟在最后的是送殡的女眷①。这里的礼俗讲究有"买路送灵"，即一路上要有人撒纸钱，俗称"买路钱"，以买路送灵，丧礼显得隆重。

除丧守孝，也就是亡者安葬后，其亲属处理丧后的事情。在洛阳老城一带，一直延续着，出殡后，会清扫室内，收拾干净，接着供奉家神。第二天，孝子们要"谢孝"，就是向乡里邻里挨家磕头，以示谢意，这样丧礼才算正式完毕。"出殃"，即死者灵魂的"回访探视"。在洛阳，尊亲死后，还要守孝。在洛阳民间，最主要的祭祀活动有"做七"、"过百日"和"过周年"。"做七"时参加祭奠的人较多，规模稍大一些。"过百日"，即人死后第一百天，家人和亲戚祭奠死者。过了百日，隆重祭奠后整个丧葬仪式全部结束。"过周年"，连续三年在死者的忌日进行祭奠，三周年时更为隆重热烈。此外，其他重要的礼俗有"哭丧""嚎丧"。"哭丧"，一直流传下来的风俗就是用"哭"的方式，来称颂死者的贤良以及表达去世给家庭所带来的不幸等。"嚎丧"就是哭声超大，像嚎一般。哭丧的主要是子女及亲近的亲属，安排专人烧纸祭奠。"十里不同风，千里不同俗"，当然整个河洛地区丧葬礼俗定有差异，一切主要是根据经济条件而定的。

葬礼是民间礼仪的重要组成部分，从新石器时代到秦汉时期，丧葬礼俗经历了由简到繁的过程，直到近代基本上是内容的变化与演进。新

---

① 王中茂.洛阳的丧葬礼俗 [J].中州今古，1995（06）：39-40.

中国成立后，丧葬习俗的形式逐渐简约，主要是寄托哀思，这也是社会文明进步的表现之一。

（二）文化内涵

人是文化的创造者，也是文化传承创新的主体。河洛地区千百年来形成的丧葬礼仪，其内容丰富、过程复杂、礼仪繁琐，但一直是中国传统文化的重要组成部分，包含了丰富的文化内涵。

其一，河洛地区地处中原，深受儒家思想影响，二程创立的洛学更是深深影响了河洛地区的思想文化。在丧礼中，"孝"字自始至终贯穿于整个活动过程。丧葬礼仪是中国传统儒家文化的一个缩影，河洛地区的丧葬礼俗方面的规定有很多，如穿戴就有"五服"之说，也就是穿戴的五个不同等次，这也是依照亲亲、尊尊、长长、男女有别的礼仪原则，根据与死者的亲疏远近划分的。这种风俗在丧葬礼仪中得到普遍使用，强化了家族关系及等级区别，有利于维护巩固家族关系。其二，丧葬礼仪拓展了家族所涉及的范围，在丧葬礼俗中，很重要的一点是要处理好与邻里之间的关系，只有这样才有利于提升家族的威望。参加亡者葬礼成员身份的多样性，一方面证明了家族在该地域的地位和声望，另一方面也借助葬礼活动拓宽了整个家族的人脉关系。其三，丧葬礼仪反映了宗法制家族中，血缘力量对于调整家族关系、凝聚家人力量的作用。如丧葬礼仪中的报丧仪式，是依据血缘和彼此的亲疏关系进行的。个体背后，共同的血缘关系能够将家族内部的成员团结在一起，增强巩固了族人之间的凝聚力，此外对本族成员能够起到教化的作用，利于强化亲缘观念深入人心。其四，丧葬的礼仪对于家族成员的内心修养能起到一定的催化作用，可以对家族成员的人生观起到一定的教育和感化作用。亲人的离世，作为子女更能深切感受到"子欲养而亲不待"的无奈。丧葬让家族成员切实感受到生命无常，教育人们淡化名利之争，认真对待生命中的每一天，积极乐观地生活。

纵观河洛地区众多家谱可以看出，河洛地区对于丧葬宗庙文化十分重视，祖先入土为安之后，宗庙祭祀也十分讲究。其中宗庙布局要遵循三个基本原则，其一是宗庙要坐北朝南，面积至少要完全容纳宗族所有成员；其二是宗庙以中轴线分开，左右对称。其三是宗庙主建筑是供奉先祖的地方，主要供奉神主和画像，宗庙最主要的职责之一就是展现祖宗容貌，神主是先祖神灵寄托的物质载体，画像是先祖形貌的留影，家谱中不但有画像还会附有像赞。

《河南程氏正宗世谱》中记载有"羽公等墓图""洛阳县敕建两程墓制图""嵩县敕建两程祠制图"。从"洛阳县敕建两程墓制图"中可以看出，此图右上方的河南府西有伊洛渊源祠，背靠白虎山和邙山，有伊水环绕，在青山绿水之间，建有程氏坟茔，入门便是二程坟茔，左右有动物相伴，坟茔林立，有厢房、神库、享殿等，最里便是程氏"太中公墓"，墓旁松柏之间还有许多程氏墓茔。此外文字内容也详细记载了坟茔的来源与概况："先是墓在京兆醴泉，因兵乱恐遭揭，伊川迁葬于此……河南府洛邑伊涧后岭，茔在蔡沟村西半里许，迁居河南自羽祖父子始……宋哲宗元佑五年，太中公卒，敕赐卜葬伊阙。茔地一顷二十亩，负癸面丁，给赡圭地十顷。茔墓今在伊川县府店镇西二里许，即二程茔地。"

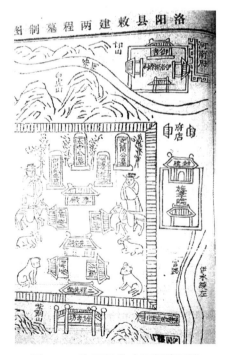

图4-1　洛阳县敕建两程墓制图

《河南程氏正宗世谱》中记载有像赞六幅，分别为"先贤太中公朝服（二程之父晌，宋太中大夫）""先贤永年伯太中公章服""先贤明道夫子燕居像（程颢号明道）""先贤豫国公明道大夫子章服像（程颢）""先贤伊川夫子燕居像（程颐号伊川）""先贤洛国公伊川二夫子章服像（程颐号伊川）"，图文共载，颇为详细，共为后世瞻仰。

存于洛阳安乐的《邵氏家谱》，其像赞也颇多，载有邵奭、邵虎、邵雍等先人画像，赞语更是繁多，其中比较著名的有苏洵和朱熹所写赞述，如："康节先生赞：天挺人豪，英迈盖世。驾风鞭霆，历览无际。手探月窟，足蹑天根。闲中古今，醉里乾坤。新安朱熹赞。"这一像赞旁有邵雍像考，对其相貌做了详细描述。

三　族制研究

（一）母系族制到父系族制

在原始社会发展至氏族公社时期，人类历史进入了氏族公社的第一个阶段——母权制。在早期阶段，采集及社会性的家务劳动主要由妇女承担；外出狩猎的事物则是男人的责任。在此时期，由于经济上的对等性，男女之间的地位及权利在社会领域中都呈现出平等的特征。血缘关系是维系早期母系氏族的共同根源，并在此基础上崇拜共同的祖先，母系氏族自己的语言以及共同的图腾作为氏族的象征。

河南巩义市、上街区、荥阳市、新密市四个城市在地理上接壤，方圆数百里。黄河和伊洛河贯穿四地而过，巩义市南河渡地区为河洛汇流处，相传河图洛书便出于此处，四地同属河洛文化地区。纵观四地的民俗、人文景观和民间传说，一个鲜明特色就是对神话人物玉仙圣母的崇拜。玉仙圣母是河洛地区民间传说中将养蚕缫丝制衣的技术传给人间的仙女，从四地大量流传的关于玉仙圣母的传说与民间故事中可以概括出玉仙圣母的形象特征，在这一女性神身上，拥有大量美德，包括劳动人民美德、女性美德、神性美德等几方面，此外，玉仙圣母还富有民间女子丰沛的活力。玉仙圣母作为女性神，在四地的崇拜最胜，相反男性神的影响非常薄弱，这表明母系社会对母性神的崇拜在四地有极为可贵的保留。

随着社会发展，母系氏族公社进入全盛时期，同时，多种生产方式的出现，促使男子逐渐代替女性成为社会生产力的主要力量。社会发展至父系社会，男子在社会劳动中，如犁耕农业、畜牧业、捕鱼业和手工业等领域的地位越来越突出，占的比重不断得到增加，相比之下，由妇女承担的家务劳动成为无足轻重的私人事务。随之而来，男女经济贡献的比重差异最终带来男女双方在社会地位上重大的变化——男子成为社会的主导力量且地位高于女性。男女社会地位的变化使得父系制社会呈现出多方面的特征。一是氏族的祖先开始由男性代替女性，氏族是由一个男性祖先及其后代所构成；二是男子在社会劳动、农业生产、家庭管理中起主导作用，处核心位置，支配财产甚至人员，尤其使妇女成了男子的附庸，受到男子的奴役，这一转变是从母系氏族制向父系氏族制过渡的关键。从母系氏族制到父系氏族制，是人类社会发展的普遍形态。有人认为一个共同体中同时存在父系氏族和母系氏族，二者有不同的作用等。

（二）古代族制

在社会结构上，中国传统社会有着与西方社会不同的独特人文景观。家族是中国传统社会的一个缩影，故而聚族而居、累世同堂成为中国古代族制的典型特征。家族制度作为中国传统文化的重要组成部分，体现了宗法思想在家族中的贯彻落实。借助家族这一最基本的社会组织。家族制度贯穿古代并延续至今，随着时代的发展，家族制度亦在不断地完善，在这一过程中，家族意识、宗法思想深深植根于中国人的头脑中，其内容及规则已超出家族内部而成为一种社会制度规范得以延续。家族制度的演变反映了社会的发展状况，存在于中国传统社会各个时期的家族中。

中国古代的族制具有鲜明的特征。首先，以血缘关系为纽带，由若干个具有亲近的血缘关系的家庭组成一个家族，尊崇者有共同的祖先。《李氏续修族谱·例言》规定："随母子，数岁来，带孕子，数月生，及义子，赘婿，皆异姓也，原非一本，例禁概不收入。"[①] 在历史上，异姓

---

① 李氏五福堂新修支谱修订本，2004：3.

被收入家谱的也有，但这往往被看作对被收入者的一种赏赐。远至西周时期，宗族有严格的区分标准，也就是有大小宗的差别，小宗地位比大宗地位低得多。同时，庶卑嫡尊的家庭子女等级制度产生，传统的一夫多妻制度，正妻和众妾身份差异明显。正妻所生的嫡长子具有优先的继承权。古语有云"百善孝为先"，孝成了历朝历代维护家庭稳定、社会有序的重要伦理基础。孝，不仅仅体现在供养父母长辈，更多的是要顺从长辈的意愿，不能对长辈"色难"，相当于"父为子纲"。2012年由邵氏三十九世孙邵宝山主编的《新修郑州地区邵氏宗谱》，其中要求对待父母，要遵守孝道，否则合族可予以教戒："苟念生我、鞠我、抚我、育我之德，则服劳、致敬、就养，苟或不，禽兽何别。倘有不孝之子，合族须预为教戒，俾知悛改。"

其次，嫡长子继承制。在国家、家庭中，嫡长子拥有无法取代的崇高地位，在各个方面均有优先继承权，如皇位继承、家族头人继承，经济领域更不用说。

最后，宗族中因人而异，不同成员的权利与责任也存在着不同的差别，在权利和义务上集中体现其差异性。如在周代，宗子在典型的宗法制度中享有诸多特权，其中有主持祭祀、宗族成员的婚丧嫁娶及奖惩、掌管本宗财产等权利。到宋代时，严格的宗法制度已荡然无存，族长代替了宗子的地位，成员必须无条件地服从。

（三）当代族制

社会更迭，往来无穷，社会变迁如沧海桑田，家族制度在当代也有突出的体现。家族制度受到现代文明的巨大冲击，其表现有五个方面。

一是在时代变迁中，随着城市化的不断发展，村落家族文化的成分、结构和基础被逐步消解，受到的冲击前所未有，非常巨大。

二是中国革命先从乡村地区开始，最后走向城市，这是由中国社会的特点决定的，尤其在现代化进程中，乡村的大幅度变革无与伦比。

三是乡村的土地关系变革是由中国现实社会中的土地改革、革命推动的，道路漫长，影响久远，阶级意识渗透到血缘家族的范畴。

四是第一次将广大农民纳入跨家族的集体组织中，这是合作化、公社化等方式的产物，所创造的新的家庭社会组织形式取代了旧有的家族关系模式，国民经济的集中，使家庭功能大大削弱。

五是党的十一届三中全会以来，各种承包制式的组织形式促进了社会的发展，经济的繁荣，人民生活水平得到了较大提高，同时，经济社会体制的变化大大冲击了传统的家族体系。

正如前文所言，家族制度是社会经济文化的产物，其生存与发展总是依时代变化而有所变化。族制在当代有着区别于传统的新的发展，呈现出新的特色。具有数千年家族历史的自给自足的小农经济模式所形成的家族意识、家庭观念深深影响着当代各种制度的变迁。比如，家庭联产承包责任制发端于 20 世纪 70 年代末的安徽凤阳县，一开始它就有深厚的家庭意识。但是随着现代化突飞猛进、改革开放以来的快速发展，家庭结构、职能意识均得到稀释和消解，由紧密逐渐变得松散，各种关系都在发生变化。如沿海发达地区，很多农民已经脱离了土地，开始工业生产和商业贸易，土地经营和管理只有少部分人来做。家庭联产承包责任制及家族企业的产生，都是族制在当代的一种体现，这对当今社会经济、文化的发展都产生了深远的影响。

（四）族制对社会的影响

家族制度是社会文化的产物，其与社会发展之间的影响具有双向性。就族制对社会的影响而言，包含正反两个方面。

从积极一面来讲，可以体现在一是对维护社会的稳定和谐，重人伦、有亲情、爱家庭的风尚具有健康的一面。二是形成重视统一、维护统一、投身统一的中华民族精神。当今时代，海内外华人都以作为炎黄子孙而荣光。国内每年举行的祭祀炎黄二帝等大型祭奠活动，受到各级领导的重视，各地游子更是积极参加、热情不减。我们的文化文明没有中断，与我们的家族制度有重要的关系。

其消极负面影响也不可小觑。一是在政治思想领域，封建专制思想影响大、毒性强、危害多。国民的民主意识和民主理念亟待提高。二是经济上长期的自给自足，小农意识根深蒂固，家族制渗入灵魂，对中国现代化建设产生阻碍和负面影响。

中国特色社会主义建设已经进入了新时代，我们就必须下大力气，大刀阔斧地对宗法家族社会留下的消极因素进行变革，进行创造性转化、创新性发展，转换必须是全方位的。在社会体系、经济发展、法制治理、文化建设等方面全方位地推进现代化建设，立足本来，吸收外来，展望未来。

四　官爵研究

（一）宗族官爵研究

官爵是宗族发展历程重要的组成部分，在不同时期官爵对宗族盛衰产生了不同的影响。经历了母系社会，在原始社会末期，人类逐渐形成了父系家族组织。伴随私有财产的产生，进入阶级社会以后，父系家族组织即处在世族制与分封制的政治制度下缓慢而不断地演变和发展。

夏商时期有了区分直旁系的继承制度、嫡庶制度、宗庙制度和祭祖制度。先秦时期就存在世代仕事为官、世袭官爵的家族，这就是人们常说的世卿世禄或世官世禄。至两汉时期，宗族的官僚性与世官性特征更加明显。当宗族有了官僚性，宗族中的成员不断与权力结合，整个家族世代为官，便体现了宗族官爵的世官性。

在两汉时期，宗族的官僚性与世官性处于相互促进的状态。为了维系政治、社会、文化等方面的上层地位，在世代为官的基础上，宗族进一步世官化。西汉时期以宗族的官僚化为主，及至西汉后期，世家大族中为官者逐渐增多，而且世代为官的世官化家族现象十分普遍。东汉时期的家族官爵呈现上、下层集中的现象。世官性是东汉家族官爵的基本特征。这在当时的一些词语中亦可窥探一二，如"家世州郡""世仕州郡"等呈现宗族世官性的词语。官职垄断家族化、宗族官僚世袭化在东汉一代表现突出，甚至东汉政权与一些家族息息相通，与荣俱荣，如汝南袁氏家族、弘农杨氏家族等。

魏晋南北朝时期，随着谱学的兴盛，宗族与官爵之间的关系更加密切。谱学的兴盛与这一时期谱学具有佐选仕官的社会政治功能有着直接关系。人才对于封建统治集团的统治来讲具有十分重要的作用，作为上层统治者，为了巩固自己的统治，网罗各种能够满足其需要的人才，并形成一套相应的制度。九品中正制即是三国时期魏王曹丕在尚书陈群的建议下选拔人才的重要举措，这一制度一直持续至隋唐初年。中正官依据三项标准对人才进行品鉴——家世、才干、品德，三者在原则上同样重要，但实际上家世门第成为选拔人才优先考虑的条件。把家世提升为主要标准，如此一来，中正官在选拔人才上便不以优劣为本，只以家世门第为据。这种选官办法，当时被称为"门选"。门第是世家宗族的另一种体现，中正官根据门第来选官，便突出了家谱的重要作用。如此一来，通过对此一时家谱的研究，便可反映出魏晋南北朝时期宗族官爵的发展状况及特点。为了选官便利和身份说明，无论政府还是豪门，都非常重视家谱。中正官要选择人才，必然要了解被录用人才的家谱，而被选人要想被选中，更是需要有证明自己家世的家谱①。这样，家谱从中担当了特殊的功能，成了国家任官的依据、士族身份的证明。为了保证本宗族世代垄断仕途和把持朝政，防止低门第者通过认宗、联姻等办法挤入高门第，朝廷甚至通过立法来确定家族之间的门第，以确保普通士族与高门大族之间的区分。这些被确定的高门大族则被列入官撰的家谱，作为查实谱系的依据，以防冒认。

唐代以后，随着科举制的兴起和铨叙论阀阅的渐废，魏晋南北朝时期世家大族式的家庭组织逐渐衰落瓦解，宋代以后封建家族制度不断形成，宗族官爵中累世公卿的现象不再出现。尽管随着门阀制度的衰落，官爵对宗族的影响有所减弱，但其仍是衡量一个家族地位和威望的重要标准。

河洛地区洛宁张氏在明清时期曾一度为洛阳望族，河洛地区发现的现存年代最早的张氏家谱是金门寨《张氏家乘》，其保存有大量先祖名人的事迹，系木刻本，修谱人为清初兵部右侍郎张鼎延，共有四卷。谱载皇言，略述朝廷封赠，诰封圣旨，顺治十三年特封张鼎延为通奉大

---

① 王鹤鸣.中国家谱通论 [M].上海：上海古籍出版社，2010：73.

夫、大理寺卿、工部左侍郎，并追封其父祖三代如其官，诰封张鼎延妻廉氏为二品诰命夫人。赠张鼎延母段氏、祖母朱氏为二品诰命夫人。谱载科宦，略述张氏科甲人物，其中张论祖孙三世进士，数代名宦，名垂青史。谱载多士，略述张氏家族的庠生、廪生、太学士等。谱载赠言，略述明清大臣及门生等为张鼎延晋升官职以及祝寿、贺喜写的贺词序文等。其中卷二《人物小传》介绍张氏家族著名人物30余人。其中尤以二门五世祖天顺岁贡蓟州通判张濬、四门八世祖孝子张士益、九世祖四川巡抚张论、顺天府治中张讚、十世祖兵部右侍郎张鼎延、十一世祖兖州府知府张琯、兵科都给事中张璿，最为著名。

（二）官爵对宗族的意义

在中国传统社会中，官爵在不同的历史时期对宗族的发展产生了重要的影响，官爵成为展现宗法状态的重要侧面，由此可知，官爵对于宗族具有重大的意义。首先，展现了家族悠久历史。从战国末年，西汉中期到魏晋南北朝，家族多世代为官。其次，从机制上看，宗族与权力保持密切的联系。凡是渊源较长的家族，宗族与权力为伍，世代牵手，荣辱与共，家族与权力结合越密切，官位就越大。再次，推动了宗族的日益繁盛，促使宗族的规模更加庞大。官爵对于家族来讲意味着与权力的密切相关性，由于世代与权力结合，在权力的庇佑下，宗族利益受到了很好的保护，并进一步不断地发展壮大。古语有云"一人得宠，合家升迁"，这体现了封建宗法制度在家族推恩方面的反映。例如杨贵妃获得唐玄宗"三千宠爱在一身"的特殊地位后，杨氏家族也以皇家外戚的身份，开始享有皇恩浩荡、惠泽周流的种种特权。最后，推动了宗族文化的发展。官爵赋予了宗族政治权力上的便利，这种权力也推动了宗族文化的发展。传统文化中的宗族文化多以崇尚儒家思想为主，即形成了所谓"世家则好礼文"，这些特征也是世官化宗族所具有的共同特征。

第二节　河洛地区家谱中蕴含的宗族信仰

一　信仰的种类与方式

信仰，又称作仰信，信是指可相信、可依赖、可信奉；仰则是指仰望、仰慕和敬畏。"信仰"一词最早出现于佛教典籍唐译《华严经》："一切仙人殊胜行，人天等类同信仰，如是难行苦行法，菩萨随应悉能作。"信仰是信念的一部分，是信念集中的表现形式。自进入氏族社会以后，信仰亦是每个宗族的重要组成部分，甚至成为区分不同宗族的重要表征。据现代人类学、考古学的研究成果，人类最原始的两种信仰，一是天地信仰，二是祖先信仰。万物本乎天，人本乎祖，天地与祖先是人类、万物之根本。天地信仰和祖先信仰的产生是源于人类初期对自然界以及祖先的崇拜。

中国的宗教信仰原始崇拜仪式多起源于自然（神）崇拜、动植物（神）崇拜、鬼魂崇拜和祖先崇拜等。河洛地区家谱中包含众多的信仰种类，其中以生殖崇拜、祖宗崇拜、图腾崇拜的信仰方式最多，同时自然崇拜等信仰方式也散落存在于河洛地区的一些家谱中。

远古时代的人们，因为无法把握和理解自然的力量及自然界各种现象，从而产生畏惧感，并由此进行原始崇拜，就叫作自然（神）崇拜。远古人把存在于他们周围的自然物与自然现象，赋予神灵的象征，认为万物都是神灵，万物神灵也是对自然界万物的人格化。自然界万物的人格化过程，就塑造了最初的诸神。万物有灵观念大约产生于旧石器时代晚期、新石器时代初期，随着原始农业的产生与发展，自然界对人类社会生活的影响日益强大。粮食生产的丰歉，牲畜生长的好坏，很大程度上直接取决于大自然是否风调雨顺。在这种背景下，人们便把大自然作为崇拜的对象加以礼遇，祈求保护或降福，这就是古老的自然神灵信仰和自然（神）崇拜。依据崇拜对象可以将古人的自然崇拜分为日月星辰崇拜、风雨雷电崇拜、土地社稷崇拜、山川湖海崇拜等。在远古人看来，一切影响他们生活资料取得的自然物，都值得崇拜。

动植物（神）崇拜分为植物（神）崇拜和动物（神）崇拜。植物（神）崇拜主要表现为两种：一方面把有关植物神秘化，认为其特性神秘莫测，力量无穷，便开展有关巫术性活动；另一方面把农作物神秘化，使自然神拟人化，进行自然神顶礼膜拜，后来发展成农业祭祀中的神主。动物（神）崇拜主要显现出三个特点：第一，现实存在的动物神化，且种类相对集中，一类是人类畜养和狩猎的动物，如马、牛、羊、猪、犬，一类是人类无法掌控并惧怕的动物，如虎、豹等猛兽。第二，具有灵性的、想象中的动物神化，如常说的"四灵"，就是指龙、凤、麟、龟四种动物。其中把龙、凤、麟当作动物之王，实际是人类想出来的吉祥物，认为它们具有统御各类动物的神秘力量；龟是具有灵性的动物，被认为能预知人的利害祸福。"四灵"被人类神化并崇拜，被当作"德兽"、"瑞兽"或"仁兽"。第三，表现不明显、不突出，也有一定影响的是动物图腾崇拜。

二　生殖崇拜

（一）生殖崇拜的原始意义

人类在应对自然的能力方面，生殖崇拜受到了高度重视。中国的生殖崇拜源远流长，可以上溯至三皇五帝时代。据考古发现的相关雕塑、岩画、壁画等文物显示，并通过专家学者的考证，远古先民的男女两性关系完全处于蒙昧阶段。

开天辟地之初，人们为了生存，应对大自然的变化无常，必须做好生产劳动和自身繁殖。人类在遥远的时代，要在自然界中求得生存，其根本就是人口的数量。人类繁衍对原始社会自身的发展具有决定性的作用，生殖崇拜就是当时社会生产力水平的生动体现。

生殖崇拜是漫长的原始时期人们信仰的集中体现。在原始社会里，绝大多数时期如《商君书·开塞》中对太古时期的描述一样，人类集体生活，没有亲疏之分，没有任何礼仪，唯独知道女性具有繁衍生息的作用，并将其视为一种伟大的、神秘的自然力量。远古人借助艺术的表现手法，表达对女性的尊重与向往，甚至对女性生殖器进行崇拜。对生殖器的崇拜其实就是对生命的崇拜，从而体现出人类社会最早的信仰形式和内容。从历史长河来看，原始社会的生殖崇拜是整个世界普遍存在的一种历史现象。

（二）生殖崇拜的象征性

在河洛地区家谱中，生殖崇拜是"祖"字文化内涵的重要组成部分。《河南程氏正宗世谱》载有祭祀器皿 24 件，其中洗、罍、笾、豆、尊等祭祀器皿腹部大且圆，具有孕妇肚子的象征意义，含有多子多福的意蕴，具有生殖崇拜的意义。《河南程氏正宗世系谱》中具有特殊意义的祭祀器皿图案、祖宗像赞、服饰图案、宗庙图案等，大体上可以分为两类，一类是鱼纹、河流、云朵等；一类是猛兽、龙纹、山形等。这两类图案是女性生殖崇拜与男性生殖崇拜的体现。鱼纹是说明鱼的繁殖力，具有象征意义的特征，这与重视繁衍、原始人崇拜生殖一脉相承。鱼纹图是女性生殖崇拜在河洛地区家谱图案中的充分体现。在男性占据统治地位的父系氏族社会，"男性为了巩固自己的地位，进而强调表现男根的凶猛和威严的内涵，选择了虎和野牛等动物象征男根。商周青铜器上的蛇纹、龙纹和许多神秘的怪兽纹饰，即由此起源"。[①]河洛地区家谱图案中的猛兽、龙纹、山形均是男性生殖崇拜的象征。

三 祖宗崇拜

（一）祖宗崇拜的内核

祖宗崇拜又被称为"祖灵崇拜"，是我国产生时间较早、流行时间较长、分布区域较广的重要崇拜形式。祖宗崇拜的最主要成因是先民相信祖宗魂灵可以庇佑和赐福后代，也可以说，祖宗崇拜是鬼魂信仰的升华。在古代社会，祖宗崇拜长期是统治者进行宗法统治的工具。

传说人类的始祖是盘古，中华民族的始祖是黄帝。汉族自古以来就有崇奉祖先的民族心理，形成了祖宗崇拜的一系列民俗，有些民俗保留

---

① 陶广正，高春媛.文物考古与中医学 [M].北京：中国中医药出版社，2017：18.

至今。而在河洛地区家谱中，"祖"字的文化内涵充斥于每个空间，世系的传承正是祖宗崇拜意识的呈现，私修谱牒叙事中的祖宗崇拜，潜含丰富的内容，是其他一切意识的基础。

家谱叙事中到处都充满着祖宗崇拜意识。不管是家族成员，还是家谱编撰者，在日常生活过程中，及编纂宗族世系期间，对始祖普遍具有敬畏感、崇拜感，这种崇拜感具有祖宗崇拜的性质。在河洛地区任何一部名人家谱的宗法、谱序、传记、宗祠、坟茔等重大事记中，祖宗崇拜随处可见。

这种祖宗崇拜是族人家园意识和归属情感的重要体现，是宗族成员对生命来源、族人之间社会关系进行深入反思的结果，是族人跨越时间维度与空间维度对价值观念与自我精神的确定。常建华说："宗族即同一父系祖先若干分支结成的同姓集团……宗族已成为一种制度，即它是宗族活动有组织的系统，以祖先崇拜把族人结合在一起，强调共同体意识和互助精神，并有相应的规范。"[1] 这都充分体现了祖宗崇拜根深蒂固的影响，后来的宗族成员保持长期相安无事，祖宗崇拜的作用不可低估。

（二）祖宗崇拜是最主要的宗族信仰

祖宗分为远祖的民族祖先和本民族的祖先，随着民族的分化产生了各个分支的家族祖先，祖宗崇拜主要是祭祀有功绩的远祖和血缘关系密切的远祖。古代先民的祖宗崇拜，由崇拜女性始祖到崇拜男性始祖，并在祭祀仪式中举行庄重的祭祖仪式，形成了一套完整的祭祀制度。夏商周继承并发展了祖宗崇拜习俗，周代贵族的祖宗崇拜对象，大致分为两类：一是政治性的先王崇拜，即对本国君王的崇拜；二是宗法性的宗族祖宗崇拜，即对本族已故首领的崇拜。秦汉时期，祖宗崇拜已经成为最重要的民间习俗，受到人们普遍重视。在当时，祖宗崇拜是为了尊崇祖先以及加强宗族凝聚力，是一种隆重正式的宗教祭祀仪式，通过对祖宗的祭祀，可以得到祖宗在天之灵对其子孙的庇佑，呵护家族的兴旺繁盛与世系传递。魏晋南北朝时期，佛教东进，鬼魂观念十分盛行，反映在

---

① 钱杭. 宗族的世系学研究 [M]. 上海：复旦大学出版社，2011：94.

祖宗崇拜上就是进一步推崇、神化本家族的祖先；宋代祖宗崇拜之俗更加普遍，甚至把是否祭祀祖先看成人与禽兽的根本区别，不能按时祭祀祖先的家族要受到世人的讥笑。宋代不但士大夫阶层盛行家祭，寻常百姓之家也非常重视对祖宗的祭祀，以奉祀祖先越多越引以为荣。明清时候，祖宗崇拜发展日甚，重要的民间活动便是祭祀祖宗，并形成了一些特定的祭祖习俗，如中元节和清明节。

在河洛地区家谱中，祖宗崇拜是最主要的宗族信仰。在谱序中本族始祖、始迁祖、迁祖等事迹叙述尽量详尽，其他的略写或不写，如《香山传谱人》来自《白居易家谱》，它对白居易始祖的记述是："诗人白居易是我白氏迁洛始祖……白居易官高二品，著有《白氏长庆集》七十五卷。诗人为官清正、不畏权贵、刚正不阿、中立不倚。主张达则兼济天下，穷则独善其身，功业间出天地，一生光明磊落。流芳千秋，忠国爱民。"从家谱叙述看，其对始祖白居易称赞有加，对其尊崇无以复加。从河洛地区家谱可以清楚地看到，在任何一部谱牒中都有祖宗崇拜，这几乎成了家谱的共性。如果其家族的始祖是历史文化名人或者在政治军事方面有大功业者，始祖崇拜在私修谱牒中会更加突出，祖宗崇拜成为一种文化表述形式。白氏家谱对始祖白居易的赞颂多次使用"高节懿行"，体现家族后人的无限敬仰之情。

对祖先的崇拜，另一个重要证明是祭祀活动的庄重和严苛。查阅众多河洛地区的家谱，谱载主要祭祀的是始祖、始迁祖、对宗族或社会的发展做出贡献的先祖、年代较近的先祖。对参祭者条件也有严格规定，《裴氏家谱》《栾氏家乘》《李氏宗谱》等河洛地区家谱中载有不能参与宗庙祭祀活动的人，即因犯严重错误被开除出宗族者和异姓过继者。一些名门望族的家谱如《刘氏家乘》规定："对不守孝悌者、奸淫赌盗者以及从事优戏、胥隶、屠夫等专业者一律剥夺祭祀资格，终生不许进入宗庙。"这些家谱的规定表明，宗族认为优戏、胥隶和屠夫等职业下等，也可以看出宗族对先祖的崇拜与尊重。

祖宗崇拜产生的效果是多方面的，不仅能够和宗睦族，还具有道德教化价值，通过先祖的德行启迪后人、规劝族人从善奋进。

四　图腾崇拜

（一）谱图与图腾崇拜

中国家谱文献中所描绘的诸多图像，如祖先像、住宅图、书院图、义塾图、祠堂图、坟墓图等，是家谱文献的重要组成部分，其中祖先像在家谱中占有重要地位，一般置于家谱首卷的卷首。翻开家谱，首先看到的就是本族列祖列宗的图像。家谱中收录的祖先像一般分为三类：第一是始祖、鼻祖、始迁祖，第二是近世先祖，第三是本族名人。住宅图又称里居图、住居图等，即本族人居住地的图画，一般家族住宅尽量选择山清水秀的灵秀胜地，期待居于此地能够带来家族兴旺。祠堂图在家谱中亦占有重要地位，一个家族在编修家谱时，必将本族祠堂著于谱，绘以图，加以说明。其目的在于使后世子孙知晓祠堂之来历，时势之变迁，感念先辈之辛苦。除此之外，家谱中还存在一些关于图腾的记载。图腾一词来源于北美印第安人的方言"totem"，意思为"它的亲属""它的标记"，原始人群或部落对大自然中的某种动植物或对有血缘关系的亲属、祖先、保护神等表示崇拜，而用来做本氏族的徽号或象征，即为"图腾"。

龙图腾，是中华民族的一个文化象征符号，是古代中国人想象出来的一种吉祥物，现实世界中并不存在庄严神奇、能腾云降雨的"龙"。研究者认为，龙图腾是五千年来民族文化与民族审美意识不断冲突与融合的结果，龙图腾经历了三个演变阶段。第一个阶段是春秋之前的"古代龙"，它蛇首兽身，粗野狂放；第二个阶段是战国至唐宋的"中世龙"，它由爬行开始飞腾，气势昂扬；第三个阶段是宋、元、明、清的"现代龙"，威严尊贵，形态成熟。龙图腾是多种图腾崇拜的结合体，体现着中国文化的包容与和谐两种基本精神力量，广泛流传于华人世界，成为中华民族集体崇拜的象征。时至今日，在盛大的节日中，舞龙仍是驱邪纳吉的求福之举，南方各地的赛龙舟活动也是家喻户晓。可以说，炎黄子孙对龙的崇拜已上升为爱国的象征。

（二）图腾崇拜对宗族的影响

远古人对大自然神秘力量的崇拜是图腾产生的原因。图腾崇拜在宗族中起着重要的作用，具有团结群体、密切血缘、维系宗族、互相区别、本族标志的职能。宗族通过尊崇图腾神圣标志，举行图腾崇拜仪式，希望族人得到图腾的认同，受到图腾的保护。一般来说，图腾标志主要出现在旗帜、族徽、柱子、衣饰、身体等地方。

图腾崇拜是对与宗族有密切关系的某种动植物的崇拜，其实进一步来讲也是对祖宗的崇拜。一般来说，宗族的图腾一般与本宗族有亲缘关系，很多宗族用动植物来解释始祖的来源，比如说"天命玄鸟，降而生商"（《史记》），契是商人的始祖，于是玄鸟成为商族的图腾。运用图腾解释神话、古典记载及民俗民风，可看作人类历史上最早的一种文化现象。由一个图腾，可以推理出一个宗族的神话、来源、历史、习俗等。

五　其他崇拜

除了以上提到的自然崇拜、生殖崇拜、祖宗崇拜和图腾崇拜外，河洛地区名人家谱中还散零体现出其他崇拜，民俗诸神就是较为集中的一种崇拜体现。民间信仰是民俗学研究的一个重要领域。民俗诸神指民间广泛信仰的各种神灵，他们的形成与人们的生产、生活紧密相关，常以民众保护神的形象出现。河洛地区家谱中有一系列的民俗诸神为人们所普遍信仰，如天地神、三星神、财神、喜神、门神、灶神、送子娘娘、风伯、雨师等。民俗诸神中有的是虚构的神，有的是后人神化了的历史人物。生前有功之人，死后方能为神，这是中国造神的准则。如抵御大灾难、造福一方的英雄，就会成为后人心目中的神。崇尚这些英雄就是弘扬中华民族的精神美德，在供奉神的过程中尚有弃恶扬善的自我约束作用。

社会各行，行行有神，既有一行多神，也有多行一神。民俗诸神中有许多是对历史圣贤、忠义之士的神化，如财神中的武财神赵公明、关公，文财神比干、范蠡，封号"灵佑襄济"的水神黄大王等都是来源于后人对历史人物的敬仰和神化。这些圣贤之士、忠烈之臣在后人尊崇为神后，其祠庙有官方建立的，也有民间建立的，每到其生日或农历节日，人们对其祠庙进行祭祀。比如黄大王信仰就是明清时代产生于河洛地区的黄河水神的信仰。黄大王原名黄守才，明末清初洛阳偃师市王家庄人，他精通水利，熟悉水情，史籍如乾隆四十四年（1779）刻本《河南府志》、乾隆五十三年（1788）刊本《偃师县志》及民间均有其化险为夷、治河退水的记载或传说，河洛民间尊其为"黄大王"。清政府于乾隆三年（1738）赐黄大王封号"灵佑襄济"，列入国家祭祀体系。黄河中下游建有诸多黄大王庙，仅其故里偃师市就有 27 座。

除了去祠庙祭祀民俗诸神，为了显示本家族诚心信奉，祈求神灵庇佑族人，最直接的办法就是把各位神祇恭迎到自己家族中虔诚敬奉，这就产生了接神仪式，即迎接天地间各位神仙的仪式。接神仪式一般由年长辈尊之人主持，先查好诸神的方位，然后按方位叩首，表示恭迎诸神。礼毕，举香回到祠堂或家中，再三叩首，全族（家）按尊卑长幼次序三叩首作揖，三牲、水果、酒菜要齐备，还要焚香点烛烧金衣，最后燃放鞭炮，表示接神仪式完毕。当然，各地因风俗不一样接神仪式也有差异性。接到家中的诸神，日常要以虔诚之心供养礼拜，供物如香、花、果、供、灯等必须简洁、干净、庄严，行礼拜时动作要不缓不急、内存虔谨、外现恭敬。

当代社会，我们既要看到民间信仰是"中国人的核心价值在生活实践中的仪式及其表现"[①]，其承载和传承着中华民族的诸多传统美德，也无法忽视民间信仰中存在的封建糟粕，我们要引导民间信仰适合当代社会的发展，在发展实践中处理好民间信仰的传承问题。

---

① 高丙中．作为非物质文化遗产研究课题的民间信仰 [J]．江西社会科学，2007（03）：146-154.

第五章　河洛地区家谱文学性研究

第一节　家谱中的真实性与虚构性

家谱包含丰富的内容，是多种宗族资料的汇编。一般在家族中保存的家谱，包含了谱序、凡例、谱规、世系、墓图、历代祖先画像、行状、诗文、族产、分家文书等多种资料。这些内容是家谱的基本构成部分，不同家谱并不一定以上内容都涵盖，甚至也有一些家谱因性质特殊会包含其他内容，如诉讼文书、袭职文书等内容。此外，由于家族会有规律地十年或者几十年重修一次家谱，在这一过程中，之前的家谱在重修时会被重新抄录，反复重修的过程会体现在谱序中，如一本在光绪年间重修的家谱，抄录了洪武、嘉靖、万历、康熙等年间几个版本的谱序。

家谱与族人官爵息息相关，关系着一个家族的政治命运、社会地位等，具有重大意义，所以家族会采取多种手段提升宗族的声望，家谱作为衡量家族地位的一个重要标准，亦会受到影响。故而，家谱内容中就会既有真实反映家族状况的部分，也会存在为提升家族地位而虚构的部分。家谱资料的真实性到底如何呢？如何判断家谱资料的真实性成为一个十分关键的问题。一般在读族谱的过程中，有几种情况能让我们断定某信息不符合事实。

首先，在家谱中，对于祖先的追溯一般会比较久远，谱序中常常会讲述明代甚至宋元以前的家族源流，例如"本姓氏本姬姓，周代被封某某地，得某姓氏，世代为显宦，居住在河南光州固始，随王审知入闽，祖先在宋代任某县令"。几乎每一本族谱前几行故事都差不多。在明代之前，朝廷对大部分乡村地区控制得并不那么严，许多百姓是"无籍之徒""化外之民"。直到明代，中央王朝对地方的控制加强，这些百姓被编入户籍，参加科举考试，明清两代理学家推动士大夫礼仪文化下乡的成果逐渐显现，祭祀祖先修缮家谱逐渐在平民家庭中出现。"中原起源"是儒家士大夫伦理溯源的理想境界，随着礼仪文化下乡的逐渐深入，无论是名人家谱还是平民百姓修缮家谱，诉诸夏商周三代成为家谱谱序普遍的模式，这一部分就体现了家谱中的虚构性。

其次，世系中连续几代单传的现象有时也是为了体现家族出身，这也是家谱虚构性的体现。有时为了附会一个有功名的祖先，世系图中，会在实际可知最早的祖先与那个有功名的"祖先"之间编出几十代人，但这无中生有的每一代都只有一个人，这种情况基本可以判定这部分世系图不是真的。真实的世系图往往一代有数人甚至数十人，在姓名旁附有简略生平、生卒年、婚娶、葬地等。

除了靠经验判断，还有许多情况可以在详细阅读后判定。比如依据家谱的内容，联宗——两族或多族联合为一族，而后修谱伪称为一宗。又比如依据修谱者，在古代存在着职业修谱者，一个职业修谱者为某地的多族修谱，其中多有不实信息，那么再看到这个修谱者为某族作序，则应多加注意。

在中国传统社会中，主流文化为孔子创立的儒家文化，家族在修缮家谱时，儒家礼制成为重塑祖先形象的重要标准。在修缮家谱过程中，家谱具有历史记忆的价值，古人说"《书》之失，诬"，就是说，《书》经，即《尚书》，易产生诬陷不实之事，记载历史都是后人记载前人的事迹，已出现虚饰不实的记录。家谱内容也不例外，有些会对祖先劣迹进行掩盖，也就是作伪，历代都有这种情况发生，不能不引起编撰者、阅读者、使用者的重视。当代著名学者，南开大学的徐建华教授在其《中国的家谱》中，对家谱出现的不实情况进行了总结，说中要害，令人深思。他认为，一是在姓氏上无限高攀，把古代帝王、名臣将相作为本氏族始祖或远祖，乱认祖宗，连文化名人欧阳修、苏洵等都不能幸免。还有，在明清时期，李姓一定要追溯到李耳、黄帝，林姓一定要追溯到比干，陈姓一定要追溯到南朝陈武帝陈霸先。二是用乱标地望的方式抬高本家族地位，似已成通例。三是世系虽远，有的靠不住。一个家族十代八代延续完全是可能的，但数十代、上百代清晰可查，值得怀疑，因为远古均是靠记忆续修家谱的，资料难免有差错。四是那些迁入异地家族，多在始迁祖身上下足功夫。比如，宋朝以前的家谱中，对于家族成员的功名、官爵记录得十分详细，但是到了明清以后，对于家族成员官爵的记录则十分稀少。这是因为明清以前的资料稀少，对于个人信息的记录并不会特别详细，故而任意发挥，添加或者减少家谱的内容，然而，明清以后对科举和官员履历可证明的资料太多，作伪则容易暴露，故而明清以后的家谱相关的记录就稀少很多。五是书善不书恶。几乎所有的家谱在书写、修缮时，都会将"书善不书恶"的潜规则纳入其中。人们在家谱中，只能看到好人，绝看不到坏人。六是借名人光环，为族谱增光。如请外姓名臣硕儒写序作跋，将皇帝的赐文、官方文书等列入家谱，以达到家族成员炫耀之目的 [1]。

第二节　家谱中的直义话语

一　叙事话语的本质

家谱的叙事话语实际是一种语言沟通活动，是在家谱叙事文本中，叙述者与受述者之间发生的以宗族背景为话语的一种情况或状况。谱牒的主要作用之一即是叙述宗族的历史，编撰者在编撰过程中，根据一定的准则（通常是符合儒家文化伦理），按照设想模式把宗族史材料编撰成故事，以供本宗族成员阅读。这种设想主要来源于两个方面，一是按照本宗族的文化传统，二是融合了编撰者个人的生存境遇。如何确立故事的新模型，能被宗族人接受，其结果往往差异巨大，同一本书、同一

---

[1]　徐建华.中国的家谱[M].天津：百花文艺出版社，2002：110.

个历史故事、同一个家族知名人物的故事，人们读起来因人而异，结果往往反差很大，主要是对叙事话语理解有偏差。法国著名结构主义文学理论家与文化评论家罗兰·巴尔特，在对意识形态诠释时，就是借助某种形式理解叙事话语的本质，家谱中叙事话语最主要呈现的是意识形态，解读宗族文化内涵从文化叙事学分析则更有说服力。

三层意义存在于家谱的叙事话语过程中，一是事序结构，这是宗族史叙事中的宗族历史与人物的基本资料，属于原始时空形态的非特定的叙事作品，类似于形式主义者所说的"故事"。这些自然生态叙事过程体现的是直义行为。二是叙事结构或情节，通过直陈其事属于直义，隐陈其事属于转义，这是一种很好的结合，恰到好处地把原生态事件转义到具体的作品中。三是通过情节这种转义的行为，在家谱中把家族史的深层意义展现出来。

二 直义行为

家谱的叙事话语中采用较多的是直义行为，它对观念、事物内在联系的描述，呈现在字面上只会产生一种意义，在具有相同母语背景的前提下，直义行为即是用语言表达方式直接地记述具体事情行为的方式。直义行为在历史事件、人物、过程叙事中也有表现，家谱中的直义行为与之相似之处在于历史叙事与家谱在话语与形象层面。区别则主要有两点，一是在原始材料的运用上，家谱编撰者与历史学家有着不同选取方向，大多数编撰者在修缮家谱的过程中倾注的主观意识较少。二是在叙事基本体例与叙事内容上，家谱叙事要着重考虑族规、住宅面积、字辈排行、祭器尺寸、坟茔方位、像赞等，比较麻烦。家谱叙事大多属于直义行为的叙事话语，并不经常在历史叙事话语中看到，但是这些确实是家谱叙事结构中不可缺少的重要部分。

不难看出，自撰直义行为与转撰直义行为是对编撰者直义行为的区分。编撰者对宗族史的客观记载，就是这种自撰直义行为；编撰者对以往本宗族成员撰写的宗族史则是这种转撰直义行为。在家谱的宏观叙事体例中直义行为体例见得不少。

三 直义的功能与作用

编撰家谱时，直义话语的叙事方式更有价值，在宗族世系图中用直义话语叙述比比皆是。这是因为对家族所发生的历史事件、人物、纪念性的物体存在，用直接陈述的方式记录下来，会比较客观、真实、可靠，强调事物纯粹性、外在性、逼真性。否则，大家都胡乱说、胡乱编，不用直义话语，这样编出来的家谱如一堆废纸，没有什么意义，就难以成为判定宗族的依据了。比如《洛宁张村白氏家族历代家谱》中"二十七代，白永顺，配夏氏，子四，长，生荣；次，生华；三，生富；四，生贵"，这在宗族世系第一门第一支中的记载，属于宏观叙事体例的记载。用直义话语叙述白永顺及其在家族中位次、妻子、儿子等信息。再者，姓名、婚配、嫁娶、子嗣、坟茔是世谱的重中之重，需要用直义话语表述，如《孙氏族谱》记载："第十世，世贵，可久公长子，配王氏，生子二，长，承芳，公卒葬于村东南柏坡坟，西与可观坟为邻。"

第三节 家谱中的转义话语

一 转义行为

家谱中的转义行为针对意识形态和宗族文化而言，这种对家族文化观念意识深层的表达行为便是转义行为。

一部完整的家谱叙事文本，其话语表达往往是直义与转义的结合体，不仅存在着大量的直陈其事的直义话语，而且存在表达宗族文化内涵的转义行为[①]。转义行为体现在家谱中往往采用修辞的方法，尤其用比喻表述得更加神采飞扬、天马行空，用这种表现方法可以对宗族史各个领域进行描绘，对宗族发展过程中的不同时期、不同人物和事件进行描述，体现出差异和变化。转义话语有利于人们从另一角度理解家族史的

---

① 王忠田，谢琳惠.家谱叙事话语的转义行为——以河洛地区若干家谱为例[J].叙事理论与批评的纵深之路，2015（01）：345-358.

客观性。对转义行为在家谱中的挖掘，可以把隐含的文化内涵理出头绪来。家谱中的转义话语在宏观叙事体例、中观叙事体例中均有体现。

二　意象叙事

在中国诗文中，意象是最具特征性的用法之一，意象叙事常常以转义行为的方式存在于家谱中，常见的就是采用比喻的方法。在意象叙述中，事物原来的面貌逐渐模糊，成为隐含的信息，家谱中的意象是修谱者在选取内容材料时进行梳理、整合，从而达到象意相融、互含的效果，使其具有美学意义，也能满足感官愉悦。

叙事意象在家谱中的转义可分为文化意象、自然意象和神话意象。

（一）文化意象就是指家谱文本中蕴含文化意蕴的意象，是一个相对宽泛的概念。它包括宗族礼仪、宗族法规、节日惯例等内容，还有宗族的建筑方式、劳动工具、祭祀器物等。文化意象中渗入风水玄学、命相学等内容。文化意象是家谱文化中最具内涵、最有生命力的一种文化表达方式，可以在家谱中多次使用。通过对其研究，一个家族的生命力、社会传承、人文精神、文化贡献、祖风形成、民俗培育、生活习惯等均能展示出来，对挖掘一个家族和地方的文化意义非常重要，也有利于读者通过联想，获得审美情趣，而且，对文化意象的解析有利于对宗族文化底蕴的探究。

（二）自然意象主要存在于微观叙事体例中，在诗文中体现得更充分。修谱者对家谱中天文、动植物等的重新组合，使其意和象兼融，精神渗透到事物事件中，体现情感的流露。

（三）神话意象一是依神话原型而产生的神话意象，二是包含神话元素，借助神话来进行预示或暗示宗族文化的内容或事件。修谱者经过对原始神话过滤、选择、加工或演绎，体现本宗族的文化发展的神秘性和神圣性。

三　转义的功能与作用

《孟津王氏家谱》载有《伊阙》："此地通沧海，天心问尾闾。舟迁山互动，电转壑疑虚。灵气苍烟上，神工混辟余。随刊今日事，蛰蛰想龙居。"这是明末清初书画家王铎的诗歌。《前题》："双峰间紫林，□之去高峰。人世空朝暮，石楼自古今。泉承秋水落，天束夕阳沉。忽听孤鸿唳，飘摇万载心。"前首诗《伊阙》是指龙门，名称沿用至今。诗歌赞美伊阙，即龙门石窟的精工雕琢，河流两岸的巍峨、水流湍急、水势凶猛的景象。伊阙河流的自然意象在后首诗《前题》中体现得更为充分，自然意象孤鸿、石楼、秋水、紫林、高峰、夕阳，表达作者内心伤感的是"孤鸿"，悲伤情绪与秋水、夕阳相契合。"碧云天，黄叶地，秋色连波，波上寒烟翠。山映斜阳天接水，芳草无情，更在斜阳外。黯乡魂，追旅思，夜夜除非，好梦留人睡。明月楼高休独倚，酒入愁肠，化作相思泪。"这是《范氏家谱》中所载的范仲淹的词《苏幕遮》。自然意象若碧云，一副美妙的图画用黄叶、秋色、绿波和翠烟来表现。思乡情绪在天地、山水、斜阳、芳草间，目之所及，黯然凄怆，愁绪满怀，不能自已。景物在作者的主观情绪中展现了离乡之久与思乡之深。其他河洛地区家谱中，值得一提的是《张氏家谱》所载张鼎延诗文《异井记》《苍苍说》，《白居易家谱》所载白居易诗歌等，皆含有转义中的自然意象。

河洛地区家谱叙事没有固定的格式，在书写时相对比较灵活，修谱者一般要参考以前本宗族的谱牒或其他宗族的谱牒编撰而成，即使基本的叙事体例，也不存在一个统一标准，往往越是小宗族其家谱叙事体例越简单，越是大宗族其家谱的叙事体例越烦琐，但无论叙事体例简单与否，直义与转义的结合形态皆是其主要的叙事话语形态。

第四节　家谱中人物传记的情节编排模式

家谱中的人物传记，主要记述本宗族在德行、官爵、技艺等方面有所成就之人的事迹，有的家谱称之为行状、行实、志等。传记在家谱中有的自成篇目，有的在世系中辑录，有的在谱序中辑录，有名望的还会以神道碑、墓志铭、祭文等形式出现。如在河洛地区众多家谱中,《白居易家谱》载有白居易传,世系中偶有传记;《范氏家谱》载有范蠡传、范增传、范滂传、范宁传、范缜传、苏州范氏十六房祖传、范履冰传、范仲淹传、范景文传等,此外还有神道碑、康熙碑、乾隆碑等;《河南程氏正宗世系谱》载有二程传、乾隆祭二程夫子文,世系中从黄帝就开始载有小传,凡是有官爵的都有小传,传记颇多。

家谱叙事在于把宗族话语形式加于事件之上,运用诗意的手法来修饰事件,从而构成本宗族的宗族史;而文学叙事是诗意话语与事件同时并举,相互修饰,从而构成文学故事。因此,叙事目的不同导致家谱叙事侧重真实性,文学叙事侧重虚构性现象的出现。

家谱的客观性是显而易见的,家谱编撰者与历史学家一样,在编撰时孜孜以求的目标是如实直书,追求叙事的客观性。同时,我们应该认识到,家谱编撰者在编写家谱时,其直陈性叙述是建立在对宗族事件理解的基础上进行的,这一理解过程掺杂着编撰者自身的思想观念与情感价值,具有明显的主观性。因此,在尊重家谱客观性的同时,要更加注重主观性在叙事中的表现与影响。事实上,众多家谱在人物传记编写过程中,对被书写人物的特征常常用故事化的写作手法,使自己家族及个人的主观意识在传主身上得到展现,这种叙事方式存在于美妙的故事情节中,具有较强的可读性、趣味性。

家谱中的立传人物一般分为三种情况,即杰出人物、重要人物和一般人物。这些立传人物类型之所以能够辨认,归结于情节结构的赋予,基于一定情节的结构体制而编排故事模式。

一 杰出人物

杰出人物是对本宗族发展、繁衍及收宗睦族的过程中起到精神支柱作用的人物,其传记在家谱中大多会专列成章,这类人物在本宗族中具有模范作用或精神支撑作用,叙事性最强。编撰者在书写这一类型人物传记时,根据自身的需要,有意识地强化其作用,不惜以大量的篇幅进行叙事,突出其对本宗族的作用和影响。编撰者在编写《白居易家谱》时，将《旧唐书》中关于白居易的传记收录其中，仅这一传记就有万余字，不但翔实记述了白居易的生平，还叙述了其文学成就、丰功伟绩等。

二 重要人物

重要人物是对本宗族起源、发展、播迁具有决定性影响的人物，主要包括始祖、始迁祖，迁祖等，其传记主要体现在谱序中。这类人物对本宗族最初发轫具有决定作用或对子嗣繁衍具有承前启后的作用，叙事时间与叙事空间转换较大。《丘氏家乘》谱序十六篇，其中明朝正统三年丘希质所撰序言曰："始祖六十郎公以上数世，自闽省上杭胜连乡上南湖……始祖六十郎公生高祖文兴公，同高祖伯文胜公，于宋季元初，徙居广之梅州石窟，兄弟刚毅有能有为，同心协力，经营家计，创置田业。"[①]这里对丘氏始祖播迁进行了叙述。

三 一般人物

一般人物是对本宗族繁衍子嗣起到传承作用，同时对本宗族的发展多有贡献的人物。其传记大多数体现在世系中，世系谱载的一般人物传记最多且最简单，主要载有字、官职、婚配、子况、事迹、播迁、坟茔等，如《河南程氏正宗世系谱》中载有程宗孟小传："宗孟，字仰川，嘉靖二十修家谱，修祠宇，修故里志、程氏功德图、拾遗集，立义仓，置学田，又在祠内置石盆、石狮、石柱，重修著述、楼、桓、祠，后坡柏树数千棵，皆公手栽，取堂弟宗思子佳胤继，卒葬牌路茔。"不到一百字的小传，记述了立传者的名、字、事迹、子况、坟茔等，这些都以线性序列进行叙述，且叙事性较弱。

在家谱中，用故事形式给人物写传记，便于人物事件的故事类型、情节结构、文献材料等的统筹安排，经过编撰者认真消化，全面把握，才能写出高水平的传记。海登·怀特指出："应当把历史话语看作同时

---

① 丘倡修等. 丘氏家乘［M］. 洛阳：洛阳理工学院图书馆馆藏，1948：33.

具有两个指向的一个符号系统：首先，朝向它刻意描写的一组事件，其次，朝向类的故事形式，为了揭示要么作为结构要么作为过程的形式连贯性，历史话语沉默地把那组事件比作故事形式。"① 由此可见，家谱中人物传记描写，没有情节就没有好的故事，对故事情节模式的串联、编排、润色、想象等环节都要认真把握。

河洛地区家谱中人物传记的书写也是按照这一规则进行的，根据传记人物三种类型可将河洛地区家谱中有关人物传记故事的情节结构编排为励志型、炫耀型、悲剧型、崇拜型与含蓄型。如何针对这些类型写好人物传记故事，一是客观把握人物，众所周知的人物事件必须写进去，这对传记写作的成败至关重要。二是从修谱者个人角度着手，一方面顺序编排、谋篇布局；另一方面主观性渗透影响，这在人物事件来龙去脉的把握中起主导作用。

在人物性格的呈现上，每一宗族都有其内在的性格特征，是整个宗族成员在生活过程中呈现的一种内在机制。机制的形成需要一个家族多代的累积，需要整个宗族人员在漫长的生活中相互斗争、相互借鉴、相互学习才能形成。这一机制虽然不为某一人所左右，也不为某一事所改变，但宗族中重要人物发挥的作用更大，一个人物会影响一个时代、一个人物也会影响一个家族，这是毫无疑义的。尤其是知名人物的成长历程、性格特征、丰功伟绩在宗族中起到引导作用。家谱人物传记中蕴含了丰富的历史文化信息，正如张开焱所说，"文化是指它与自然相区别，由人类创造的，使自己以超自然方式生活的、有相对稳定性的全部成果和条件"②。

习总书记在党的十九大报告中明确指出："文化是一个国家、一个民族的灵魂。文化兴国运兴，文化强民族强。没有高度的文化自信，没有文化的繁荣兴盛，就没有中华民族的伟大复兴。要坚持中国特色社会主义文化发展道路，激发全民族文化创新创造活力，建设社会主义文化强国。"把文化的重要性提升到与历史、民族、国家同等的高度。家谱

---

① 海登·怀特. 后现代历史叙事学［M］. 北京：中国社会科学出版社，2004：72.
② 张开焱. 文化与叙事［M］. 北京：中国三峡出版社，1994：24，288.

中的文化同样涉及一个家族、一个地区的伦理结构、家族传承及中华文化精神的继承和发扬，具有原初意义和区域意义。不论是悲剧型、崇拜型与含蓄型，还是励志型、炫耀型，都是不同的编排手段，也是经历长期积累的撰写模式，应加以肯定和支持。

第六章 河洛地区家谱中的家训家规

　　回望我国五千年文明历史长河，一直都有家训文化的传承，每个家族的家训家规皆是祖辈将自己一生的精神财富和为人处世的经验凝于笔端的结晶，其中蕴含了对子孙的殷殷教导和慈爱之心。古人说"积善之家必有余庆，积不善之家必有余殃"，就是劝诫人们要重视家庭教育。家风是一个家庭或家族长期形成的风气、风格和风尚，"家风"一词，最早见于西晋诗人潘岳在洛阳写的《家风诗》；家训是一个家庭对子孙如何立身处世、持家治业的教诲，或口耳相传，或单独书写，或附于宗谱，用以"整齐门内，提撕子孙"（《颜氏家训·序致》）。成文可查的中国早期家训是清华简中的周文王《保训》和洛阳周公的《诫伯禽书》，自此绵延数千年，精深宏富。家训、家风、家教三者相互关联、相互促进，"无言之教谓之风，有言之教谓之训"，家教通过家训、家风实现，家训是家教、家风的凝练，清正家风是家训与家教的目的。

　　以洛阳为中心的河洛地区作为华夏文明的发源地之一，见证着中华民族的兴衰变迁，灿烂悠久的河洛文明对中国传统家风的形成具有重要影响。河洛家族讲究追本溯源、敬宗睦族、清正家风，有编撰家谱的传统，存世家谱众多。家谱中包含家族自身的文献资料和史料。家训家规内容是河洛地区家谱的重要组成部分，集中体现在序文、祖训、族规、家法等处。家训家规记载、家风家教典范故事，对后代子孙立家报国、贡献社会、承继家族优良传统均有巨大价值。因此，搜集整理研究河洛地区家谱中的家训家规内容，对传承好家训、建设好家风，重塑当前价值观、做好新形势下意识形态工作将起到积极的推动作用。

我国家训家规相关论述最早散见于一些教育史、思想史著作中,专题研究少见;改革开放以来,特别是 1990 年以后,传统家训家规整理研究工作进入了一个新阶段,出版了一批研究专著,发表了大量研究论文。相关专著主要有徐梓的《家范志》(1998),对历史上有重要影响的代表性家规族范进行了系统分析;徐少锦、陈延斌的《中国家训史》(2003),提炼了中国传统家训的基本内容,进行了有根据的分期;王长金的《传统家训思想通论》(2006),探讨了言传身教、因人施教、严爱殷责等教育方法;管仁福的《河南家训家规汇编》(2016),收集古今河南名人家训 55 篇,望族家训 48 篇,地域涵盖河南省 18 个省辖市,8 个直管县(市),涉及姓氏 60 余个。

相关论文以研究传统家训为主,可分为五类。(1)研究家训学术史或某一特定历史时期的家训,如陈志勇提出唐宋家训具有两大社会功能,但也存在重农轻商和功利主义等思想局限;陈延斌对中国传统家训研究的学术史进行了详细梳理与评价。(2)研究某家族或民族、地域的家训,如耿宁对《钱氏家训》文本思想进行了全面的分析;王素云分析了中原地区传统家训文化的传承现状。(3)研究家训的起源,如林庆认为家训起源于生活实践,并断定中国传统家训的起源为上古尧舜之时;付元琼发现"家训"一词最早见于《后汉书》卷八十下,但家训的产生时间要远早于该时代。(4)研究家训的具体内容,如杨涓湘在新时代背景下,对传统家训中有关伦理思想进行了研究;郑庚对明清时期苏州家训内容进行了分析。(5)研究家训的形式,如王莉对明清苏州家训形式进行了分析。

综上所述,国内相关研究成果数量并不多,相较其他学科,略显单薄。起初相关论述杂糅于教育史、思想史、社会学等专业著作中,后主要研究传统家训的辑录汇编、历史起源、时代分期、教育价值等,渐成专业研究领域,但对家谱中的家训家规、教化实证研究等均较少,目前对河洛地区家谱中的家训家规内容开展深入研究,恰逢其时,意义可期,对于探究华夏文明之源、挖掘河洛地区家谱内容、彰显河洛地区传统家庭美德均具有重要的理论价值和现实意义。

第一节　河洛地区家训家规辑要

一　郑州市金水区杨氏家训家规

郑州市金水区杨金路街道杨槐村杨氏为北宋杨家将后裔,《郑州市金水区杨金路街道杨槐村杨氏宗谱》四修本于 2012 年问世,由杨家将后裔杨槐村三十九世杨文森主编。该宗谱由彩页、正文和附录等三大部分构成。世系卷以本族宗谱清末第二本、1995 年第三本谱为依据进行续修,四修本顺应历史发展潮流,坚持男女平等的原则,闺女、媳妇同样入谱。对较早年代的女性族人,因名字大多失考,媳妇知名者书名、知姓者书某氏,闺女知名者写名、不知名者仅书几女嫁何地。宗谱世系从远古炎黄二帝之黄帝至杨氏开派始祖杨(姬)杼,至杨伯侨,至杨家将始祖杨衮,至山东曹县大杨口开基祖杨希贤,至杨槐村杨氏开基祖公杨怀业,至支系最晚辈清凡等,共计一百四十五代人。

杨氏家训家规出自该宗谱,家规定为八要:一要顺父母,二要睦兄弟,三要和宗族,四要务勤俭,五要谨丧祭,六要慎嫁娶,七要安本分,八要禁非为;祖训为四知和十需,四知是忠孝勤俭,十需是需孝父母,需友兄弟,需爱妯娌,需亲宗族,需训子孙,需慎婚姻,需勤职业,需持节俭,需正为人,需重养生。

二　郑州地区邵氏家训家规

郑州地区邵氏族人聚居于三个邵庄(惠济区古荥镇邵庄、惠济区花园口镇邵庄和金水区国基路街道邵庄)以及金水区杨金路街道大河村、丰庆路街道西史赵村和张家村。洛阳邵氏宗亲会提议撰修邵氏宗谱,郑州北郊邵氏族人续修家谱的热情空前高涨。2012 年修成了由邵氏三十九世孙邵宝山主编的《新修郑州地区邵氏宗谱》,该宗谱记载了郑州北郊这六个区片邵氏子裔的迁徙和源流,专门整合了历代邵氏家训家规,经郑州地区邵氏宗亲会秘书处审定后录于本宗谱。

邵氏家训家规引经据典，从奉祖先、孝父母、和兄弟、睦宗族、和乡邻、教子弟、戒习染、奖名节、慎婚嫁、爱族国十个方面规范族人的言行，告诫子孙要立德修身、健全人格、励志前冲。比如说对待父母，要遵守孝道，否则合族可进行教戒："苟念生我、鞠我、抚我、育我之德，则服劳、致敬、就养，苟或不，禽兽何别。倘有不孝之子，合族须预为教戒，俾知悛改。"对待子弟，父兄要竭力进行培养，但也要因材施教，只要按劳取酬，均属正业："子弟以读书明理至上。为父兄者必延聘名师，慎择益友，使学问有所成就。其有资质不能读，则为农、为工、为商，即佣雇营生，亦属正业。"对待家族国家，要爱国守法，廉洁奉公，尊祖敬宗，尊老爱幼，"家训勿忘，光大发扬，社会为先，国家至上，吾族子孙，敬守纲常"。

三 巩义市康氏家训家规

巩义康氏家族也被称为"康百万"家族，是明清以来对康应魁家族的统称，因慈禧太后的册封而名扬天下。康百万家族，上自六世祖康绍敬，下至十八世康庭兰，富裕了十二代、四百多年。康氏家族祖源地是山西洪洞大槐树村，迁至巩义（巩县）大体在明初至清初之间。巩义康店族谱《康氏姓考及联宗续谱记》记载："吾《康氏光绪十年族谱》称：'始祖昆弟七人，伯亮、伯昌、伯聚、伯盛在本籍，伯从迁禹县顺店，伯敬迁舞阳，守信迁巩县。'"另据《河南省巩义县康氏宗谱》记载："始迁祖守信，字朴吾，明永乐年间由山西洪洞迁巩县。生子二，长贵，次祥。祥生四子：伯曰美，仲曰茂，叔曰端，季曰正，俱迁异乡。贵生四子：曰俊、英、安、雄，落户康店。"

巩义康氏家族是豫商代表之一，推崇留耕道人王伯大的"留余说"，提倡吃亏退让、忠厚留余，反对贪得无厌、做事过分。其家训曰："经商结交务存吃亏心，酬酢务存退让心，日用务存节俭心，操持务存感恩心，愿使人鄙我疾，勿使人防我诈也，前人之愚，断非后人之智所可及，忠厚留有余。"

四　新郑市范氏家训家规

范仲淹，字希文，谥号文正，是北宋著名思想家、政治家、军事家、文学家，葬于洛阳东南万安山，世称范文正公。其"先天下之忧而忧，后天下之乐而乐"思想和仁人志士节操，代表了中国古代知识分子的道德情怀，对后世影响颇深。2019 年由巴蜀书社影印出版的《范氏家乘》全二十九册为范仲淹的族谱。该书以范仲淹家族族谱的乾隆刻本为底本，加以影印，记载了范仲淹家族十六房历史，是学界研究范仲淹生平及其家族文化传承的重要资料。此书底本为国内孤本，现藏于苏州。

新郑市郭店镇范氏系范仲淹直系后裔，十七世孙范书堂、范书义长期致力于抢救、保护范氏文化，以范仲淹撰写《百字铭》为范氏家训，曰："孝道当竭力，忠勇表丹诚；兄弟互相助，慈悲无边境。勤读圣贤书，尊师如重亲；礼义勿疏狂，逊让敦睦邻。敬长与怀幼，怜恤孤寡贫；谦恭尚廉洁，绝戒骄傲情。字纸莫乱废，须报五谷恩；做事循天理，博爱惜生灵。处世行八德，修身率祖神；儿孙坚心守，成家种善根。"范氏家训《百字铭》以朴实无华、言简意赅的文字，总结出立身处世、持家治业的要点，读来朗朗上口、铿锵有力，不愧是家训中的精华之作。

五　洛阳嵩县程氏家训家规

程氏一族为河洛大家，北宋欧阳修等人修撰的《新唐书·宰相世系表》说"程氏出自风姓"，他在为程琳写的墓道神碑中也题道："昔有重黎氏，程族由发初。"南宋学者郑樵撰写的《通志·氏族略》也说："程氏，伯爵，风姓。"由此可知，程氏源出于风姓，是重和黎的后裔。程氏得姓始祖伯符在周成王时被封程地，建立了程国，其子孙便以封邑为氏，产生了程氏家族。古程地，即上程聚，据考就在今河南省洛阳市东，即市区和偃师市、孟津县交界处。河南程氏尊始祖为黄帝，始迁祖为程羽，程羽曾孙程向（程颢、程颐之父）官太中大夫，将其家由开封迁至洛阳，程向为河南洛阳家族祖。河南程氏修谱始于东周，据《二程故里志》（程氏景先堂藏版）记载，从春秋晋国程叔本始撰至清光绪三十二年（1906）程步月续修，共修谱十四次，1987年程远化等再修《河南程氏正宗世系谱》。

程氏家族十分重视家风家训的传承，在继承远祖晋朝程延所确立的"九思立德"家训的基础上，程颢予以细化，写下了《程子家训》，用以规诫子孙族人，曰："父慈子孝，兄友弟恭。夫妇和，朋友信。见老者敬之，见少者爱之。有德者，年虽下于我，我必尊之。不肖者，年虽长于我，我必远之。勿谈人之短，勿矜己之长。仇者以义解之，怨者以直报之。人有小过，以量容之；人有大过，以理责之。勿以善小而不为，勿以恶小而为之。处公无私仇，治家无私法。勿损人利己，勿嫉贤妒能。见不义之财勿取，遇义合之事则从。崇诗书，习礼仪，训子孙，宽奴仆。守我之分，听我之命。人能如此，天必从之。此常行之道，不可一日无也。"程氏将"九思立德"的家训推而广之，以明德为目标，以成德成圣为目的，对族人及世人起到了很好的教化作用。

六　洛阳新安吕氏家训家规

据《新安吕氏宗谱》记载，新安吕氏的远祖是北宋宰相吕蒙正，其六子吕居简后裔吕俊，于明朝初年从山西洪洞迁到河南新安。明清两代，新安吕氏家族是豫西著名大族，据《洛阳日报》统计，新安吕氏自明代吕维祺至清代乾隆年间，五世之中出过七名进士，十五位知名学者、诗人，所中进士人数占新安县总进士人数的三分之一，家族绵延兴盛达200多年。清代诗人杨淮选编《中州诗钞》称："新安吕氏为中原望族，甲于全豫。"族贤中尤以明末的吕维祺及清初的吕兆琳及吕履恒、吕谦恒祖孙三代的地位最为显赫。

从家族史上看，在新安吕氏家族崛起过程中，吕维祺是一位极其重要的人物。他于万历四十一年（1613）考中进士，官至南京兵部尚书，忠孝一体、修身齐家，垂范子弟，有口皆碑，存世有《明德堂文集》《孝经本义》《孝经翼》《存古约言》《四礼约言》等著作，被称为"河洛孝道第一人"。新安吕氏宗祠西厢房的一处墙壁上，至今还镶嵌着一块刻制于清乾隆五十四年（1789）的"戒石"，石上刻着用来教育薛村所有吕氏后人的《孝睦房训词》和一首《望江南》。训词内容为："传家两字读与耕，兴家两字俭与勤，安家两字让与忍，妨家两字淫与暴，忘家两字盗与奸。休存猜忌之心，休听离间之语，休做生分之事，休专公共之利，休犯国家之法，休违社会之德。……家训似镜，朝夕诵思，身体力行，永怀不忘。"字字珠玑，劝人良善，发人深思。

七　洛阳孟津郭氏家训家规

洛阳孟津平乐郭氏为明清河洛望族。十九代孙相臣所撰《郭氏家谱序》云："（郭氏）明清两代宦迹累称，披阅老谱，彰彰可鉴，若夫科第连绵，文风大起，由六代而七八九以至十一代之间，吾族文风发轫始期，自十二代景昌景远十三代一鹗一鲲，十四代歧镇越镇，十五代世奇凤祥，十六代擢揆，十七代绶繁，十八代阶平应珍等诸公之间，诚吾族文风最盛时代。"谱中《郭氏家传》录有其先祖珍贵史料。郭氏亦为河洛医学世家，平乐正骨尤为驰名。平乐正骨第一代传人郭祥泰，据《郭氏家谱》考证，其为清乾隆嘉庆年间人，生活于公元1771年至1840年间，是平乐郭氏家族的第十七代传人，专于骨伤，创建"人和堂"，正式挂牌行医。由于其医术高，医德好，疗效好，被周围百姓广泛传为"平乐正骨"，家传亦载有部分重要资料。

郭氏家族提倡勤奋敬业、勤俭持家、忧国忧民、扶危济贫，其家训为："雄鸡高歌迎吉祥，珍惜黄金好时光。知识更比黄金贵，先苦后甜路宽畅。良操美德世人敬，医术高超美名扬。"

八　济源河东裴氏家训家规

济源裴氏发祥于山西省闻喜县礼元镇裴柏村，该村享有"丞相第一村"的美誉。裴氏家族是中古时代一个以河东郡为郡望的士族，属关中郡姓，发轫于东汉，是中国两千年的封建社会里盛名久著的一个望世家族。唐中期，裴肃自山西裴柏村迁至河南济源裴村定居，天下裴氏定著五房：一曰西眷裴，二曰洗马裴，三曰南来吴裴，四曰中眷裴，五曰东眷装。济源裴氏为东眷装，共产生了五名进士、两名状元、两名宰相。

济源裴氏之所以声名显赫，除了特定的历史因素外，主要是和裴家严格的家训家规有关。河东裴氏家训家规源远流长，相比其他家族有三大明显特点：一是随着历史发展逐渐形成，与时俱进，不断丰富和完善；二是囊括整个氏族，而不是单个家庭；三是分"训"和"戒"两部分，相互依存。《河东裴氏家训》十二条，即"敬奉祖先，孝顺父母，友爱兄弟，协和宗族，敦睦邻里，立身谨厚，居家勤俭，严教子孙，读书明德，淳厚戚朋，慎重言语，讲求公德"。前五条强调的是忠孝仁义，后七条则是并行的处世之道，涵盖了对后人"德、能、勤、绩、廉"等方面的要求；《河东裴氏家戒》连立十个"毋"，即"毋忤尊亲，毋辱祖先，毋重男轻女，毋事赌博，毋为盗窃，毋贪色淫，毋吸烟毒，毋酗酒好斗，毋忘本崇洋，毋入帮派"。这十个"毋"戒律严明，不容逾越，一再告诫后人，不准谋求私利和特权，不得从事有悖于社会公德、职业道德和家庭美德的活动，更不得搞派别组织和小集团活动。

第二节　河洛地区传统家训家规的时代价值

党的十八大以来，中华传统文化的继承和创新逐渐融入党中央治国理政的思路中。习近平总书记反复指出中华优秀传统文化是中华民族的突出优势，中华民族伟大复兴需要以中华文化发展繁荣为条件，必须大力弘扬中华优秀传统文化。习近平总书记家风思想的一个重要理论渊源就是中华优秀传统家训家风文化，他对家风建设进行过一系列重要论述，如"家庭是社会的基本细胞，是人生的第一所学校。不论时代发生多大变化，不论生活格局发生多大变化，我们都要重视家庭建设，注重家庭、注重家教、注重家风"[①]，强调广大家庭要继承和发扬中华民族优秀传统家风家训文化，自觉将家庭的命运同国家和民族的命运紧密联系

---

① 习近平：《在二〇一五年春节团拜会上的讲话》（2015年2月17日），《人民日报》2015年2月18日。

起来。对于共产党员干部,党中央提出了更高要求。2015年10月18日,中共中央印发了《中国共产党廉洁自律准则》,将"廉洁齐家"列为党员领导干部廉洁自律规范的重要内容之一,为党员和领导干部树立了一个看得见、够得着的标准,展现了共产党人的高尚道德追求。

家谱是家训家规的"富矿",将家训家规作为重要内容记录在家谱中,旨在以此作为族人的行事准则,培养他们树立正确的人生观、价值观,成为有益于家族、有用于社会、有志于报效祖国的栋梁之才。家训家规对族人的思想、言行等方面进行了全面的规范和约束,所涉面甚广,文句精炼,且通顺易记。当代建设社会主义和谐社会的过程中,完全可以汲取家谱中的精华为时代所用。2014年9月由上海市精神文明建设委员会办公室主办,上海市图书馆行业协会、上海图书馆承办的"修心正身 扬清厉俗——中国家谱家训族规资料展"在上海图书馆目录大厅揭幕。展览以"名谱巡礼""四海一家""啜英咀华""千年传颂"四个主题向公众展示了上海图书馆所藏家谱的家训族规,极好地发挥了公共图书馆的文化传播作用,营造了有利于培育和弘扬社会主义核心价值观的社会氛围。

图6-1 上海图书馆"修心正身 扬清厉俗——中国家谱家训族规资料展"

河洛地区家谱中的家训家规是河洛祖辈先贤们千百年来道德法则的精华所在,是河洛儿女对祖宗前辈、族人乡党、兄弟家人、人与自然和谐共处、休戚与共的智慧认知。古代先贤通晓自己在自然、社会、家族中所处的位置，明白自己受天地孕育、父母鞠养、族人呵护、社会提携的事实，自然而然地萌发出感恩之心，对外是对天地的敬畏、对自然的顺遂、对民族的大义、对国家的热爱、对祖先的追思、对父母的孝养、对宗亲的尽责、对师友的尊敬；对内是追求修身、养性、尚礼、重义、内省、自律、笃行的优秀品格养成。阅读传统家训家规，是一次跨越时空的寻根之旅，可以让我们拨开时代的喧嚣，看到河洛前辈在严肃的道德传承和尊长爱幼的期许中，对后世子孙浓郁、细致、深远的人文关怀。

河洛地区传统家训家规包含中华传统文化的各个方面，现将其共性略概其要，以期更多读者研究、汲取、传播优秀家训家规，提高自身及家人的文化素质、道德素质，进一步发扬社会主义核心价值观，创新地传承河洛地区优秀传统文化，实现河洛地区传统家训家规的时代价值。

一 尊祖敬宗，讲究孝悌，克己利人

百善孝为先，我国现存最早的汉字文献资料殷商甲骨卜辞之中已有"孝"字，这说明中华民族极为重视孝的观念。《说文解字》解释"孝"字云："善事父母者。从老省，从子。子承老也。""孝"字写的就是老人与子女的关系。"孝"作为一个伦理观念正式提出是在西周。《尚书》宣示礼乐文化，认为伦理首先是"奉先思孝"，孝是礼的核心。《礼记·曲礼上》对尊祖事亲也有着详尽的交代，如"凡为人子之礼，冬温而夏清，昏定而晨省"。

尊祖敬宗、讲究孝悌、克己利人的儒家社会伦理在河洛地区家训家规中有着普遍反映。《河南卢氏家谱》中的《家训》曰："凡吾族人，子必孝亲，弟必敬兄，幼必顺长。处宗族以和恭为先，处邻里以忠厚为先，本宗与吾固有远疏，然始祖视之，皆为子孙，无亲疏也，故吾当同视之。"我们从这一《家训》中可以看出孝悌的真正处理方式。家谱中的孝悌教育主要是重视追根溯源和人伦亲情，使本宗族的后人对先祖的功业和德行有所感悟，通过这些教化，使得本宗族成员善待父母、兄弟、宗亲及乡邻，因此也产生光宗耀祖、发愤图强、族人互爱、扬名显祖的观念。又如"保祖冢，立祠宇，严祭祀，慎丧葬，孝父母，敬尊长，友兄弟，肃闺阃，厚亲族，教子弟，慎婚姻，和乡党"，再如"奉祖先，孝父母，和兄弟，睦宗族，和乡邻，教子弟，戒习染，奖名节，慎婚嫁，急赋税"，这些无一不是地道的儒家伦理精神的体现。血脉相通、至亲无比、家庭伦理的维护，已成华夏子孙的民族心理。在今天看来，这些社会伦理道德，在处理家庭关系、邻里关系、朋友关系时依然没有过时，值得我们学习和提倡。

二　家国一体，忠孝一道，忧国忧民

家训家规作为河洛传统文化的重要载体，其中蕴含大量的"家国一体""忠孝一道""忧国忧民"的中华政治伦理思想。《河南程氏正宗世系谱》即明言："君亲一体，忠孝一道，忘之者谓之逆，遗之者谓之弃，慢之者谓之衮。五刑之戒莫大于不忠，百行之首莫先于不孝。为人臣者当鞠躬尽瘁，为人子者当慎终追远，不可一毫或忽也。"程氏家族在弘扬忠孝、廉洁、宽容、节俭这些中华民族传统伦理家教的同时，用孔子"君子有九思"的修身之道，着力培养程氏后人的君子风范、圣贤人格，这是程氏家训的显著特点，与当今社会主义核心价值观在大众层面的要求是遥相呼应的。

三　继承耕读家风，重本而不抑末

古代河洛地区"亦耕亦读"是大部分家族的生活常态，也是传家之道，以耕养家糊口，以读修身治国平天下，"耕读传家久，诗书继世长""学而优则仕"成为家族发展的理想目标。在此大环境下，子孙由于禀赋各异，也出现了各尽其才、或文或武或商的多元化发展道路。金门寨《张氏家乘》是河洛地区发现的现存年代最早的张氏家谱，修谱人为清初兵部右侍郎张鼎延。张氏家族自明清以来之所以繁衍昌盛，历数百年而经久不衰，成为河洛地区的名门望族，主要原因是张氏家族在长期发展过程中形成了一种优良传统和家风。张氏家族历来强调"以农为安家立业之本，男耕女织，勤俭持家，为起家之道，治家之法，耕种为先……""耕读传家"古时常常镂刻悬挂于河洛人家门框上，至今亦不鲜见，说明古代家庭伦理道德影响至今，当前农村书香世家的例子也并不罕见。

四　推崇中庸，修外齐内

"喜怒衰乐之未发谓之中，发而皆中节谓之和。中也者，天下之大本也，和也者，天下之达道也。""中"的哲学概念在《周易》和孔子的思想里特别重要，是讲宇宙的平衡和人正直立于天地之间的深刻道理，是儒家为人处事、自我教育的终极目标，这种"中庸"思想在河洛家谱里也得以明确体现。白居易教育家族子弟为人处世要"刚柔并济、未雨绸缪；勿慕贵富，勿忧贱贫；修外及内，静养和真"，认为一个人的道德修养应该"千里始足下，高山起微尘。吾道亦如此，行之贵日新"。不仅严于律己，还要求后代遵照执行，"终身且自勖，身殁贻后昆。后昆苟反是，非我之子孙"。白氏家族倡导的安贫乐道、不慕虚荣、修外齐内、保持纯真同样适用于当今社会的个人人格修养及素质养成，也是今人需要坚持与践行的"诚信、友善"公民层面的社会主义核心价值观。

面对河洛地区传统家训家规，我们既要了解其时代局限，更要弘扬并创新传统家训文化中体现出来的中华传统美德，把中华文明发扬光大。家训家规中宣扬提倡的尊祖睦亲、孝敬父母、诚信友爱、互帮互助、崇尚简朴、艰苦奋斗、爱国爱乡、禁止偷盗赌博、禁止污秽淫乱等，同样符合当今公民道德建设的需要。探讨将华夏子孙重视的家族之情、家乡之爱扩展为社会之情、国家之爱，研究用渗入炎黄子孙骨血的传统伦理道德作为当代法律法规的补充，坚守道德底线、实现以德治国，这些都是传承与创新家训文化、教育人民、服务社会、推动发展的重要现实命题。

第七章 河洛家谱与客家家谱比较研究

第一节 从家谱看河洛与客家的关系

在中华民族大家庭中，有一个唯一不以地域命名的民系——客家。客家人的大本营是赣南、闽西、粤北三角地区，后又由于战乱和人口膨胀等原因一部分客家人从这三地继续迁往其他地区，目前我国纯客家县有 34 个，非纯客家县 146 个。客家是当今世界上分布最广、影响最为深远的民系之一，遍布世界五大洲近百个国家和地区，总人数超过 1 亿。在历史的演进过程中，形成了客家方言、客家民俗、客家民居、客家诗文、客家历史等丰富多元的客家文化，是中华优秀传统文化的重要组成部分，习近平总书记高度重视客家文化，并以"五洲客家音，四海桑梓情"评释客家。

客家的称呼是怎么来的呢？到目前为止，学术界众说纷纭，尚无定论，可见这个看似十分简单的问题却有其复杂性。说法一：客家这一称谓，源于东晋南北朝时期的"给客制度"及唐宋时期的"客户"制度。这一观点首先由客家学研究奠基人罗香林先生提出，其后邓迅之、雨青、陈运栋等基本认同并发展了这一观点。说法二：客家是相对于"主"而言的一种称呼，即外来人的意思。这种观点的代表人物是著名语言学家王力先生。这一观点也被有关学者引申为"客而家焉"，即作客他方并以此为家，即为客。说法三：客家源于生活在广东潮州一带的闽南人对来自闽粤赣边大本营地区迁至广东东南沿海一带那一部分人的总称。由于闽南人来得早，相应地外来者和后来者就被视为"客人"。

到明朝中后期，中国自北而南的人口迁移高潮已结束，闽海人、广府人等基本上定居下来，而只有客家人还处在动荡不定的迁移过程中，因此，"客家"一词在总体上反映了客家民系这种时时为客、处处为客的历史际遇和"客吾所客""以客自谓"的大度和豁达。这是华东师范大学历史学系主任王东教授的观点，深圳宝安区委党校教授、民俗学专家曾祥委也有类似观点。说法四：因清初"迁海复界"后引发的移民潮，惠、潮、嘉、闽、赣人民挈家赴垦广州府的新宁，肇庆府的鹤山、高明、开平、恩平、阳春、阳江等县，与土著杂居，以其来自异乡，声音一致，俱与土音不同，故概以客民视之，遂谓为"客家"云。香港大学中文总教习兼教授赖际熙和深圳大学文学院刘丽川教授有此类似观点。说法五：由于客家人与畬民都居住在赣闽粤边的山区，居处邻接，生产生活习惯相似，闽南人和广府人将客家人和畬族人统一混称为"畬客""山客""客仔""犵狫"等。而客家人称闽南人为"福佬""鹤佬"等。原有民系歧视和贬义的意味，后来逐渐被双方接受为自称，这是福建师范大学历史系教授谢重光的观点。

"客家人"的称谓是由近代学者罗香林最先明确提出的，经研究他认为，客家人来自中原，历史上通过近千年的五次大迁徙，最终形成了汉族的一个新民系。判断一个民系成立的重要标准之一就是有共同的语言，客家民系的共同语言即客家语，为汉语七大方言之一。客家语在非正式场合又被称为客家话，按不同口音可分为梅州话、惠阳话、惠州话、河源话、赣南话、汀州话等。部分地区还称土广东话、水源音、涯话、新民话、麻个话、怀远话等，语言研究中，以梅县话为代表，现实中惠阳话影响较大，台湾以四县腔为代表。

客家祖源中原，客家人自称为"河洛郎"。从客家语可以看出，它称得上中原古汉语的"活化石"，保留中原地区许多古汉语词语与常用词一些词语的发音特征。清末诗人、被誉为"近代中国走向世界第一人"的广东嘉应州（今梅州市）人黄遵宪，在其作品《人境庐诗草》中有诗云："中原有旧族，迁徙名客人。过江入八闽，展转来海滨。"这首诗，简要地叙述了客家人的迁移史，明确指出客家人的祖根在中原。从家谱记载中我们可以查询出河洛与客家的关系，比如现存于洛阳安乐的邵氏家谱，编撰时间为民国二年（1913）。谱前有七序，其中二序为宋绍兴三十二年（1162）文殿学士兼枢密院使汝州陈伯康撰，名为《题邵氏宗谱序》，序中略述邵氏源流及播迁云："……自皇宋南渡，子姓扈跸散处四方，有居于临安者，有徙于绍兴庆元者，有徙于建康昆陵者，有徙于歙与扬州者，有徙于姑苏云间者，有徙于江右南昌及抚州九江者，有徙于福建建宁泉州者，及广东厓州南雄者。"这段话说明金元入侵，宋氏南渡，邵氏后裔播迁的地方既多且广。一部分随皇驾驻于京都临安或京都附近，一部分徙于江苏诸地，一部分徙于江西诸地，一部分徙于福建两地，一部分徙于广东新会、厓州、南雄。其中广东南雄是个非纯客县，客家人较多。从中可以反映出，宋室南渡以后，中原有一部分人迁徙到客家住地，成为客家人。对此，史书、志书均未载，邵氏家谱南宋名人序言中的记载解决了客家南迁客家住地这一重要问题。

洛阳是公认的客家人的祖籍地，河洛文化是客家文化之源，洛阳大谷关曾是历史上百万客家先民走出中原、走向世界的主要关隘。2007年8月份在偃师市举办的"客家先民首次南迁出发地"国际学术研讨会确认，客家先民首次大规模南迁纪念地在河南省偃师市。参加研讨会的代表们认为，客家的第一次迁徙发生在东晋年间，位于河洛之间的汉魏洛阳故城为当时的国都，正是客家人的根之所在。客家先民首次南迁纪念地的标志性景观遗存多集中在偃师市，以偃师市为中心的伊洛平原是河洛文化的核心地区，因此是客家文化的源头。河南灵宝、光山、固始等均为客家主要迁出地，固始县于2009年开始推出"固始根亲文化节"，意为"根连两岸三地，亲系五湖四海"，至今已成功举办九届，根亲节一方面是扬名固始，增加固始在海外的知名度，加强天下固始人的联系；另一方面就是用这一平台加强交流，推动当地经济社会发展。

客家人由中原大批南迁始于何时，说法不一。一说始于秦代，一说始于晋代，还有说始于唐者，始于五代者，始于南宋者，因而形成客家大迁移三次说、五次说、六次说、九次说等多种说法。历史上汉族虽然由中原地区经过几次大的向南迁徙，但客家人传统的汉文化并没有丢失，浓厚的怀乡意识、对先祖望族在中原的历史荣耀和"根""祖""宗"的观念，都是念念不忘，表达出自豪感和优越感。这种文化意识主导着客家人的思想、行为、风俗等观念，也影响着历代客家人重视宗祠修建及家谱撰续。

在千年的迁徙过程中，客家民系虽世事多艰，但稍作安定，便修家谱，以续血脉，代代相承。客家人有多少个姓氏，难以进行精确统计，根据有关资料估算，大约有 200 多个。广东梅州客家联谊会办公室和梅州市地方志编委会办公室编纂的《客家姓氏渊源》第一集及第二集的"导言一"称："梅州客家姓氏，据初步统计约有一百八十多姓，各姓大都编有族谱或家谱。"① 该书两集共收列客家姓氏 67 个，并选摘了每个姓氏的族谱、家谱资料。其中，黄、林、陈、李、郑、叶、谢、刘、钟、邱合称为"客家十大姓"。客家姓氏有相当一部分起源于河南，例如：黄姓出自今河南潢川，林姓出自今河南淇县、卫辉，陈姓出自今河南淮阳，李姓出自今河南鹿邑，郑姓出自今河南新郑，叶姓出自今河南叶县，谢姓出自今河南唐河、南阳，刘姓出自今河南鲁山，邱姓有一支出自今河南淮阳等，可见客家人与中原尤其是今河南在血缘、史缘上有着密不可分的关系。

客家现存大量族谱、家谱，据调查，在梅州就有 180 多个客家姓氏，绝大部分都有族谱或家谱。1985 年各地方志办公室开始收集、整理族谱、家谱，分别保存在各地地方志办公室、档案馆等，仅广东省保存的各种族谱、家谱近万种（册），也有不少在民间流传。这些族谱、家谱，已成为研究客家的重要资料，也成为客属海外同胞寻根问祖的主要依据。

---

① 刘佐泉. 客家历史与传统文化 [M]. 开封：河南大学出版社，1991:275.

第二节　河洛家谱与客家家谱特色分析

一　福建上杭等地考察

2009 年 10 月 18 日至 20 日，著者与郑州大学崔灿老师参加了福建省客家研究联谊会组织召开的"海峡两岸客家族谱论坛"。作为海内外客家人的祖地——闽西，是福建省客家人最多最集中的地区，每年都有成千上万的海内外客家乡亲前来寻根谒祖。闽西同时是著名的革命根据地，是中央苏区的重要组成部分。闽西儿女中不少人成为党和军队的高级领导，谱写了中国历史中辉煌的篇章。在三天的会议中，崔灿老师和著者都进行了主题发言和大会交流。

会后大家参观了李氏大宗祠和上杭客家家谱馆。李氏大宗祠是为纪念始祖李火德入闽而建，800 年来李氏后裔遍布甚广，到此寻根谒祖的海内外同胞络绎不绝。为了充分发挥"五缘"优势，深入发展对外旅游、客家寻根游，上杭县在上杭客家族谱馆的基础上建设了中国客家族谱博物馆。上杭客家族谱馆成立于 2000 年，坐落在福建省龙岩市上杭县，是客家人家族史料的专题馆，是目前内地唯一收集、整理、研究和开发利用中国客家族谱的博物馆。现藏有闽、粤、赣、川、桂、台等客家地区 153 个姓氏、2900 多部、20000 多册客家族谱，19151 份民国以前的客家契约，近百幅祖图和神明崇拜图，1000 多件客家地方文献资料等，其中有闻名海内外的"李氏入闽始祖、台湾李氏始祖"李火德一脉家谱，"鄞江始祖"张化孙、闽粤赣台廖氏始祖廖花、闽粤赣台丘氏始祖丘三五郎一脉族谱。博物馆融合客家族谱、建筑、生产生活风俗习性、客家繁衍生息及考古等元素，集收藏、展示、研究、交流和服务等功能为一体，成为具有丰富客家文化内涵的客家族谱收藏中心。中国客家族谱馆是客家人主要的家族史料收藏单位，吸引了大批海内外客家人前去寻根谒祖，考察客家族谱，开展族谱寻根与学术交流活动。参观后，著者与严雅英馆长就客家家谱的收藏与利用进行了深度交流。

著者随后在永定客家联谊会常务副会长兼秘书长游继骞的带领下参

观了永定土楼。永定作为纯客家县，土楼聚落有浓郁的客家文化，是客家文化的具体表现。永定土楼在福建众多土楼中开发最早，2008 年被列入世界文化遗产名录，备受世人瞩目。土楼景观的开发与保护，不仅是对建筑的保护，更重要的是对民俗文化的保护与传承。游会长给我们详细介绍了各种土楼建筑结构、民风民俗，包括衣食住行、婚丧嫁娶、民间节俗、客家交际等。

二 广州、河源、梅州考察

作者于 2016 年 7 月 31 日至 8 月 6 日赴广东省的广州、河源、梅州等地进行客家家谱族谱考察。

8 月 1 日先到河源。河源位于广州和梅州之间，是客家人聚居地，是客家文化的重要起源地之一，也是岭南文化的重要发祥地之一，有"客家古邑，万绿河源"的美誉。在河源职业技术学院客家文化研究中心，龚主任详细介绍了研究中心的发展情况、河源客家家谱的收集情况，并带领我们参观了研究中心的家谱展馆。在河源，著者听到了很多关于修家谱的奇闻趣事，如文天祥靠编撰家谱养活一大家人等。其中最珍贵的是宋代右丞相文学家文天祥为河南省固始《叶氏宗谱》所写的跋。

叶姓宗谱（叶氏六修宗谱）

家之有谱，犹国之有史也。史以记其存亡，而谱则系其昭穆。而昭穆能明，则宗派焉得而紊哉？叶姓谱牒，历经数百年守而复失，开卷以览，上以见其源流，下以知其嗣续。祖功德业而动耀当时，非美继善述者而能知之乎？书此于记深藏，贤裔子孙万世而当勉之。文山文天祥跋。

客家人文天祥既然能为别的家谱写跋，那就说明文天祥附近所在的客家州县必然有人也会写家谱。据考察，宋代江西的赣州、吉州客家人修谱之风较盛。

8 月 2、3 日来到梅州。梅州位于广东省东北部，是粤闽赣边区域性中心城市、广东文化旅游特色区，也是全国重点侨乡之一。梅州是客家人比较集中的聚居地之一，被誉为"世界客都"，素有"文化之乡、华侨之乡、客家菜之乡"之称。中国国内唯一的移民纪念项目——中国（梅州）移民纪念广场于2013年10月在梅县区松口镇正式落成，其重点建筑世界客侨移民展览馆也开馆迎客。广东的客家围屋和福建的土楼既有相似，又有不同。中午到达后，我们先参观了承德楼、客家围屋，下午又参观了中国客家博物馆。中国客家博物馆，是集收藏、研究、展示客家历史文化的综合性博物馆，由主馆客家博物馆和分馆黄遵宪纪念馆、梅州大学校长馆、梅州将军馆、梅州市华侨博物馆、客家匾额馆、梅州名人廉吏馆、展览中心以及《客家文博》杂志社等组成。馆内陈列《客家人》主题展览，以"客从何来""客家风情""地标围屋"等主题充分展示了客家渊源等相关内容，向世人传播客家积淀深厚的历史文化底蕴。

8月4日我们来到嘉应学院。梅州在清朝时称嘉应州，嘉应学院由此得名。弘扬客家文化是它鲜明的办学特色。海内外著名的乡贤、校友曾宪梓、田家炳等给学校提供了大量的捐助。梅州是中国历史文化名城、客家人的主要聚居地、著名的文化之乡、华侨之乡，丰富的客家人文资源在学校得以保存，客家历史文化研究得以较好的开展。嘉应学院依托这一得天独厚的资源优势，在全国率先成立了专业性的研究机构——客家研究院。在客家研究院，作者与有关客家文化专家进行了深度的交流。

三　南雄珠玑巷考察

2016年12月1、2日，著者到广东南雄珠玑巷考察。珠玑古巷位于南雄城北6公里处的梅关古驿道上，全长1500多米。它是古代中原和江南通往岭南驿道间的一个商业重镇，是100多姓南迁氏族发祥之地，也是岭南文化源头之一。改革开放以来，经10多年的重建修葺，珠玑古巷重现千年历史文化，有唐宋祖居及先人南迁遗迹，有众多姓氏纪念馆，展现各姓氏宗族文化。珠玑巷作为中原人南迁的重要集散地，有大量现存的古迹和历史文献，为研究客家历史、河洛文化的传承，提供了重要的支撑。

著者经过三次实地考察客家聚集地和查阅大量客家家谱，对比河洛家谱和客家家谱，发现两者既有深厚的渊源，又在悠久的历史发展过程中形成了各自的特色。客家家谱谱例与河洛家谱谱例大体相仿，因各家各族有不同的主张和建树，客家家谱形成了不同的风格与流派，但内容主要有四条：一是记载了家族迁徙，记录本族迁徙的时间、地点以及辗转行程的路线、奔波流离的苦难情景等；二是记载了家族人员，男性子孙入谱，并对本族较有影响的人士事迹进行简略记载；三是记载了本族的家训家风，对子孙后代进行行为道德的约束；四是记录当地重要事件，包括家族的兴衰，社会变革，家族所在地的自然、人文环境等。

与河洛地区家谱相比，客家家谱有三大突出特点。第一，客家人筚路蓝缕的迁徙历史造就了客家人骨子里的"寻根"意识，其家谱更注意强调"清源正本"，家谱中历来十分重视记录家族的迁徙情况，对迁居原因、经何处而定居此地、定居后又有哪个支房迁出等内容均有详细记录。第二，客家人在迁徙过程中遭遇的困难重重，形成族人紧密团结的传统，因而与其他民系家谱不同，客家家谱具有较强的族群特色与地方特色，特别重视爱国爱族、勤俭持家、读书入仕等价值观的宣扬，往往把认定的价值观以家规家训的形式规定下来，告诫族人要爱国、爱家，做个有理想、有道德、有文化、孝敬长辈的人。第三，堂号、堂联的着力介绍是客家家谱中表现出的一种重要文化现象。《隋书·食货志》载："晋自中原丧乱，元帝寓居江左。百姓之自拔南奔者，并谓之侨人，皆取旧壤之名侨立郡县，往往散居无有土著。"说明客家人由于战乱、自然灾害等原因多次较大规模南向迁徙，并把堂号、堂联记入客家族谱、家谱中，以怀念先祖，弘扬祖德，光大家风族风，并使之能代代相传，万世不忘。以上三大特色中，客家的堂号、堂联更令人瞩目，在研究客家迁徙史、发展史、社会心理、文化传统方面，具有很高的价值，下面就重点介绍。

堂号，本意指厅堂、居室、祠堂的名称，是家族门户的代称，是家族文化重要的组成部分。因古代同姓族人多聚族而居，往往数世同堂，或同一姓氏的支派、分房集中居住于某一处或相近数处庭堂、宅院之中，堂号就成为某一同族人的共同徽号。同姓族人为祭祀供奉共同的祖先，在其宗祠、家庙的匾额上题写堂名，因而堂号也含有祠堂名号之含义，是表明一个家族源流世系，区分族属、支派的标记，是家族文化中用以弘扬祖德、敦宗睦族的符号标志，是寻根意识与祖先崇拜的体现。堂号分二种：一是郡号，取自本姓氏祖先生息地。其中又分为发祥郡号和望出郡号。发祥郡号如王姓太原堂、邓姓南阳堂、朱姓沛国堂（今江苏省沛县）、郑姓荥阳堂（今河南省荥阳县西南）、廖姓汝南堂（河南省旧汝南）、宋姓京兆堂（今陕西长安以东至华县一带）、刘姓彭城堂（今徐州一带、陈州二府及安徽省旧颍州地）等。望出郡号如钟姓颍川堂（取自楚汉相争时的钟离眜）、杨姓弘农堂、李姓陇西堂等。二是非郡号，为纪念先祖的官衔、德行等自立的堂号。如福建莆田方姓的"六桂堂"，据《金紫方氏宗谱》载，西汉末年，汝南尹、河南固始人方纮，避乱南迁。至唐代，其裔孙方廷范，因在福建做官而定居于莆田刺桐巷，他的六个儿子皆以固始籍及第进士，时称"六桂联芳"，方氏以此为莫大荣耀，于是便定堂号为"六桂堂"。张姓的"金鉴堂"取自《千秋金鉴》，为张九龄所著。史载唐玄宗为求治国安邦之策、长治久安之计，谕张九龄总结列代治国之经验，他洞察秋毫，明断事理，以犀利之笔综述列朝兴衰存亡之理，成书五卷，玄宗御览，甚为赏识，赐为《千秋金鉴》，作为治国铭言珍藏。余姓"风采堂"引自"风采第一"之誉，又名贤余忠襄公祠，是余靖后裔的家族堂号。余靖与范仲淹、欧阳修、尹洙并称"四贤"；与欧阳修、蔡襄、王素并称"庆历四谏"，为"庆历新政"的重要成员，对宋时南方的和平稳定作出巨大的贡献，后人尊称他为"忠襄公"，欧阳修作《赠刑部尚书余靖襄公神道碑铭》记其功绩。又如林姓"忠孝堂"，源于宋嘉祐六年御史林悦奏请回乡祭扫祖坟，宋仁宗在林悦家谱上写"忠孝"二字于谱首，又赐诗，其中有"忠孝有声天地老，古今无数子孙贤"。从此林姓以此为荣，以"忠孝"为堂号。此外还有黄姓"千顷堂"、邓姓"高密堂"、古姓"国宝堂"等。

堂联是贴在祠堂大门两边的对联。堂联的内容，上联包含本姓的发祥地或望出地的郡号，与堂号相对应；下联多为赞誉祖德、功绩，激励后代为人的内容。如林姓堂联有"九龙世第，十德家声""九龙世德，双桂家声"。又如曾姓堂联"武城世第，鲁国家声""南丰世第，东鲁家声""武城世德，沂水家声"等，或是以祖先发祥地或望出地（鲁国、武城、南丰）作堂联，或是以曾参的品行为世作堂联。此外，客家族谱中还记载了不少长联，也是堂联一种，主要贴在大厅，不过文字比堂联多，包含内容也比较广泛。如广东梅州平远县韩姓祠堂有一长联："文章起八代之表，谏佛骨，驯鳄鱼，养士治民，昌黎德教千秋在；相业定两朝之策，铭彝鼎，被弦歌，丰功伟绩，魏王声名万古传。"上联是赞颂韩愈谏阻唐宪宗迎佛骨、被贬潮州后关心人民疾苦的事迹；下联则敬仰韩琦为相历经两朝受人尊敬的史实。再如，广东梅州丰顺县冯族有一长联："系自始平来，周室分封，开国承家垂百代；源从西汉发，骊山衍派，文章德业版千秋。"据冯姓族谱载，其先祖居始平郡，即今陕西咸阳市户县以西，堂号始平，长联对冯姓渊源做了详细交代。

以客家大姓李氏为例，李氏入闽始祖尊为李火德，其后裔遍布闽、台、粤、赣、桂及东南亚各国，政界商界名人辈出。李氏火德支堂号为惇叙堂，堂联为"丞相将军府，忠臣孝子门"。李火德来自陇西望族，是唐太宗李世民的第二十七代裔孙，火德公裔广东省五华李氏家谱初修于南宋，续修于明代万历十年李曰巽（《长乐县志》有载），谱载：一世太始祖火德公，珠公之子。原居南京常州府宜兴县南门。公因宦游至汀州府清流，寓上杭县胜运里官田村。公生于北宋太祖七年（966）丙寅岁十一月初八子时，殁于宋仁宗嘉祐七年壬寅（1062）八月十五日丑时，享寿97岁。九月初二丙午日寅时葬于上杭稔田丰朗岗头喝形"螃蟹游湖"，辛山兼酉（旧谱记"壬山丙向"）。公墓于大清宣统庚戌年（1910）冬月吉旦重修，碑额"种族文明"，碑联"宋代开基远，杭川衍派长"，望柱联"翰苑家声远，科名世泽长"，碑文"辛山兼酉、外盘丁酉卯分金吉度，陇西宋始祖李氏火德太公之墓，大清宣统庚戌年冬月吉旦、凡三大房嗣孙永祀"。1998年由李氏大宗祠管理委员会编辑组编写的《李氏族谱——火德公系》（上下册）共 1017 页，记载内容贯通古今，详今略古，上从黄帝诞生李氏家族，记录利贞公到火德公以上历代祖公世系；下从火德公一世至九世族谱世系，福建、广西、江西等地上牌诸公芳名吊线世系，上了牌位的可从火德公一世起吊线到上牌的祖公，上了长生禄位牌位的可吊到他本人。该谱转裁了各族谱序和名人作序，还有祠联、祠规、祖公遗训、贺词、贺联、祭文等。

与客家家谱相比，儒家思想在河洛家谱体现得更为显性和深刻，在河洛家谱中占主导地位。作为华夏文明的重要发祥地、儒家思想形成发展的核心区，根亲意识强烈的河洛地区，其家谱呈现出姓氏众多、历史久远、名人众多、移民居多、版本繁多、时代特点鲜明等六大特点[①]，除此之外，作者进一步补充认为河洛地区家谱还呈现出编撰思维正统、体例规范完备、人文内容丰富的特点。

河洛地区家谱中，爱国爱家，家国一体；耕读传家，文武储材；安贫乐道，修外齐内是共同价值。家谱叙事中儒家正统观念以及民族意识突出，入世意愿强烈；极其重视宣扬家贤的高节懿行，期望子孙建功立业、报效国家；尊祖敬贤、和亲睦族、勤俭创业、重视教育等传统美德在河洛地区家谱中也得到了普遍体现。家训家教内容是河洛家谱的重要组成部分，既是族人立身处世的价值准则，又是家族有效治理、有序运行的重要载体和手段。家训一般包含敬父母、尊长者、睦族人、和友邻、恤贫孤、尚节俭、戒赌博、戒奢侈、戒懒惰、戒酒色、戒淫逸等训诚内容；家教思想贯穿全谱，尤其体现在谱序、像赞、传记等处，通过细述先辈族人忠君爱国、造福乡梓、刻苦学习、奋发拼搏的典型事迹，生动展现了先辈的人生足迹，对后代心理素质、价值取向、行为模式都产生着潜移默化的影响。

《河南程氏正宗世系谱》中载有宋淳熙八年（1181）朱熹文教育子孙道："君亲一体，忠孝一道。五刑之戒，莫大于不忠。百行之首，莫先于不孝。为人臣者，当鞠躬尽瘁。为人子者，当慎终追远，不可一

---

① 谢琳惠.河洛地区家谱特点初探 [J].图书馆理论与实践，2008（01）：130-131,148.

毫或忽也。"程氏家族重视修身齐家,重视家教家风,程颢写下了173字的《程子家训》,用以规诫子孙族人。程颐明示:"天下之治,正家为先。治家之道,以正身为本。"程氏家族在弘扬忠孝、廉洁、宽容、节俭这些中华民族传统伦理家教的同时,用孔子"君子有九思"的修身之道,着力培养程氏后人的君子风范、圣贤人格。又如洛阳龙门香山白氏《白居易家谱》中记载白居易教育家族子弟为人处世要"刚柔并济、未雨绸缪,勿慕贵富、勿忧贱贫,修外及内、静养和真",认为一个人的道德修养应该"千里始足下,高山起微尘。吾道亦如此,行之贵日新",不仅严于律己,还要求后代遵照执行,"终身且自勖,身殁贻后昆。后昆苟反是,非我之子孙。"白氏家族倡导的与人为善、乐善好施、安贫乐道、不慕虚荣、修外齐内、保持纯真同样适用于当今社会的个人人格修养及素质养成。

第三节 从家谱看客家文化的传承

一 家谱中所反映的客家文化

学界原先对客家文化的研究主要集中在对客家民俗文化具体事项如民居、饮食、服饰、习俗等方面的调查和叙述,很少见到客家文化特质方面深层次的探索。现在我们更应该从客家文化具体事项深入到研究客家文化特质,认识到客家文化不仅继承了古代正统汉族文化,又在长期的生活生产中融合了南方当地的土著文化,儒家文化、移民文化、山区文化三者相融合的特质是客家文化的集中体现,同时也构成了历代客家人独特的精神文化世界。

第一,儒家文化在客家文化上具有鲜明的特征。对祖先的崇尚、对教育的重视以及受儒家文化影响较深等是它的突出表现。

第二,客家文化作为一种多元文化,它的主体是中原文化,同时融合了迁居地的本土文化,形成了独特的客家文化特征。客家人重视传统，不忘本源，在语言、生活习惯上都有所体现，反映了移民文化。客家人作为中原移民，其客家文化也充分体现出移民文化的一些特征。

第三，客家文化具有山区文化的特征。客家地区地理地貌的基本特征是多山，赣南、闽西、粤东是典型的丘陵山区。山歌、茶文化，客家人的精神、气质、视野与山区文化有着密切的关联。

第四，客家文化和中原文化一脉相承。

1. 从语言上讲，客家文化的语言发音和中原是相同的。如北（bei），北方土话念 be，客家也是念 be，等等，广东梅县的客家话，被公认为是标准的客家话。

2. 从饮食习惯上看，保留了中原遗风。客家人有句俗话："平时莫斗聚，年节莫孤凄。"意思是平时节俭，一日三餐粗茶淡饭，但逢年过节，则要尽可能丰盛一些。客家菜讲究色、香、味，偏重肥、咸、烧。客家人在饮食方面保留有中原遗风，如梅县腌面，蒸的馒头和糖做的糕点和中原相似。

3. 从家庭关系上说，客家人的婚姻，一向沿袭中原古制，要听从"父母之命，媒妁之言"，以"传宗接代"为主要目的，只是在嫁娶的礼俗方面因环境的不同而有些差异，保留了祠堂，敬祖祭祖，尊老敬老，多子多福，一定要生儿子等观念。

4. 从对待节日的态度上，非常重视中国的传统节日。如清明节，家族人必须从全国各地回来祭祖；中秋节、冬至更是重大的节日活动，准备的时间超过一个月，比春节还隆重。

5. 从教育方面来讲，重视教育，鼓励支持子女多读书，光宗耀祖观念强。

6. 从居住来讲，客家民居建筑虽然形式纷繁，丰富多彩，但有一个共同点，即都能体现出客家人聚族而居的特色，多为平房和小楼房，增加了受南方多雨因素影响而进行的改进。

7. 客家人很团结，不管到哪里，讲客家话的都是一家人，都是亲人，都要相互帮助。

客家文化源于中原文化，由于其文化与移垦密切相关，所以有人称客家文化是典型的移垦文化；又因受畲、苗、瑶、黎等少数民族的影响，并吸收了一些外地文化的成分，所以形成了以传承母体文化（即中原文化）为主，兼有其他民族和国家文化成分的、独具特色的客家传统文化。

客家人在迁徙过程中，经历了许多艰难困苦，加之他们"客"的地位和受居地自然环境的影响，从而形成该民系生存发展的精神特质。客家精神包括吃苦耐劳、艰苦奋斗、勇于开拓、不断进取的精神，强烈的民族意识和溯本思源、怀乡爱国的赤子之心，克勤克俭、崇尚文化、聪明好学的崇文重教传统，精诚团结、互相帮助的优良传统等。客家族谱有明晰血缘、道德教化、精神凝聚等功能，尤其是客家族谱作为传承家学的载体，特别重视对族人和子孙的为人处世教育。客家族谱中的家训族规是客家历代祖先生活经验的总结和优秀品质的积累，其体现的爱国主义精神、积极进取精神、仁爱精神、勤俭节约精神等在当代中国和谐社会建设中仍绽放出灿烂的光芒。

二　客家家谱文化的教育价值

（一）增强民族认同感，倡导家国一体

一个民族对自然文化倾向的认可称为民族认同感。它不仅包括个体对群体活动的卷入情况和归属感，而且还包括个体对自己所属群体的积极评价。认同可以分为：共同的民族渊源、共同的民族文化和共同的国家。客家是汉族的一个民系，民族认同的核心就是对人们相互关系的认同。客家族谱的重要作用在于保持家族传统和维系血缘纽带，共同形成文化意识和身份认同，同时扩展至对民族尊严和国家稳定的维护，"家国一体"的文化思想是它的具体表现。在客家族谱中，忠君和至孝被一样对待。程颢、程颐是北宋哲学家、教育家，少年时期曾随父在客家地区兴国读书，后期讲学声名远扬。客家地区闽西的杨时等慕名至洛求教，"一日见颐，颐瞑坐，时（指杨时）与游酢侍立不去。颐既觉，则门外雪深一尺多"。在程颐教导下，杨时成为闽西哲学家。"程门立雪"典故，即指杨时尊师重教之事。程颐小时曾受客家文化熏陶，中年尤为

客家子弟传道授业，他的家学与家谱对客家思想影响之大，可想而知。

（二）推崇守法明礼，维持社会稳定

客家家谱中含有大量家训，要求族人遵纪守法、待人诚信、履行约定、戒盗戒淫等。组织编撰家谱者一般都是宗族精英，是族权人物的操纵者，他们将乡规民约和国家法规揉进了族规家范，充分体现了家族的权威和家谱存在的合理性。客家人同时将此做成产业文化，把家谱家训推广到乡镇、社区、街道，形成乡训、社训等，还将家谱中的信息综合利用起来，比如将家谱家规、家族礼仪、家族风俗等融会到饮食、建筑中等。据了解，山西省商南县罗家湾是由粤东回流的客家村，罗家湾常在过年时向合族讲族谱中的家训，村民非常守国法家规。

（三）重教亲传、传承家族理念

家训中包含诸多重要教育思想，如"劝学"思想，即提倡学习文化知识，倡导先立志、戒奢华、安贫困，努力开阔自己的眼界和心胸等。又如"处世"的教育，做人要有自知之明，要不断超越自我；要严于律己、宽以待人，和谐处世，懂得感恩。再如"尊老爱幼"的观念，要从小做起，重视言传身教，终身教育。

三　新时代客家家谱文化的传承

在我国和谐社会建设进程中，科学地传承客家家谱文化，利用其中劝善惩恶的条规，让家谱成为具有一定的组织形式的文化载体，一方面抑制封建伦理的负面效应，同时更好地为建设和谐社会服务。

（一）正确认识，辩证对待

传统文化中有精华和糟粕的综合、积极因素与消极因素的共生。如家本位观念，它是对亲情的重视，有助于维持家庭关系的和谐，同时家本位的"尊老爱幼""长幼有序"思想也有助于维护社会稳定发展等；再如家谱中的"孝悌"观念，它既是合理意义的尊老爱幼的行为模式，还派生出"仁"的心理结构和"礼"的社会规范。另外，家本位重亲情，容易感情用事、惯性思维，也容易囿于小家而疏于国家，不利于现代人格的养成。

另外，为了维护家规家训，宗族还实行严厉的强制性措施。"家法当守。家有法度，凡我子孙当守本分，各务生业，戒嫖赌，戒贪，戒逸乐，戒争讼，戒奢侈，此数者败名丧节，荡产倾家，最切戒，并勿以恶欺善，以富欺贫，以上陵下，以贵藐贱。此家法所当守也。"此外，有的客家家谱还有出家不愿还俗、凭族长处死等，这些无疑与现代法治相抵触。

（二）加强传统文化教育，突出中国特色

国家出台了一系列关于加强和弘扬中国传统文化的政策文件，特别是社会主义核心价值观，帮助公民正确处理个体与国家的各种关系。传承优良传统文化，是塑造国民优良品质的重要内容。从世界各国宏观教育决策来看，教育的国民性似乎是战后世界各国的一个普遍发展趋势，我国教育在文化功能方面则显得不足。个人的生活离不开特定的社会环境，这里不仅包括现实环境，也包括历史文化和传统风俗，家谱作为中国传统文化的一部分，其教育功能是不可轻视的。

（三）古为今用，发展现代教育

传统家谱中，除了合理的内容外，亦可为当代教育在理念与方法上提供有益的借鉴。

首先，从教育理念上讲，对幼儿教育和启蒙教育的重视是传统家谱文化的重要特征，而且还注意循序渐进，"教子宜严。爱之必劳者，即严以教子成人之谓也。故必以义方，弗纳于邪事。严师亲贤友，勿任放荡，纵其性情，戒行小慧，防其匪僻。使闻皆正言，见皆正行，行皆正事，是之谓严而又涵育熏陶矣。其自化以养之，则严而泰，子弟之德可成矣"。同时，"父母之心未有不爱其子者，爱之则必教之，教而不失其时者爱之至也。……彼或愚痴，父母怜其稚小，纵其所欲，养其凶狠之性，及长多作非为，有玷宗祖，岂尽子之罪哉，良由失教故耳"。

其次，传统家谱文化中还有许多值得借鉴传承的好方法。一是言传身教。不仅温言劝诫，而且身体力行。在新时代，家庭教育要更多关注家长自身行为对孩子的影响，在学校教育中更多关注教师的言行一致。二是因材施教。客家传统教育方法是："教训子孙。子孙为承先启后之人，未可任其游惰也。倘使资质愚弱，固应教导有序，渐开其锢蔽之胸。如其禀赋聪强，更当训饬多方，力防其骄纵之习必也。童子之时，迫令用心研究科学各书，以增其器识。成丁以后，择取与性相近专门实业，以养其身心。如此则先人之基业可长存，而后世之炽昌可预卜矣。"或教其谋科举，或使其勤农、工、商等业，使子孙的选择多元化而且符合自身条件。激烈的社会竞争，让现在的父母往往强迫孩子学习在正常的学校教育外的各种技艺，很多是父母的主观选择，不是孩子的兴趣所在，甚至会对孩子的成长造成负面影响。由此看来客家家谱中教育子弟的思想与态度，亦可为当今家庭教育提供一定的借鉴。

（四）积极利用，开拓创新

中国传统文化的创新就是坚持中国传统文化的主体地位，以马克思主义为指导，借鉴中西文化的精华，创造出有中国特色的社会主义文化。对中国传统文化的创新既是新时代中国特色社会主义文化建设的需要，也是社会发展现实的必然。随着社会的不断进步，人们的思维方式、价值观念、认识水平也要逐步变化或提高，这些都会赋予中国传统家谱文化新的思想和内容。客家族谱文化的教育功能延绵悠长、内容丰富、形式多样、影响广泛，只要加以正确认识、坚持科学利用、积极创新，必将在当前我国文化建设中焕发新的光彩。

第八章 河洛地区家谱典范

第一节 洛阳市区家谱举例

一 《邵氏家谱》

图 8-1 《邵氏家谱》封面及书影

《邵氏家谱》三卷，保存地点是洛阳安乐，不题撰修人，修撰时间为民国二年（1913），属于手抄本，保存完整清晰。始祖是邵奭，始迁祖是邵雍，于宋初由颍州迁至河南天津桥畔，宅名"安乐窝"。

谱前七序：一为宋绍兴五年（1135）工部尚书谢铎撰《题邵氏族谱序》，略述邵氏族谱发展概况，云："此邵氏谱牒所由辑也，邵氏自传陵召公奭之后，由周而来，历千百年，今丞相颐、大学士尧然统其宗，拆其族而辑谱，以贻后人，心甚盛也。"

二为宋绍兴三十二年（1162）颍州陈伯康撰《题邵氏宗谱序》，略述源流及播迁，云："粤稽邵氏之出自召公奭，之后加邑为邵，自三代以来其为名世也远矣，秦汉之时散而复合，合而复涣，其间四布而不可纪。唐太宗敕修天下谱牒，退新门进旧望，左膏粱右寒微，合一百九十三姓千六百五十一家，邵氏亦与首称焉。自皇宋南渡，子姓扈跸散处四方，有居于临安者，有徙于绍兴庆元者，有徙于建康昆陵者，有徙于歙与扬州者，有徙于姑苏云间者，有徙于江右南昌及抚州九江者，有徙于福建建宁泉州者及广东厓州南雄者。"

三为明正统九年（1444）五十三世孙邵叔芳撰《重修邵氏族谱述》，记述详尽，云："今按谱图，邵氏姬姓，系出奭公，为周太保封于召，子孙以国为氏，传世至穆公虎，简公盈，皆仕周为公卿，其后子孙益众，散徙四方。至西汉时，传十一世有曰信臣，宣帝元康中为河南太守，其孙名休，为青州太守，避事加邑，始改今之邵氏者焉。传六世有曰驯，字伯春，东汉宣帝时为安乐太守，后徙居衡漳。自西汉历唐，谱牒蠹缺略而弗著，至宋时，传十九世有讳德新者，自衡漳徙汴，德新生令进，令进生古，古生雍，字尧夫，初举遗逸，试将作监主簿，后为颍州推官，辞疾不赴，退居于洛，著《皇极经世》，书以续道统之传，始谥康节夫子，其子伯温、仲良，葬于今嵩县之新店，子孙遂为河南人……"

四为清道光十四年（1834）部师程撰《续修邵氏族谱序》，略述各地播迁始祖，云："奭公其始祖康节夫子，为迁洛之始祖，都巡讳忠，则迁余姚之始祖焉。"

五为清光绪十八年（1892）陵世勤撰《继修邵氏家谱序》，云："邵氏祖姓系出奭公，食采于召，谓之召。《诗·国风·召南》即我公之采邑也，地封燕国，为周太保，有《诏告》《君奭》《旅獒》诸篇，为南国诸侯，民怀甘棠陕以西，召公主之。穆公虎，简公盈，皆仕周为公卿。齐大夫召忽，东陵侯邵平，余读诗书览纲鉴，由周而来三千二百有余年矣。"

六为民国三十年（1941）康节夫子三十八世孙邵廷泽撰《继修邵氏

族谱序》，略述修谱之决心，立志将金国邵氏世系，合为一轴。

七为民国三十年（1941）康节夫子三十八世孙邵以宽撰《继修邵氏族谱序》，略述宋末元金争战，邵氏先祖从洛播迁各地概况，又云："余祖讳整，字子齐，由山西洪洞县复迁于河南之单县，为邵苏村之始祖，实康节夫子二十一世孙也。"

二 《乔氏家谱》

图8-2 《乔氏家谱》封面

《乔氏家谱》不分卷，保存地点为洛阳，不题撰修人，修撰时间为民国二十三年（1934），属于油印本，保存完整清晰。始祖是乔阙。始迁祖是乔敏，于明洪武年间由山西洪洞迁至河南洛阳城外，铜驼巷之东。

谱前四序：一为清顺治六年（1649）七世孙乔允元撰《重修乔氏家谱序》，略述源流，云："我乔氏晋洪洞人也，于洪武初定时军变，族众迁徙河南避乱，有在河北孟县等处居者，有在河南洛偃巩嵩等处居者，我太始祖遂安居于洛阳城外铜驼巷之东，即为东关四里二甲人也，但名讳失传，无所考证，我始祖讳敏，祖母卜氏，此我家根本所系也，我始祖生我高祖三人，长高祖讳方，娶高祖母刘氏；次高祖讳良，货殖于巩，遂居巩邑青泥镇，耕读相传，家道丰盈，无歉，子孙蕃衍，游庠宦林多人；三高祖讳聚，生我堂曾祖讳铎……"

二为民国二十一年（1932）乔吉穆撰《乔集凤先生纪念碑序》，云："先生姓乔，字集凤，号鸣岐，世籍孟津王庄镇，周以责己，推恩及人，膏泽广被，乡人感激，欲铭功以永垂，举懿行以求序。"

三为民国二十一年（1932）十八世孙乔岳撰《谱后序》，略述播迁概况，云："我敏公卜氏，避洪军之掳掠，弃洪洞之世遗，迁移洛阳，卜居驼巷，诗书门第，耕读传家，至我七世祖允升公，历任刑部尚书，诰赠三世，三百年来显达宦林之士，颇不乏人，后世子孙，蕃播各地，迁居有洛、偃、巩、孟、嵩等县，北有沁阳、孟县两邑，他若山西之绛县，山东之曹州大都，皆我敏公之苗裔。"

四为十六世孙乔际隆撰《巩邑乔氏族谱序》，又云："初居洪洞，后迁洛阳，始祖名讳，甚难追想。二世祖敏，铜驼为乡，勤俭治家，耕读绩纺，生子二人，长方次良，聚为弟三，生铎冥茫，方迁孟津，家道世昌，良为我祖。"

该族七世乔允升为明代兵部尚书，著名东林党人，《明史》有传。谱中所载乔允升外孙所作《大司寇乔公传》及乔允升所作策、疏等佚文，均有重要史料价值。

三　《刘氏家谱》

图8-3　《刘氏家谱》封面

《刘氏家谱》二卷，保存地点在洛阳市，撰修人为刘平豪，修撰时间为 1985 年，属于油印本，保存完整清晰。始祖是刘聚。始迁祖是刘荣，于元末迁至洛阳。

谱前三序：一为清乾隆八年（1743）杜棠撰《首叙》，云："夫文靖公德业闻望，学问文章，为海内宗仰者，二百余年矣。"二为民国十三年（1924）十八世孙刘景星撰《二修家谱序》，略述修谱之重要性。三为 1985 年十九世孙刘延珍撰《三修家谱序》，又云："余刘氏家谱，备极精密，因代远年湮，遭毁兵燹，良可慨也。幸赖十三始祖徽菴之煞费苦心，博搜广揽，详溯端倪，得整叙焉。于十四祖严及子维屏首修数本，授予各支。"

谱载弘治十三年（1500）《刘公讳荣神道碑》，云："公讳荣，字世英，姓刘氏。其先世为开封太康人，族大而富，散居邑之老冢集及革牛镇，凡百数十门。有讳聚者，尤倜傥好义，乡称长厚公祖也，生二子，长讳敬祖，字奉先，元枢密院知院；次讳绍祖，字孝先，顺德路总管，是为公考。"《世系》又载："姓刘氏讳聚，生子二，长讳敬祖，字奉先，仕元官枢密院知院，居住太康县正南三十余里老冢集；次讳绍祖，字孝先，仕元为顺德路总管，居住洛阳东侯里。"谱载《健祖生平》。

该谱谱前有宗派简介，源流为山西临汾县，先人尧王建都平阳，洛阳刘氏为平阳世第。该谱有刘氏家史轶事拾锦、祖茔奠基、拔迁祖茔、洛河夜哭、刘阁老坟等，甚为翔实。

四 《白居易家谱》（洛阳市郊区文史资料专辑）

《白居易家谱》（洛阳市郊区文史资料专辑）不分卷，保存地点为洛阳市，撰修人白景佑，修撰时间为 1990 年 2 月，属于排印本（豫内资料准印通字洛市宣发第 69 号），保存完整清晰。始祖是白居易。始迁祖是白居易，于唐长庆四年（824）迁洛城南。

谱前五序：一为明嘉靖二年（1523）三十六世孙白自成撰《白氏重修谱系序》，略述源流，云："白乐天，商音秦相百里奚之后，姬姓也，系出自周太王次子仲雍，仲雍生季简，季简生叔达，叔达生虞仲。武王

图 8-4　《白居易家谱》封面

克商，封仲雍之后于虞，是谓虞仲，公爵也。虞公者，虞仲之孙也，为晋所灭，虞之公族井伯奚适秦，加上大夫，赐邑百里，因名百里奚。百里奚生百里视，字孟明，为秦帅。百里视生白乙丙，其后即以白为氏焉。裔孙讳起，有功于秦，封武安君。庙在咸阳，死于杜邮。始皇思其功，封其子仲于太原。子孙世为太原人。二十三世孙讳邕，为后魏太原太守。邕五世孙讳建，北齐五兵部尚书，立功高齐，赐田韩城，因为家焉，始移籍同州。建生子讳士通，唐利州都督。士通生子讳志善，尚衣奉御。志善生子讳温，朝散大夫，检校都官郎中。迁华州下邽县，生子六人，长、三、四、五，旧谱无传。次子讳鏻，扬州录事参军。生子讳季康，溧水令。季康生子讳敏中，官太子太傅。温之六子镗，巩县令。居郑州，生五子，次子讳季般，沛县令；三子讳季轸，许昌令；四子讳季宁，河南参军；五子讳季平，乡贡进士。其后各以其官散居四方。镗长子讳季庚，朝奉大夫、襄州别驾、大理少卿。生四子：长讳幼文，浮梁主簿；次讳居易，字乐天，即我白氏迁洛阳之始祖也；三子行简，主客郎中；四子幼美，九岁夭，先葬浮离，后改葬下邽，祔先茔。幼文长子讳景回，淄州司兵参军；次子讳景受，字孟怀，观察使；三子讳景衍。我始祖乐天，官居太子少傅，刑部尚书，封冯翊开国侯、上柱国。"

二为清康熙五十九年（1720）四十五世孙白锦撰《白氏重修谱系序》，略述自始祖白居易之后白氏发展概况，云："白氏之先，太原人也。至大唐长庆四年，我始祖乐天公迁居洛城南、龙门之东北履道里焉。会昌二年，罢太子少傅，会九老，栖隐香山寺，卒于履道里，春秋七十有五，葬香山佛寺之北，如满禅师塔之侧。无子，以次侄景受嗣。延流二世，守故土，承先祠，其遗风盖其盛也。迨至后唐，改履道里为禅院。是时，我白氏四代祖思齐迁入洛城，改葬高祖景受墓于邙山之阳。至六代祖，长曰慕圣，而始著谱焉。次曰慕道，兄弟两门下传十七世，至讳澄者，系慕道之裔孙也，分居洛水南庄……至遗我三十二世祖讳介，慕圣之裔孙也。洪武定位，重修旧谱，复接续四代，传至我三十六代祖讳金刚，又迁洛城东南。"

三为康熙六十年（1721）礼部左侍郎景日畛撰《白氏重修谱系序》，略述白氏自周太王次子仲雍至乐天白氏概况，又从乐天至金刚三十六代概况。

四为清雍正三年（1725），河南知府张汉撰《白氏世传谱系》，略述观白居易所遗《长庆集》感受概况，言七十五卷，读其词，玩其味，诚政教风化所关，其功业开卷灿然。并载乐天自撰墓志云："乐天无子，以侄孙阿新为后。"

五为清同治八年（1869）四十六世孙白嵩万撰《白氏重修家谱系序》，云："尝思分派宗支，惟赖继述，接续源源，相传按谱……历代诸公继述接续，叠次重修旧谱，因而世系相传不朽。"

谱载 1980 年 11 月五十二世孙白书斋撰《敬献千年古谱》，略述自己保护家谱的经过及播迁情况，云："从白居易下传至今，白居易后裔已发展到五十四代。白系，由于社会变迁，世道动乱，职业所需，居住之便，先后迁居他乡。偃师、伊川等县各有支脉。原居洛阳近郊者，也因洛水改道，逼人迁徙，分居在李楼、桃园、穆庄、焦寨等村，老城及四关也有散户。"1985 年五十三世孙白景佑撰《香山传谱人》，略述家谱传代之经过，云："《白居易家谱》，由白氏六代祖白慕圣在履道里始著。下传十三代于白氏好古，白好古作了第一次续修……第二次续修者是白氏二十二代祖白澄。白澄续修后，历经二百余年传至三十二代祖白介。时值1333年，元顺帝失位，改朝换代……白介抱谱本避居他乡。1368年，洪武帝定位以后……白介才能嗣先世修旧谱。白介下传四世，三十六代祖白金刚接续……当《家谱》传到四十五代祖白锦手里，谱本溃烂……白锦日以继夜，废寝忘食，奋笔续修，终于使谱本完美。同治九年（1870）四十六代祖白嵩万、光绪二十九年（1903）四十六代祖白九皋亦后续修。"

谱载《白居易传》，节选自《旧唐书》，记载了白居易的生籍、字号、科第、功名、事迹、仕途等，十分翔实。谱载《修香山寺记》，略述白居易谈修香山寺之必要。谱载1989年白振修撰《重修白园记》，略述修白园之经过，景观设施有白园门、白池、乐天堂、野草亭、松风亭、乌头门，《醉吟先生传》自然石、诗廊、道时书屋等。

该谱谱载内容较多，有白氏先人年事实录、白居易后裔谱系，谱系含世代、字号、住址变迁、子女概况，少数有茔墓之地点以及小传，甚为翔实。

修香山寺记

洛都四野，山水之胜，龙门首焉。龙门十寺，观游之胜，香山首焉。香山之坏久矣，楼亭骞崩，佛僧暴露。士君子惜之，予亦惜之。佛弟子耻之，予亦耻之。顷予为庶子宾客分司东都，时性好闲游，灵迹胜概，靡不周览。每至兹寺，慨然有葺完之愿焉。迨今七八年，幸为山水主，是偿初心复始愿之秋也。似有缘会，果成就之。噫！予早与故元相国微之定交于生死之间，冥心于因果之际。去年秋，微之将薨，以墓志文见托，既而元氏之老状其臧获舆马绫帛洎银鞍玉带之物，价当六七十万，为谢文之赞，来致于予。予念平生分，文不当辞，赞不当纳。自秦抵洛，往返再三，讫不得已，回施兹寺。因请悲知僧清闲主张之，命谨干将士复掌治之。始自寺前亭一所，登寺桥一所，连桥廊七间，次至石楼一所，连廊六间，次东佛龛大屋十一间，次南宾院堂一所，大小屋共七间。凡支坏补缺，垒隋覆漏，杇墁之功必精，赭垩之饰必良；虽一日必葺，越三月而就。譬如长者坏宅，郁为导师化城。于是龛像无燥湿陵沴之危，寺僧有经行宴坐之安，游者得息肩，观者得寓目。关塞之气色，龙潭之景象，香山之泉石，石楼之风月，与往来者耳目，一时而新。士君子佛弟子，豁然如释憾刷耻之为。清闲上人与予及微之，皆夙旧也，交情愿力，尽得知之。憾往念来。欢且赞曰："凡此利益，皆名功德；而是功德，应归微之。必有以灭宿殃荐冥福也。"予应曰："呜呼！乘此功德，安知他劫不与微之结后缘于兹土乎？因此行愿，安知他生不与微之复同游于兹寺乎？"言及于斯，涟而涕下！唐大和六年八月一日，河南尹太原白居易记。

五 《洛阳徐家营崔氏族谱》

图 8-5 《洛阳徐家营崔氏族谱》封面

《洛阳徐家营崔氏族谱》八章，保存地点为洛阳郊区西南徐家营，撰修人（主修人）为崔聚成，修撰时间为 1995 年，属于铅印本（豫洛新准字 95107，内部发行），保存完整清晰。始祖是徐懋功（唐朝）。始迁祖不详。

谱前三序：一为民国丁亥年（1947）由振岗、成德主持并编纂族谱时所作《崔氏族谱序》，略述其源流。迁徐家营村以来约始祖四世祖名讳，始迁地与始迁时并六世祖以上，名讳、字辈皆不可考。"六世祖以尚字为派，七世祖怀字为派，八世祖文字为派，九世祖天字为派，十世祖平字为派，十一世祖振字为派，十二世祖成字为派。成字以下派乱而世不紊。"因灾荒战乱，家乘失传无法考证。《崔氏族谱序》曰："岗、德欲承先祖，志修家乘，因究始祖迁居之由。惜无谱可考，无人能传。盖不知岗、德族从何地、何时迁居洛西南徐家营村。"二为1958年5月《崔氏家谱宗志》，讲述本族谱在崔氏家族中的作用，世系、事迹在族谱中的顺序，以及支援国家建设迁移祖坟和考究族谱之志。三为1995年秋《重修族谱序》，把南北两家家谱合而为一，遵照"忠、孝、声、宏、生、瑞、祥，芝、兰、桂、树、花、枝、长，诗、书、道、德、儒、林、秀，宝、殿、良、臣、名、巨、扬"等28个字为后续字辈。另外此次编写的《族谱》，改变了古代"女子不入谱"的陈规陋俗，从第十五世开始，把女儿也记入谱内，体现了男女平等、女儿也可以继承父业的新风尚。

该谱较为详细地记载了崔姓溯源、徐家营概况、族训、族诫等。从五世祖始，分支、世代、姓名、子女概况（只列姓名）较为翔实，人物事迹少而简单。

崔氏为唐朝时期洛阳望族。《崔姓源流》曰："到唐朝时期更是极为显赫，共有崔胤等崔氏宰相23人，故有崔姓为'宰相之姓'的说法。"在历史上扬名显赫的崔姓杰出人士，几乎都是出身于武城、安平两地，如东汉文学家和书法家崔瑗，北魏史学家崔鸿、大臣崔宏、宣武帝时任洛阳知县崔纂、孝明帝时任洛阳知县崔庠等。

六　《洛阳蒙古族李氏家谱》

《洛阳蒙古族李氏家谱》不分卷，保存地点在洛阳，撰修人（主修人）是李佑勋，修撰时间是2005年4月，属于排印本（内部出版物），保存完整清晰。始祖是孔温窟哇，始迁祖是李可用，于明朝洪武年间（1368～1398），由江苏松江（今属上海市）迁居洛城南关，后又迁至洛阳城北邙山上的李家营村。

图 8-6 《洛阳蒙古族李氏家谱》封面

　　该谱无序，谱前数语，略述源流，云："洛阳蒙族李氏，起始于改姓的札剌尔氏第八代李可用。李可用为洛阳蒙族李氏祖，来自江苏松江（今属上海市，唐代为华亭县，元代设为华亭府）。来洛时间为明朝洪武年间，约在公元十四世纪六十年代末。至今，蒙裔李氏家族已在洛阳生息六百三十多年。经历了明代、清代、中华民国、中华人民共和国四个历史时期，子孙已衍至三十代（改姓李后二十三代）。人口五千之众，分居十多个村落。"

　　该谱对家族分布所述甚为详细，并附有图示，且对家族习俗、家族经济文化状况、优秀族人生平事略、家族宗系、宗谱、李氏家族大系、脉系分支与人口状况等都有翔实记载，是研究家谱的宝贵材料。在李氏家族分布各村中，每村都有宗系、宗谱、村子简介、谱序等，十分珍贵。例如 2005 年元月二十六世孙李振邦撰《军帐村续修李氏家谱序》，略述源流，云："我军帐村一支是二十一世法柴公由李家营迁来，为军帐祖。法柴公与李家营村永新、永和、永安系一支。法柴公携二子克明、文明迁居军帐村，开染坊起家。置地百五十亩，分给三子金镒、金铺、金山营耕，至今村人仍叫我李氏居住区为'染坊'……军帐村李氏族人，自二十一世法柴公发展至今二十八世，均居军帐村。"谱中另附有民国二十三年《李氏家谱》之全文影印本，亦极具史料价值。

该谱载现代优秀族人生平事略中以李準最为著名。李準，著名作家，原名李铁生，1928年5月17日出生，著有小说《不能走那条路》《李双双小传》等，改编的《高山下的花环》获电影百花奖三项大奖和金鸡奖五项大奖，《黄河东流去》获第二届矛盾文学奖，是原中国文联副主席、全国政协委员、中国现代文学馆馆长，2000年2月2日病故。他1997年被聘为原洛阳大学（现洛阳理工学院）名誉校长，半身铜像于2003年4月在原洛阳大学落成，同时在原洛阳大学图书馆（现洛阳理工学院图书馆）建设开放有李準先生纪念室。

七 《河阳党氏族谱》

图8-7 《河阳党氏族谱》封面

《河阳党氏族谱》五卷，存于洛阳市吉利区。左开右翻，黄色封面，每卷封面左上竖写谱名，正上边印洪洞古大槐树图。装帧良好，文字清晰完整，本谱于道光二十二年（1842）冬创修，2006年第六次重修。始祖党士真，源出陕西冯翊（今大荔县），大明洪武四年（1371）由山西洪洞大槐树（处）奉诏迁徙河阳梧桐，其后裔遍四海，繁衍布九州。

谱前五序：一为道光壬寅十六世孙党峰青作《创修河阳党氏族谱序》，云睦族之道，莫要于作谱。谱也者，所以联亲疏一体之情也。吾族进出之后，世系未可考稽。详查碑记，始祖于明初由洪洞徙居河阳，故为河阳党氏。夫远而无稽者，未敢忘续；近而有据者，在所必详。乾隆丁酉年，创先祠，修神主，使支派不紊，尊卑有序，其亦睦族之意云尔。迄今六十余年，子复生子，孙复生孙，支派丁口日益繁众，倘不急为补续，彼散居者将不识，即聚处者亦莫辨，安望休戚相关，患难相恤，疾病死丧相扶持也哉？是同宗也，而以路人矣。于是族党中，齿高年长，群相计议，创修族谱。凡居在孟者，大小丁名抄登谱内；散居远方势难考察者，亦于始迁名下注明，移居处支派昭然，尊卑秩然。俾后之子孙披卷绎思，咸知远近亲疏，一脉相承。其有不敦睦族情者几何？自此以往，休戚在所必关，患难在所必恤，疾病死丧在所必扶持。庶可免同宗路人之虑也。是以为序。

二序未署名，作序时间当为1963年，序中提到续谱总旨及查、找、访、对四字方针。总旨是：外迁之始人名、世系、时间、地址和老谱批注相符者，其后裔尽管各处用字不一，但世系不乱者，均可入谱。从续谱之日起，青少年和后生者，今后一律按宗派起名用字，否则不准入谱。招婿养老的外姓人，必须改为党姓，纳入宗源起名用字，否则只能作为女性的配偶人写于谱。继子应为党姓，按世系起名。续谱四字方针：查，老谱外迁人姓名、地址；找，老文约分单、历史碑记、老房锹杆的名字；访，老年人历史口传；对，到外地访问，对照核实。

三为党长忠、党可敏、党步云三人于1989年所书《古河阳梧桐党氏五次重修族谱序》，略述族谱修撰历史及当下需坚持的良好风气，云："吾列祖列宗们曾于乾隆丁酉四十二年至道光壬寅三年和民国己未八年，三次创修家谱，拟定世系用字，供后人所依……重修族谱，须坚持：一、倡导文明道德。对父母生养死葬，义不容辞。敬师长、爱幼小，增强团结。耕者勤劳，学者发奋，商宜商德，工宜守职，遵纪守法。二、废旧制，立新风，男女平等。有女招婿抑或螟蛉之子继业，只要入党姓，遵从世系者，皆可入谱。若虽为党姓，但不遵从世系者，不得入谱。三、同舟共济，和睦相处。只理顺亲疏关系，不搞宗派纠纷。男孩入谱应在六岁以上，女孩继业者，须在十八岁或已婚方可入谱。"

四为《古河阳梧桐党氏五次重修插序》，未署名。

五为《河阳党氏族谱》第六次重修序，序中对今后家族再修谱，提出要注意以下三点：一、济源西水屯党姓，系吾五世祖党和后裔，其所持家谱前言里载有"孟邑梧桐村立有始祖家庙"云云。此次续谱奈无牵头之人，若以后其后世子孙要求认祖归宗，应予以承认。以后若发现其他地方吾族后裔或来查找要求认祖归宗者，也应承认按序入谱。二、再次重申，以后凡我族后裔入谱，必须按世系规定用字起名，不得乱用他字。三、以后族谱每四世一续，五世绘为一图，不得紊乱。

该谱卷一含谱序，族规，五世仁、伦支世系图，七世守习、守相支世系图；卷二含七世守节、守邦支世系图，十世养性，十三世世生；卷三含七世守完支世系图，五世傅、栋支世系图，五世党和支世系图，四世文孝、文弟支世系图，五世湖支世系图；卷四含五世仁、伦支世系图，七世守习、守相、守节世系图，武陟南古村世系图，七世守邦支世系图，第六次修谱序言、六十世系宗派，外迁支住地等；卷五含外迁支世系图、党氏名人录、祭祀礼赞词、祭礼单、家庙匾牌。

谱世系图对个人事迹只有极少记载，但辈次分明。传记艺文中记载了"黄河大王"的故事，清十四世祖党柱任河南巡抚，某年黄河泛滥，清廷派刘统勋和党柱督治。党柱献身抛头，跳入水中，水患即止。皇上闻讯，下旨制作金头，葬在其故乡潭头村前；加封党柱为"黄河大王"。民众在孟州东曹坡建大王庙，塑像前写"党将军"，后写党柱事迹。黄河沿岸百姓及船夫每年九月十七日为党柱焚香祭奠。

八 《圣帝后裔·洛阳关氏历代图谱总谱》

《圣帝后裔·洛阳关氏历代图谱总谱》一卷，保存在洛阳市洛龙区关林镇。成谱时间为1995年，复印件，黄色封面，竖印谱名，左开右翻，竖版排列，品相完好。洛阳关氏家族，始祖关龙逢，为夏谏大夫，关羽为其裔孙。明万历四十二年（1614）关羽一系五十二代嫡孙关世科奉旨从解州（今运城市北相镇西古村）迁洛守陵，至今子孙繁衍四千多人，遍布河南八个县区（他省少数未计），分居十三处之多。

图 8-8 《圣帝后裔·洛阳关氏历代图谱总谱》封面

谱前三序：一为顺治十年（1653）所作《洛阳关林图谱序》，详述关氏一族渊源及圣帝历代封号，云："从古名公巨卿，各有家谱，以世其传，凡以明源流，别宗派，亲亲不紊，尊祖敬宗之意也。我关氏一族，自夏代相传以来，世远代隔，迄今三千余年。其宗派源流，不能相贯接者多矣，凤每一念及，不禁附膺而叹惜也。当有明万历甲寅年，先祖关世科迁洛守陵时，曾带旧有家谱。其间备载本宗始末最详。后遭流寇兵火之变，原谱残缺失次者颇多。凤谨因其所仅存与其所习闻于祖父而重订之。虽远代不能详志，而近代乃约略可考云……明一祖，讳忠仁，播之后也，系圣帝五十一代嫡孙。其子世科，于万历甲寅年敕奉圣帝时，奉旨从解迁洛守陵。此吾宗支派人之始也。本族异派即前人不能详载，惟录其显著与英俊者而附之，谨不没其渊源之。自后将入洛宗支，详书于后，以为永传云。"

二为1954年关锦富等所撰《关氏重修族谱序》，云："夫谱者，原以固宗盟，联同姓，承先待后，使子孙绵延于无穷也。吾关氏从迁洛守陵后，年代久远，支派渐繁，他乡寓居，睽违遥隔，又加之世殊事异，时代变更，博士废去，原谱无存。每念异地情疏，派分恩离，现有益散而不可稽者，岂为患非浅矣。则谱之重修，前人之志而未逮也。今锦富等承先人之志，跋涉南北，联系同宗，旧所闻知，详加谛审，编修合纂，缵续刊印。其如祖宗一视同恩，植本培源之意，何用不敢忘先人之事，而欲述前人之志哉。是为之序。"

三为1995年关振中等所撰《洛阳关氏家谱重修序》，云："洛阳关氏之族，由五十二代世科祖，于明万历四十二年（1614）岁次甲寅，奉旨从解州（今运城市北相镇西古村）迁洛守陵以来，于今三百八十余载，世传一十五代，子孙繁衍四千多人，遍布河南八个县区（他省少数未计），分居十三处之多。历代先祖曾多次修订家谱，由于时代变更，加之兵凶水旱，世殊事异，在谱者仅有六处，尚有七处仍未续入，下代子孙谱上无名。同是祖先后代，年年祭祀祖宗，而未能同乘祖荫。每一念及，深为叹惜，振中等承先人之志，连络四方同宗，依据原谱记载，详查校核，综合续修刊印，是为序。"

本谱内含圣帝历代封号、祭祀日、序言、续谱人员、关羽传、敕封官爵、关公谱牒、圣迹、对联、后裔居址及坟茔地、家谱重修及史考、世系图谱、传记艺文等。《辞曹操书》、《三国志·关羽传》、康熙五年（1666）董笃行（即洛阳董老官）撰《关圣帝君行实封号碑记》，万历帝、乾隆帝、于右任等撰写的对联等均收录在谱，甚为翔实。

九　《周氏宗谱》

图8-9　《周氏宗谱》封面

《周氏宗谱》不分卷，保存地点为洛阳田村，不题撰人，为油印本。清光绪卅三年（1907）续，2000年重续。始祖、始迁祖均为周部，明朝初期由山西蒲州府荣河县柏坡迁至洛阳东南伊水北东西田村。

谱前六序：一为光绪三十二年（1906）十八世孙周光熙撰《周氏族谱序》，用8句32字来略述族人字派几世几代。二为光绪三十四年（1908）十八世孙周光熙撰《周氏族谱序》，略述续谱经过，以及修谱之艰难。三为2000年二十二世孙周长河撰《重修东田村周氏宗谱序》，又略述家谱仅存一本，一旦不慎遗失，或者损坏，全族无据可考，百年后无面见西峰公于九泉，所以要重修周氏宗谱。四为2000年《续东村周氏族谱序》，略述源流，云："始祖部自明初由山西蒲州府荣河县柏坡迁洛阳东南伊水北东西田村，距今已六百余年矣，相传十二世祖西白公因避荒年迁居伊南新庄，乾隆十九年（1754）西田村十三世祖瑞图公迁往洛北象庄。散居伊洛南北的周氏苗裔俱已兴旺发达，枝荣叶茂。据族谱序载，传说始祖自荣河县带来家谱失于叶县，现存族谱分西村谱和东村谱两本，溯其源皆出自始祖部一人，实乃一分为二，合而一者是也。西村谱乃十五世祖三元公遵祖考瑞图公之遗志，于嘉庆元年（1796）所创；东村谱乃十八世光熙公应十七世涧源公等族众之邀，于光绪三十三年所创。"五为《续东村周氏族谱序》，略述族人慷慨解囊，印家谱170余本，分户志存。六为2000年十九世孙周体学与周同科共撰《再序》，分别赋诗一首，赞扬周氏宗族的繁荣昌盛和遥想当年始祖创业之维艰。

谱载十五世孙周三元撰《周氏祖源》，云："周氏出于姬水，而蔓延天下，由元圣营洛邑为东都，其支派苗裔，散居于洛者甚多，元圣次子伯羽袭周公爵以周为氏，为成王康王宰益，公传十五世，辞职为散官……到汉绛侯周勃，洛之有周氏宜于是焉。"

该谱谱前有总序、周氏祖源世系图，谱后有记，甚为翔实。该谱分为耕公一门谱、读公一门谱、讲公一门谱、训公一门谱、钟豪公一门谱、钟秀公一门谱、钟灵公一门谱、邦禹公一门谱等续修，十分详细。

十 《黄氏家传》

图 8-10 《黄氏家传》封面

《黄氏家传》二卷，保存地点在洛阳龙虎滩，修谱人为黄全来等，修撰于 2001 年，为排印本，该谱保存完整清晰。始祖、始迁祖为黄敬先，名茂如。原籍顺天府宛平，住西城鸣玉坊（后改锦石坊），自元末迁至河南洛阳龙虎滩。

谱前四序：一为 1903 年张令璜撰《族谱原序》，略述黄氏由来，云："洛阳中州黄氏，其先人陆终之后受封于黄，因以为氏。黄氏由来久矣，系本江夏，胡为至于洛，或者谓黄霸治洛，而其后皆为霸之苗裔欤。……至敬先公迁洛，又云来自元末。"二为明嘉靖戊申（1548）张佑撰《支谱原序》，云："予岳翁广公龙潭洛阳巨族，颛顼元裔，秉山川之秀……此公家乘之作所由殷也，第公祖籍洛邑，时代久远。"三为民国年间李肯堂撰《续修族谱序》，又云："黄氏在明代为吾洛望族，国戚列爵世代簪缨，无替何难足取，古来贤而有位者，冠为始祖以夸耀，当世而为宗祖光荣，乃奕周公所创旧谱，则道源于敬先公。盖本系以近而明亲，亲之至也，今世士大夫喜称大家，谓其世远族蕃且贵也。"四为民国年间二十世孙黄耀坤撰《续修家谱序》，略述源流，云："颛顼帝裔陆终之后，封于黄，周襄王四年（公元前 648 年）癸酉为楚所并。子姓遂散处江黄间……洪武金陵定鼎，吾始祖敬先公，由宛平居洛，琐尾流离……名字莫传……明季有自京师来归者……龙潭公嗣居京，其留洛一支，四传至引吉、辉吉。迁洛城芦氏龙虎岗，黄氏龙岗公之一支也，龙崖公裔支居洛之崖望午桥、嵩之田湖岱村、明白川等处，龙滨公夭无嗣，龙虎滩族太半为龙津公后，其他若山岭头梁村等族父老相传。"谱载《前言》云："我族自始祖茂如公，从元朝末年，由宛平迁居洛阳东龙虎滩后，又分居崖望村、潘村、方城、宜阳等地，至今已六百余年，现有人口五千余众。"

谱载先茔、《重修古刹白马禅院碑记》、《黄公广济桥碑记》、《修建洛阳广济桥碑记》、《重镌广济碑记》、《新建金镛镇碑记》、《重修龙王庙碑记》、《书一公家传》、《监梅公家传》、《征士监梅公传》、《跋征士监梅公逸事后》、《监梅公家传》、《明诰赠武德将军锦衣千户蒲溪公暨配郭宜人墓表》、《诰封龙潭公制》五道、《诰封龙津公制》三道、《读明史怀先司礼》、《王孺人赞并序》、《重梓农书序》、《南川湖山园亭记》、《望嵩阁记》、《雪香庐》、《南湖岭》五首、《南川述怀》三首、《小李屯黄氏始祖碑文》等，甚为翔实。

谱载世系，从一世至三十世，含崖望村、大郎庙、小李屯、潘村、方城、潘寨及世代、姓名、字、号、配氏、子女概况、女出嫁处，有些后附有小传等，甚为翔实。

第二节 周边县区家谱举例

一 《孟津王氏家谱》

《孟津王氏家谱》不分卷，保存地点在孟津，不题撰修人，修纂时间为清乾隆四十年（1775），手抄本，保存完整。始祖是王成，始迁祖是王成，于明洪武十年（1377）自山西洪洞县迁居河南巩县，后移居孟津。

图 8-11 《孟津王氏家谱》封面

谱前一序，为清乾隆四十二年（1777）十三世孙王晋览撰《序》，略述其源流，云："吾家太原人也，明太祖高皇帝洪武十年，先祖成者，始自山西太原洪洞县迁居河南巩县之双槐树后，又自巩县迁孟津之双槐树家焉，先代不详，遂以成为始祖，云'成生大'。"

谱载王铎小传，云："王铎，字觉斯，号痴疮，天启辛酉举人，壬戌进士，钦典翰林院□吉士……户部尚书，武英殿大学士，礼部尚书，赠太傅，谥文安公，崇祀乡贤祀妻马代为一品夫人，石氏赠夫人子四……"谱载《王氏大传》附其后。

谱载坟茔图、路线路，世系载有姓名、字、号、迁徙地、官位、子况等，甚为翔实，有些带有小传、妻氏等。

二 《乔氏族谱》

《乔氏族谱》不分卷，保存地点在孟津孟鹿山，撰修人是乔允升，修撰时间为清道光十七年（1837），属于手抄本，保存完整清晰。始祖是乔敏，始迁祖是乔敏，于明洪武年间由山西洪洞迁至河南洛阳城外铜驼巷之东。

谱前三序：一为十八世孙乔清华撰《纂续乔氏族谱赞序》，略述修谱的必要性，以及对族众的意义。二为清顺治六年（1649）七世孙乔允

图 8-12 《乔氏族谱》封面

元撰《重修乔氏家谱序》，略述源流，云："吾乔氏，晋洪洞人也，于洪武初定时，族众迁徙河南避乱，有在河北孟县等处居者，有在河南洛、偃、巩、嵩等处居者，我太始祖遂安居于洛阳城外铜驼巷之东，即为东关四里二甲人也，但名讳失传，无所考征。我始祖讳敏，祖母卜氏，此吾家根本所系也，我始祖生我高祖三人，长高祖讳方，娶高祖母刘氏；次高祖讳良，货殖于巩，遂居巩邑青泥镇，耕读相传，家道丰盈无歉，子孙繁衍，递庠宦林多人；三高祖讳聚，生我堂曾祖讳铎之嗣，我高祖讳方，生我曾祖五人，长次。三四堂，曾祖名讳……五门即吾曾祖也，讳洪。"三为清道光十七年（1837）十六世孙乔儒官撰《补续族录序》，又云："元末，自洪洞，明初洪武二年，迁至孟津柿林居住十世，十一世祖支迁富庄，一支迁乔沟，一支迁乔庄，迄今数百余年矣。"又略述乔氏家族家谱概况、修谱之意义等。

谱载《拟救荒策》《乔集凤先生纪念碑序》等甚为翔实，世系列有世代、姓名、字、号、婚配、子况、坟茔等，甚为翔实。

三 《薛氏族谱》

《薛氏族谱》不分卷，保存地点在孟津河阳，不题撰修人，修撰时间为清光绪三十四年（1908），属于手抄本，保存完整清晰。始祖是薛仲皋。始迁祖是薛仲皋，由山西芮城迁至河南孟津缑村。

谱前五序：一为清顺治年间九世孙薛所蕴撰《河阳薛氏族谱引》，略述源流，云："吾薛氏出奚仲之后，世系未可考，自吾始祖，由晋芮城徙居河阳间，故为河阳薛氏，余尝过姚墟，登禹庙，闻父老言，今芮河津韩城间，薛多著姓，大约龙门之裔云，然则吾族之所始者远，而兹又云始者，自家于河阳者言之尔，由始祖及吾十世，人以数百计。"二为清康熙丙辰（1676）九世孙薛所习撰《重订河阳薛氏族谱序》，略述自顺治丙戌（1646）以后三十年期间家族繁衍概况。三为清嘉庆四年（1799）十二世孙薛清一撰《补续河阳薛氏族谱序》，略述创修家谱之概况，云："顺治丙戌年，伯曾祖宗伯公，作河阳薛氏族谱，越三十年，丙辰，叔曾祖，南康公复订之，补附以诰命、俎豆重辉录及传、表、志、铭等文，其作谱复订之义，已详前序。"四为清咸丰八年（1858）十五世孙薛汝辑撰《四次续修河阳薛氏族谱序》，又略述近年修谱之概况。五为清光绪三十四年（1908）十七世孙薛鸿钧撰《五续河阳薛氏族谱序》，又云："吾薛氏之有谱，宗伯公创于前，南康公、笠如公、亦济公迭订续于后，推其创之、订之、续之之意。"

谱载《御旨诰封》（奉天承运）、《薛平山公传》（孟津王铎、礼部尚书）、《薛小山先生传》（安丘刘正宗、礼部侍郎）、《俎豆重辉录》、《跋》、《始祖墓表略》、《薛平山公杨孺人墓表》（四川胡世安、兵部尚书）、《薛小山公宋太夫人墓表》（阳城白胤谦、刑部尚书）、《薛公养真墓志铭》（刑部尚书卫周祚撰、白胤谦书、工部侍郎傅景星篆额）、《薛公养真及夫人合葬墓志铭》、《薛公所蕴墓志铭》（刑部尚书白胤谦撰、布政使张永祺篆额）、《祭资政大夫河阳薛行屋年伯馆师文》（耿介）、《祭河阳资政大夫薛世兄行屋先生文》（孙奇逢）等甚为翔实，具有重要史料价值。

谱载世系、始祖至二十五世，含世代、姓名、字号、官位、婚配、子况、播迁，少数含小传等，甚为翔实。

该族九世薛所蕴，清初任礼部左侍郎兼内翰林弘文院学士，为清初中州著名诗人。

四 《郭氏家谱》

图 8-13 《郭氏家谱》封面

《郭氏家谱》十卷，保存地点在孟津平乐，撰修人不详，修撰时间为民国九年（1920），属于油印本，保存完整清晰。始祖是郭子仪，始迁祖是郭从道，由山西平阳府洪洞县迁至河南洛阳县平落二里六甲，即平乐村。

谱前八序：一为清顺治三年（1646）十一世孙郭永祥撰《郭氏家谱序》，略述其源流，云："郭氏始祖讳从道，原籍山西平阳府洪洞县人，因红巾作乱避居于此，此村旧为张家石家庄，始祖迁来择居于此，入洛阳县平落二里六甲，明时上志书改为平乐村。"二为《郭氏家谱序》，云："同姓之亲，族大蕃衍，传数十代数百代，以及于无穷者，亲以其有源也。"三为1740年2月十三世孙郭拔奇撰《郭氏家谱序》，略述该谱之意义，云："后人凡有序家谱者……一则家不失传，二则子孙起名而无犯，三则长幼尊卑之间称呼不紊乱矣。"四为1771年十四世孙郭岱撰《郭氏家谱序》。五为1820年十六世孙郭澄清撰《重修家谱序》，载郭氏先祖本为二虢，二虢本姬姓，受封之后衍而为氏。洪武二年由山西洪洞迁洛占借平乐园。六为1920年十九世孙郭相臣撰《郭氏家谱序》，略述敬宗念德，缅怀先祖，郭氏在清末民初，郭氏十八代阶平、应珍等诸公之间，郭氏文风最盛时代，扬声显名。七为民国九年（1920）二十世孙郭彰信撰《郭氏家谱序》，略述宗族之蕃衍，由晋而豫，历明至清、民国共五百余年，支派蕃衍甲第连绵。八为民国九年（1920）二十世孙郭芳兰撰《郭氏家谱序》，略述本族世系的发展及记录顺序。

该谱谱前有《宗祠》《祖茔》《碑文》《郭氏家传小引》《始祖传》等，甚为详细，且《始祖传》又详细记载了二代祖传、四代祖传、六代仲祖门、八代祖传、六代仲祖门、九代镛祖门等，其中涉及九代三门的情况又是叙述之重点。

平乐郭氏为明清河洛望族。十九代孙郭相臣所撰《郭氏家谱序》云："（郭氏）明清两代宦迹累称，披阅老谱，彰彰可鉴，若夫科第连绵，文风大起，由六代而七八九以至十一代之间，乃吾族文风发轫始期，自十二代景昌景远十三代一鹗一鸥，十四代岐镇越镇，十五代世奇凤祥，十六代擢揆，十七代绥繁，十八代阶平应珍等诸公之间，诚吾族文风最盛时代。"谱中《郭氏家传》录有其先祖珍贵史料。又郭氏亦为河洛医学世家，平乐正骨尤为驰名，家传亦载有部分重要资料。

五　《河阳薛氏族谱》

图 8-14　《河阳薛氏族谱》封面

《河阳薛氏族谱》不分卷，保存地点在孟津，不题撰修人，修撰时间为1987年，属于铅印本，保存完整清晰。始祖是薛仲皋，始迁祖是薛仲皋，于明洪武十八年（1385）由山西芮城迁至河南河阳（今孟津）。

谱前六序：一为清顺治丙戌年（1646）九世孙薛蕴撰《河阳薛氏族谱引》，略述源流，云："自吾始祖由晋芮城徙居河阳，故为河阳薛氏，余常过姚墟，登禹庙，闻父老言今芮、河津、韩城间，薛多著姓，大约龙门之裔云。然则吾族之所始者远。而兹又云始者，自家于河阳者言之尔，由始祖及吾十世，人以数百计。"二为清康熙丙辰（1676）九世孙薛习撰《重订河阳薛氏族谱序》，略述自顺治丙戌后三十余年族众变化和当今修谱之必要。三为清嘉庆四年（1799）十二世孙薛清一撰《补续河阳薛氏族谱序》，略述修谱之过程，云："顺治丙戌年，一伯曾祖宗伯公作《河阳薛氏族谱》。越三十年，丙辰，叔曾祖、南康公复订之，补附以诰命重辉录及传表、墓志等文，其作谱复订之意，已详前序，毋庸赘一辞，兹复言补续，何所以补续，夫前谱各支派之后裔也……于聚处在孟者，大小丁名抄登谱内，于散居远方势难查考者，亦于始迁名下注明移居处所，不敢疏漏。"四为清咸丰八年（1858）十五世孙薛汝撰《四次续修河阳薛氏族谱序》，略述自南康公重订家谱之后，薛氏族人百年变迁。五为清光绪三十四年（1908）十七世孙薛鸿钧等撰《五续河阳薛氏族谱序》，略述此次修谱之经过。六为1987年后人合撰《六续河阳薛氏族谱序》，又略述源流及历代修谱经过，云："吾氏乃奚仲之后，世居晋芮城下曹庄，于明洪武十八年（1385）由始祖仲皋公徙居河阳缑村。至十世人丁繁衍数百，迁居四方渐远渐疏。吾九世祖宗伯公，高瞻远瞩，惧恐世系紊乱，以教亲为旨，于清顺治丙戌年（1646）首创吾氏族谱。自此吾氏有文史记载。历经南康公、笠如公、亦济公、仲景公及洪钧公续谱四次，始末二百六十余年，自清光绪戊申年（1903）五续迄今，屈指复八十。"

谱载始祖墓表略云："始祖讳仲皋，自晋芮城徙孟之缑村，赘于村之花氏，因家焉。闻芮有三薛，大约皆绛州龙门之裔。未审我本支所自出，相传在其地为军籍云。四子：长原，无子；二颍，生子宝，宝生子十二世矣。衣冠接武，曾玄云仍，殆数百人，蔚为吾邑鼎族。始祖之懿行失纪，不可得而考。然以孑然一身，播迁肇迹，一再传而繁衍昌大，渐至科名嗣起，冠盖蝉联，非大有隐德积厚者流光远。"

谱载《始祖墓表》、《御旨诰封》、《薛平山公传》（孟津王铎）、《薛小山先生传》（安丘刘正宗）、《重辉录》、《跋》、《崇祀乡贤客城会平山薛公杨孺人墓表》、《少傅兼太子太傅武英殿大学士兵部尚书蜀仙传》、《增资政大夫礼部左侍郎加二级兼弘文院士原武昌教谕崇祀乡贤小山薛公宋太夫人墓表》、《皇清诰封资政大夫吏部左侍郎加二级兼内翰林弘文院阶正二品养真薛公墓志铭》、《皇清诰封资政大夫礼部左侍郎加二级兼内翰林弘文院学士阶正二品养真薛公暨配赠夫人钱氏封夫人刘氏合葬墓志铭》、《清故资政大夫礼部左侍郎加二级兼内翰林弘文院学士薛先生墓志铭》、《祭资政大夫河阳薛行坞年伯馆师文》、《祭河阳资政大夫薛世兄行屋先生文》等，甚为翔实。

谱载世系、一至五世名序、五至九世名序、九至十三世名序等，世代、姓名、官位、子况、婚配、播迁、住址等，甚为翔实。

六 《王氏宗谱》（豫西太原王氏家乘）

图 8-15 《王氏宗谱》封面

《王氏宗谱》（豫西太原王氏家乘）不分卷，保存地点在孟津，撰修人是王正新，修撰时间为 1994 年 12 月，属于油印本，保存完整清晰。

始祖是叔虞，始迁祖是王大兴，于明洪武年间由山西太原蚕石村迁至豫西津邑野凹。

谱前二序：一为1994年10月十六世孙王正新撰《纂修太原王氏宗谱序》，略述源流，云："念吾先祖槐堂、庆袭、常昭三兄弟自山西太原蚕石村，于明太祖朱元璋在应天洪武龙飞建业，庆袭明初定居汾东柳林，常昭明初定居大河以北新乡孟庄村，后又不知徙移何处，唯槐堂明1369年定于豫西巩邑黑石关一带，后至洪武九年转移津邑，天生神物、文明肇开的供奉伏羲氏的负图寺东八里许的野鸡凹，同有传的二十四孝子……从南京乌衣巷传到五十三代孙八门，以十八公为记的三公之子长茂、次式、三九同在一起，尔后称双槐，延衍生息，至今已有626年历史，后又转移南株村，后称铁谢村。"二为《西岭王庄村家谱序》，略述源流，云："我先祖于明末刘冠并乱，迁离铁谢，初世系落架沟黄栋树坟茔之敬讳三重、三魁兄弟。"1994年12月十六世孙王正新撰《王氏世族溯源》，略述王姓的来源及分布，云："王姓来源复杂，分布较广……一是出于妫姓，一支为帝禹舜之后裔；一支出于商朝王子比干之后；一支出于周文王第十五子毕公商之后。一支是历史上的外族姓氏；一支出于赐姓；一支出于冒姓；另一支是王子之子孙多号王氏，常此为姓……稽我'太原王氏'，系唐始封地叔虞之后裔，因多号王也，常此为姓。世族久居太原郡故称'太原王'也。"

该谱有宗约、家训、部分世袭庙墓碑铭、人物传略等，甚为翔实。例如在《太原王氏宗祖世袭家庙墓志碑铭》中，有《孟津县会盟镇（老城）王太保文安之家庙碑铭》《十一世朝凤墓志》《十一世鸣凤墓志》《十二世贯一墓志》《十三世福来之墓志》《十三世学宝墓志铭》《十三世学举之墓铭》《十三世祖学重墓铭》《十四世祖王辉墓铭》《十四世铣公墓铭》《十五世祖文治墓铭》《十五世祖万青墓铭》《十五世祖万平墓铭》等。

孟津王氏为明清河洛地区著名文化世家。代表人物有王介、王铎、王天党等。谱载人物传略登记表，介绍王氏名人有王稚鼎、王几乾、王铎等。例如《王几乾传略》："几乾，儒生，公封南京户部郎中，又以曾孙铎贵，增太子少保，文渊阁大学士，户部尚书。又赠持晋柱国光禄大夫少傅，兼太子太傅武殿大学士、户部尚书。生子化、价、作。继室梅氏封太宜人，又赠一品夫人，生子：修、信、僖、仪。"又如《王铎传略》："王铎（1592～1652），字觉斯，号痴庵，谥号文安，老城人，明天启二年（1622）进士，明时历任翰林院庶吉士、编修、少詹事，东官侍班，礼部尚书，南明弘光元年（1644）授殿试读卷官，六年（1649）降为礼部右侍郎。明清均加授太子少保，少傅衔。"他博学好古，精史学，尤善书画，名重当代，其书宗二王（晋王羲之、王献之），造诣很深，真、草、隶、篆，诸体皆能，尤以行草为优，传世作品甚多，有神笔王铎的美誉。其书结体险峻，磅礴惊人，运笔酣畅沉稳，韵味隽永，达到点、撇、横、竖精巧神奇开合纵横、风采动人的艺术境界，一振明代书坛多柔媚少刚健的萎靡风气，为书法艺术的发展作出了重要贡献。清王日霁《拟山园帖考证》称："王铎其字以力为主，淋漓满志，所谓解章者是也，北京西秦五省，凡学书者，以为宗主。"

七　《孙氏家谱》

图 8-16　《孙氏家谱》封面

《孙氏家谱》不分卷，保存地点在孟津孙家村，撰修人是孙宗应，修撰时间为 1995 年，属于油印本。始祖是孙敬，始迁祖也是孙敬，于明洪武年间由山西榆次县迁至洪洞大槐处，又迁至洛阳孟津孙家村。

谱前二序：一为清光绪二十一年（1895）秋十七世孙孙继先和十九世孙孙宗棠合撰《孙氏家谱序》，略述续谱经历，以及当前谱状。二为清嘉庆十八年（1813）春十三世孙孙振朝撰《孙氏世谱》旧序，云："卜居洛邑，当年之谱牒，详明完备，想亦理所应然。无如世远年湮，春秋代谢，经流播之屡易，历兵燹之频仍，前谱因以失传，后修嗟其无自己矣。"略述源流，云："孙氏先祖讳敬公兄弟三人，公居长，次忠，三劝。明初洪武年间，由山西榆次县徙洪洞大槐树处，转迁河洛大地，公定居洛阳城东十五里积涧镇（唐初至明初七百五十余年古镇），村名后演变为孙家村，至今已六百一十年左右，这期间我族人敬居全国各地繁衍约五千多人口。"

该谱谱前有前言，详载了自先祖以后的经历，以及祖碑记述等，谱前孙氏溯源更是特别详细记载了从炎黄二帝到现今的繁衍，并调查很多文献资料，其中不乏精华之处。

八 《韩氏宗谱》

图 8-17 《韩氏宗谱》封面

《韩氏宗谱》不分卷，保存地点在孟津，撰修人是韩震渊，修撰时间为 1999 年，属于手抄本，保存完整清晰。始祖是韩愈，始迁祖不详，于明洪武年间由山西洪洞县迁至孟津西洪水镇。

谱前六序：一为宋嘉祐七年（1062）韩琦撰《韩氏字谱原序》，略述韩氏概况。二为清嘉庆十二年（1807）二十六世孙韩玉成撰《韩氏宗谱序》，略述源流，云："余津邑韩氏，魏公之裔，洪洞人也，明洪武时迁邑西洪水镇，四百有余岁矣……从怀璋公家中得魏公世系原考，洪洞世系宗图，始知余族韩氏魏唐叔虞之裔，以国为氏者……魏公之先，有司徒南阳恭候者，子孙历仕晋宋二代、北齐、周隋之间，世为刺史，居昌黎县，因称昌黎韩氏……天宝十二载，徙仓州盐山县，安史之乱，携家徙深州博野县，黜之四世孙左庶子宾，徙居真定府。宾之子鼓城令昌辞。因真定府有变，徙于赵州之赞皇县，昌辞之孙中允，燕国公构，唐末避乱，徙于相州，构生尚书令国华，国华生魏王琦，琦之勋绩载在史册，无庸具录，琦生文定公忠彦，忠彦生金紫开目浩，浩生翰林承旨性，性生中书平章泸，泸生国子祭酒永。至宋末乱，徙山西洪洞县遂家焉，永生访，访祖所生凡七世。现有宗图一幅列后备考。其余或安居故土，或迁于他乡。若祥符，若鄢陵，若长葛、密县、萧山、澄城、咸宁以及洛阳、新安，皆云洪洞籍，第支分派别，各卜一方，难以备续，惟我津邑洪水韩氏，凡二派，居南街者为南韩，居北街者为北韩，亦知晋之阮氏，区分南北，要之溯流穷源，皆一本血脉所传也。"三为清嘉庆十二年（1807）二十六代孙韩玉成撰《韩氏宗谱议例序》，略述修谱之必要。四为清道光元年（1821）二十五世孙韩允中撰《北韩宗谱序》，略述北韩氏概况，云："吾韩氏派衍昌黎、籍贯洪洞，自前明迁津西七十里之洪水村，迄今四百余载，计户一千余家，合族先茔在村西王神庙东北。本系一脉，支分二派，以街南街北称两韩焉。"五为民国二十七年（1938）二十八世孙韩秉允撰《续修韩氏宗谱序》，云："吾族韩氏自忠献升基，世居相州，勋名赫奕，载在史册。后遭乱离析，迁洪洞至十六代孙，转徙横水，明季至今，垂三四百年。"六为1999年2月三十世孙韩维合撰《续修韩氏宗谱序》，又云："琦，世居深州博野……子孙历仕晋、宋二代，北齐、北周、隋之间，世为刺史，居昌黎，因称昌黎韩氏，唐兴有太师，明休者，子混，子皋，孟弟，出仕唐司户参军，天宝十二载徙沧州盐山县，安史之乱携家徙深州博野，胎之四孙左庶子宾，徙居真定府，宾之子鼓城令昌辞，昌辞因真定府有变，徙于赵州赞皇县。"

谱载《寻根问祖韩氏渊源篇》，云："韩氏源出姬姓，系以国为氏，考其起源，支脉较多，主要有四支。其一，根在河南有二支：一是战国七雄之一韩国，公元前203年被秦灭，原韩国王族以国名韩为姓氏。二是少数民族三字姓改为韩姓。其二，韩姓望族出颍川、南阳二郡望。其三，据《古今姓氏书辨证》载，韩王信……后因封地又迁襄城，王莽乱，韩姓有一支在南阳隐避，还有迁河东、平淳、常州者，世居颍川的韩姓在唐代有迁往陇西、安定等地者。其四，子仲卿生韩愈，河南孟县韩文公家谱载'自周成王九年叔虞于唐为韩姓祖，四十六世传至我文公韩愈，世居覃怀，公二十四代嫡孙玉珍公三胞弟玉玺公迁宜阳、迁嵩县，继而发展到偃师大口韩村、武陟余会村、济源、伊川、巩县及河北昌黎、盐山、海兴等地'。"

谱载世系图、世代、姓名、字号、婚配、子况、官位、播迁等，甚为翔实。

九 《魏氏家谱》

《魏氏家谱》不分卷，保存地点在宜阳延秋，不题撰修人，修撰时间是民国二十一年（1932），属于手抄本，保存略残。始祖是魏益，居洛城内魏家街。始迁祖是魏有信，于明中期迁于洛城西南乡延秋镇。

谱前七序：一为明洪武八年（1375）魏应元撰《魏氏家乘原序》，略述修谱之必要，追祖之德行。二为明万历庚戌年（1610）魏光国撰《魏氏家乘续修序》，云："历代宗子，能体前人之心。世世贤能，各协同心之守，不至使义转为己家之产。"三为明天启元年（1621）魏有孚撰《魏氏家乘续修序》，略述自魏应元修之于前而百世之上，修谱乃家族文献。四为明万历年魏养蒙撰《魏氏家谱继修序》，略述族人概况，云："吾魏氏自毕万事晋献公，有功赐姓以来，有魏绛、魏犫、魏文侯、魏武侯，彬彬称盛，由来久矣，久则其流远。"五为明太子太保兵部侍郎魏养蒙撰《魏氏家乘续序》略述家谱自始至此续修概况。六为《魏氏家庙碑序》，云："洛阳居天下之中，产英贤之所……应元公积功累仁于前，光禄大夫有孚公重熙景治于后。"七为清光绪二十五年（1899）十八世孙魏钊撰《茔域序》，略述自始祖益之后，子孙繁衍之概况，云："洛阳城东五里堡魏公讳益，配张氏生一子，讳士廉……有孚字汝惠，号后原……嘉靖丙戌（1526）6月11日生，万历甲辰（1604）9月27日卒，享寿六十九岁。"

魏氏为明清时期洛阳望族。清嘉庆八年（1803），进士张羽撰《魏氏家谱序》，云："其家当前明时，世代簪缨，屡蒙赐诰，其功业文章，多载史册，无不昭昭可考，为河郡之巨族，洛中之大家。"其尤著者为八世祖魏养蒙，谱载其小传，云："八世，讳养蒙，号惺聚，明万历己卯科举人，丙戌科进士，知解州事，迁刑部主事，历迁湖广参议监军，又迁本省副使监军，乙酉升山西巡抚，功最多附加太子太保，改南京兵部尚书，崇祯乡贤配刘氏累封太淑人，无子取继子朴，坟在洛城东五里堡。"

谱载清道光甲午年（1834）《延秋西李河口北祖茔碑文》，云："十一世讳人俊公，前明都察院右副都御史公讳贤后裔也。祖茔在洛城东北，背邙面洛，至七世伯祖兵部侍郎讳有孚，八世伯祖兵部尚书讳养蒙公，又卜葬于古塔寺之南，七世祖讳有信，字纪原，有孚公胞弟也移居延秋门，遂家焉。及后葬于延秋镇乾方李家河口之北。"

谱载人物较多，记其婚配情况，亦多有小传，记其字号（少数记有乳名）、科第、功名、事迹，少数载有茔墓之地点及方向。

十　《凡村张氏家谱》

《凡村张氏家谱》不分卷，保存地点在宜阳凡村，撰修人是张善长、张国栋等，修撰时间为2003年，属于油印本，保存完整清晰。始祖是张昆、张季、张祥等四人。始迁祖也是张昆、张季、张祥等四人，由山西洪洞县渡河祖洛。

谱前一序，为1995年4月十八世孙张国栋撰《补续张族历代家谱序》，略述源流，云："张族之源，于大明朝洪武年间（1389）我始祖昆、季四人，由晋省洪洞县渡河抵洛……越数年，因丁多难支，无奈分崩离析，割爱四面，伯适于嵩，叔留于洛。我祖讳祥乃其仲也，由洛携其家人，偕厥弟季，迁至宜阳黄窑村。又余十年，季留于宜，我祖由宜适永，渡洛至凡村老寨，构室以处，迄今五百余年，二十多代。"并略述其播迁情况，云："目前，我张族繁衍万千，为适应生活，放开发展，除凡村、老寨、郭庄、洪岭、罗窳、山官庙、南赵村、马店有张族集居外，其他西山底、东山底、小池沟、西王村、胡坡等地皆有张族居住。有些已发展至海外，凡村张纯明及其侄应元侨居美国。应彩、应山、应末迁居台湾。"

谱载张族历代名人简录。例如张骞，陕西因县人，公元前138年和公元前119年汉武帝两次派他出使西域，开辟了一条经济文化交流的道路。张玉书，他与陈廷敬等编纂《康熙字典》。张衡，东汉南阳市人，我国古代杰出的科学家，他精通天文、历法、数学，曾制造了浑天仪，发明了勘测地震的地动仪，是世界上最早的地动仪，较欧洲早1700多年。张之万，清代大学士，癸卯年考中进士，后来官至吏部尚书，东仁阁大学士。

谱载《宜阳县黄窑村张族始迁祖讳祥墓碑》，略述源流，同时又述播迁情况。

该谱载张姓由来和堂号、张氏初源山西、太原建有祖庙、话说洪洞大槐树、凡村张族世系说明、张氏族历代名人简录（张良、张子典、张骞、张衡、张末、张若虚、张旭、张公艺、张继、张籍、张玉书、张澍、张之万、张英、张恨水等），甚为翔实。

十一 《新安吕氏宗谱》

《新安吕氏宗谱》五卷，不题撰修人，民国二十一年（1932）重修，属于木刻本，保存完整清晰。始祖是吕蒙正，始迁祖是吕俊，由洪洞县迁至新安县城。

谱前七序：一为明崇祯十五年（1642）壬午春十世孙吕兆琳撰《壬

午辑谱原序》，序载吕氏子孙要尊祖敬宗，云："故仁孝心生，仁孝心生故礼乐斯作，礼乐作故天下治。古者天子重宗，子崇厥德，使司宗事，以联踪戚，以统尊卑，以治贤愚，宗谱作亦犹行古之道也。"二为清雍正二年（1724）十二世孙吕宣曾撰《甲辰刻谱原序》，序载吕氏宗谱之意义，云："以述前人至慎也，以示后来至公也，以昭家法明守创。"三为《甲申重撰家谱原序》。四为清嘉庆元年（1796）8月十三世吕公滋撰《丙辰续宗谱原序》，序载三十年为一世宗谱，三十年一修，未修距今已三十二年，不可不修。五为清道光二十五年（1845）十五世孙吕行新撰《乙巳重续宗谱序》，略述自嘉庆以后其修谱经过与该谱的发展状况。六为清光绪十五年（1889）十七世孙吕行伟撰《己丑重修宗谱序》，略述光绪年间迁居回归情况，云："光绪丁戊两年天降奇荒，即吾吕氏一族逃亡者甚多。"后旋返者络绎不绝。七为民国二十一年（1932）十八世孙吕清撰《壬申续修宗谱序》，略述其目的，云："孝悌亲睦之道，立则家可齐，国可治，而天下可平矣。"

图 8-18　《新安吕氏宗谱》封面

该谱源流甚为简略，2003 年 10 月由吕心惠编著的《中华吕姓》（中州古籍出版社 2003 年版）十分详细地介绍了新安吕氏源流，云："始迁祖吕俊，系北宋相国吕蒙正十三世裔孙，居简之六子昌辉（又名公瑾）十二世孙俊公，于元大德初年（1297）携二子五孙由洛阳迁居新安县城。俊公生二子，长子三保有二子小泰、胜，同迁宜阳县。次子献，生三子：鉴、瑛、黑斯。黑斯生三子，培迁杞县，成迁宁陵，显迁杞县。瑛子大公迁山东莱芜。鉴公永住新安，传下后代。"

该谱谱前有跋、世系图、壬申续绘世系图等，甚为详细，并且世系图又分为总式，总式后又分四节，传世系总图，简明清晰。

十二 《新安古氏七修族谱》

图8-19 《新安古氏七修族谱》封面

《新安古氏七修族谱》八卷，保存地点在新安，撰修人是古镜谋，修撰时间为民国三十八年（1949），属于手抄本，保存完整清晰。始祖不详，始迁祖是古庑，于唐末由河东迁居河南新安。

谱前八序：一为民国三十七年（1948）三十二世孙古惟洪撰《新安兴邑古氏七修新序》，略述第七次修谱之概况。二为清宣统二年（1910）毛飞能撰《六修族谱序》，略述此次修谱之过程以及家族繁衍概况。三为清光绪二年（1876）曾焕奎撰《五修族谱序》，略述源流，云："今古氏一世祖二十五府，君籍本河东，四传而至三府，君生六子，长全交，次全规，次全则，次全望，次全让，次全赏，其裔有自古云，自江夏、自增城、自梅城、自惠州、自圳边而分衍，于江西各府州县，今所谱者，皆六公子孙也，或有谓六公子孙，其盖萃于兹乎，予曰未也，就六公子孙同出于二十五府君，而地之较近，人之较习者，相与联属之焉耳,夫谱有三十年,一修之例。"四为宋绍兴十四年(1144)十世孙古革撰《新安族谱序》,又略述源流。五为明成化十一年(1475)乡贡进士广西梧州府学训导乡生郑忠撰《梅州重修族谱序》,略述梅州古氏概况。六为明万历八年(1580)按察司副使林大春撰《程乡古氏族谱序》,略述程乡古氏概况。七为乡进士文林郎分水县知县徐铿撰《程乡古氏重修族谱序》,又云:"晋魏间,散居河洛,唐宋间,南徙于增城,寻移于梅州……晋魏徙河东,燕赵易地隆昌,传列世家,古亦自晋魏,由河东而徙者,历世久远,随地称盛,视装不多让焉。"八为清道光十八年(1838)礼部明经进士候选、儒学正堂黄著聘撰《显迳古氏族谱序》,又云:"古氏受姓自亶父始,其后如汉有道子,魏有笔公,唐有作县令,篯之奇者,世代相乘。"

大明洪武五年(1372)程乡县知县懋忠明撰《新安郡梅州古氏家乘记》,又云:"自洪州通判及虔化县令至广之信安令,见梅州山水秀丽,人物淳雅有雍容之风,遂居焉……自全望而始也,嗣后之子孙斑斑是纪,至若古鳢,字延美者。"大明洪武九年(1376)程乡县儒学训导刘德海撰《新安古氏乘记》,又略述源流,云:"古氏之先由河东官洪州通判,赣之虔化县令,至信安公授官宰广之信安县,以及讳成之任棉竹县令,传至十一世讳革,授官守康潮刺史,传学绿再思至于梅州司牧,鳢公字延美,当以宗派散逸子孙异处,恐源流之别混家庙之主……今延美自鼻祖洪州通判及信安县令,讳艇绶而达于本身。"

谱载《始祖二十五府君墓志铭赞》《七府君哀辞赞》《十九府君揖大祝挽歌序赞》《三府君辞赞》《全望公挽诗序赞》等,甚为翔实。

谱载世系、世代、姓名、字号、婚配、学历、官位、生卒、子况、播迁等,甚为翔实,为民国时期家谱之珍品。

十三 《韩氏宗谱》

《韩氏宗谱》二卷,保存地点在新安,不题撰修人,修撰时间为1995年,属于油印本,保存完整清晰。始祖是韩万,始迁祖失传(明洪武初,奉诏自洪洞迁新安居芦院里庙头村)。

谱前十一序：一为十四世孙韩称撰《韩氏源流宗序》，略述源流。二为清嘉庆三年（1798）十三世孙韩世基撰《庙头韩氏宗谱序》，略述新安庙头韩氏源流。三为清道光十六年（1836）十三世孙韩世华撰《第二次重修家谱序》，略述修谱之经过及载人之规则。四为清光绪十九年（1893）十六世孙韩瞻斗撰《第四次重修家谱序》，略家谱概况。五为民国二年（1913）十七世孙韩日彬撰《第五次重修家谱序》，又云："吾韩氏明初由洪洞迁居新安之庙头村，至六世祖兴后，始有世系支派可稽，而前五世俱失考，窃以初迁始祖及兴祖阅二百年之久，定见生齿繁衍，族姓众多岂止于兴祖一人耶。"六为民国二十五年（1936）十八世孙韩镇荆撰《第六次重修家谱序》，略述修谱概况及排行字辈。七为民国二十五年（1936）十九世孙韩泰生撰《韩氏始终源流考序》，略述新安韩氏发展进程。八为1994年十七世孙韩从新撰《第七次重修家谱序》，略述修谱经过，云："庙头韩氏自明初由山西洪洞迁此，迄今六百多年，经六次整修。"九为1994年十九世孙韩景宇撰《第七次重修家谱序》，略述支派分布概况。十为1994年十九世孙韩宝瑞撰《第七次重修家谱序》，略述此次修谱之经过。十一为1994年二十世孙韩广州撰《韩氏家谱第七次重续序》，略述韩氏在全国姓氏的概况以及韩氏家族在社会中的影响，并列举汉代开国功臣韩信和唐代文坛之首韩愈等。

该谱载《韩氏祠堂对》《一本论》《邑庠生绿溪韩公懿行序》《钦赐副魁静轩韩公墓表》《邑庠生韩公讳文毓字钟云懿行序》《清文林郎星范府君行状》《忠孝带序》《清故太学生子淑韩先生懿行序》《府君传略》，甚为翔实。

谱载世系，含字号、配偶、子女概况、小传、迁徙概况、坟茔等十分详细，该谱为韩氏珍品之列。

十四 《张氏家乘》

《张氏家乘》四卷，保存地点在洛宁金门寨，撰修人是张鼎延，修撰时间为1657年，属于手抄本，保存略有残缺。始祖是张挥，始迁祖是张仲文，于元朝末年，迁居永宁县金门川德里村。

图 8-20　《张氏家乘》封面

谱前一序言，略述源流。张氏祖籍陕西同州，元末之际，始祖仲文公避兵迁居永宁县金门川德里村。谱载人物传记。谱载皇言，略述朝廷封赠，诰封圣旨，顺治十三年特封张鼎延为通奉大夫、大理寺卿、工部左侍郎，并追封其父祖三代如其官，诰封张鼎延妻廉氏为二品诰命夫人。赠张鼎延母段氏、祖母朱氏为二品诰命夫人。谱载志述，略述《张论墓志铭》《墓表》《神道碑》《原配段氏墓志铭》等。谱载科宦，略述张氏科甲人物，其中张论祖孙三世进士，数代名宦，名垂青史。谱载多士，略述张氏家族的庠生、廪生、太学士等。谱载赠言，略述明清大臣及门生等为张鼎延晋升官职以及祝寿贺喜写的贺词序文，其中有王铎、吴伟业、傅以渐、高景、李蔚等历史名人写的文章。

该谱共四卷，谱载世系、人物小传、皇言、志述、科宦、多士、祠祀、行实、贞谊、楣越、茔兆、赠言，共由十二部分组成，甚为翔实。

十五　《程子宗谱》

《程子宗谱》二卷，保存地点在伊川，不题撰修人，修撰时间为清咸丰十年（1860），属于手抄本，保存完整清晰。始祖是黄帝，始迁祖是程颢、程颐。

谱前二序：一为清道光四年（1824）二十三世程连昌与二十五世孙程元纯共撰《重修程子伊川宗支谱序》，略述源流。二为清咸丰十年（1860）二十六世孙程汝翼撰《重纂河北西阳邑程子伊川宗支谱序》，云："我程氏宗支谱书自立图……代代不乏纂续之人……则以识水源木本之有自，一则以起春露秋霜之孝思焉。"

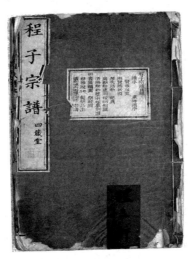

图8-21 《程子宗谱》封面

谱载朱熹撰《明道先生赞》，云："扬休山立，玉色金声，元气之会，浑然天成，瑞日祥云，和风甘雨，龙德正中，厥施斯普。"《伊川先生赞》又云："规圆矩方，绳直准平久矣，君子展也，大成布帛之文，菽粟之味，知德者，希孰识其贵。"

谱载之贤章服图、两贤燕居图、历代诰敕、嵩县敕建两程祠制图、祭器说、祀典程子伊川支谱、长门年谱、伊川支谱等，甚为翔实，实为家谱之珍品。

十六 《河南程氏正宗世系谱》

《河南程氏正宗世系谱》三卷，保存地点在洛阳伊川，撰修人是程远化、程远泰、程远池，修撰时间为1987年5月，属于油印本，保存完整清晰。始祖是黄帝，始迁祖是程羽，由陕西省醴泉县迁伊川。

图 8-22 《河南程氏正宗世系谱》封面

谱前五序：一为伊川世孙程晟撰《程氏图像统宗谱略序》，云："吾程氏之祖，世传出自黄帝……吾休父祖伯爵也，封程国之地，后以国号为姓，程国在关中。昭烈补汉志、唐宰相世系表洛阳有上程聚，古程国地。"二为明隆庆壬申岁（1572）伊川二十代孙程宗孟撰《重录河南程氏正宗世谱序》，略述先公为黄帝，三谱中间黄帝一脉分派，谱不同，中失而派不连。三为伊川二十四世孙程延祀撰《重录河南程氏正宗世谱序》，略述自尔时而推之秀公，自秀公而推之元谭，自元谭而推之黄帝，上有所统，下有所宗，且支分派别，大宗小宗较若列眉，亲疏远近，了如指掌。四为清乾隆五十七年（1792）伊川二十七世孙程圭璋、程振洛与程拟章共撰《重录河南程氏正宗世系谱序》，略述自程延祀起，已有八十余年未修家谱，祖庙倾颓，为此上承祖之命，以接先人刻谱之心，修谱而写序。五为三十世孙程步月撰《重纂河南程氏正宗世谱序》，略述以前明隆庆间宗孟公传至今的修谱经过，并指出康熙乾隆间，博士延祀、圭璋等两经修缉，均称贤孝，然其中有多讹处，正改之。

谱载《程氏世代官秩并迁目录》和《迁徙歌》，略述其播迁情况，云："周宣王大司马休父祖，始封程国之伯，以国号为氏，受封后传九世婴祖……子孙居广平……二世元谭祖，保晋帝，东晋为新安太守……景初祖，居业河南，迁河南宁陵……再传希振祖，葬其父于洛阳龙门南伊涧之西。遂居洛阳城里天门街履道坊下户……珦祖，字伯温，宋进士……封永年县开国伯，食邑七百户，赐紫金玉带，归洛阳，卒葬于龙门南伊阙西北神荫乡张刘里……宋哲宗祀建伊洛渊源祠于洛城之西关。"

该谱载康熙皇帝御书匾额、慈禧皇太后御书匾额、光绪皇帝御书匾额、羽公墓园、敕建两程子墓图、敕建嵩县两程夫子祠图、太中公像章服像图像、明道夫子燕居像章服像、程氏正宗谱系字式、历代诰敕、乾隆皇帝祭两程夫子文、程氏历代续修谱书等，甚为翔实。

谱载宋淳熙八年（1181）朱熹撰文，云："予尝仰观乾象北辰为中天之枢。而三坦九曜，旋绕归向。譬犹君之尊，而无人不拱焉。俯察地舆，昆仑为华夏之镇，而五岳八表逶迤顾盼，犹祖之亲而无人不朝焉。君亲一体，忠孝一道，忘之者谓之逆，遗之者谓之弃，慢之者谓之亵。五刑之戒，莫大于不忠。百行之首，莫先于不孝。为人臣者，当鞠躬尽瘁。为人子者，当慎终追远，不可一毫或忽也。今阅程氏谱牒，上逆姓氏之原，下迨继述之宗，明昭穆以尚祖也。系所生以尚嫡也。序长幼以尚齿也。列像赞以尚思也。非大忠大孝而能之乎？噫！世之去祖未远，而愤然无知，其愧于程氏多矣！"

十七 《范氏家谱》（伊川忠宣房系）

《范氏家谱》（伊川忠宣房系）二卷，保存地点在伊川，撰修人是范钦杰，修撰时间为 2004 年 3 月，属于排印本，保存完整清晰。始祖是黄帝（祖居帝都山西平阳府洪洞县），始迁祖是范纯仁（范仲淹之次子）忠宣房祖，纯仁之长子直方定居河南省伊川县。

谱前六序：一为宋皇祐三年（1051）正月范军仲与范仲淹共撰《续家谱序》，略述分支，云："吾祖唐相履冰之后，旧有家谱，咸通十一年庚寅，一支渡江，为处州丽水县丞，讳隋。"二为明万历二年（1574）四月十七世孙范善道撰《河南谱序》，略述范氏始于刘景之后，以及范仲淹的情况及葬地等。三为民国二十八年（1939）撰《范氏家谱序》，略述自范仲淹去世后，与其母谢太夫人敕葬于河南洛阳南四十五里万安山下。子孙居洛阳不下千人，中遭靖康之乱，子孙渡江散居各省，直至弘治年间，子孙繁盛，又累置义田等。四为 2003 年春范仲淹第二十八世孙范广济撰《伊川范氏忠宣房家谱序》，略述唐尧、杜伯、范武文、范蠡以及范仲淹等人的思想，继而繁荣了范氏精神思想，并述范氏之所以特别有凝聚力、特别有亲切感的渊源；又云："伊川吕店老庄一支范姓，系文正公嫡裔忠宣房支系，后延及下范、海神庙、李瑶、孙瑶、范村、范呼兰等数十个村庄近万人。"五为2003年春范仲淹第二十九代孙范钦杰撰《重修家谱序》，略述源流，云："范氏历史悠久，源远流长，此次续谱，总谱系从黄帝起，至东周士谷共五十八世，继从得范姓始祖士会（即东周定王十五年，晋景公八年，公元前592年）为五十九世。传至崇，字号总共一百五十世。上下五千年世系发展史基本贯通，其中范姓九十一世，历时二千五百九十五年……吾范氏世居姑苏，自文正公敕葬于洛阳之万安山，厥后子孙皆附焉，靖康之乱，裔孙大部南渡，唯吾忠宣房一支脉，仍留居于伊川，而今成为一方名门望族。溯吾直系宗祖，谱载清晰可考。房祖纯仁，与历封吴、卫、魏、燕四国太夫人的王氏合葬万安山。生五子，第三子正思，生三子，长子直方……直方第三子公称，本贯河南府……"六为2003年春范崇信撰《序》，略述先祖范蠡的《养鱼经》是世界上第一部养鱼专著；《货殖列传》是中国历史上最早对商业规律的专项论述；东晋中书郎范宁第一个提出"圣人之道"；宋代范仲淹的"先天下之忧而忧，后天下之乐而乐"，第一个把宋词用于军旅题材。中国十大谋略家，范姓占其三，有范蠡、范唯、范文程。

　　谱载碑文中，有康熙之碑、乾隆之碑，有大学士欧阳修撰《资政殿学士户部侍郎文正范公神道碑铭》。该谱载范姓源流，《广玉田记》《重修家谱追记》《上古五十八世世系图》《夏朝、商朝、春秋、战国、秦汉、三国两晋南北朝世系图》《吴县范世图》《名人录》《天平山图》《长白山图》《万安山图》《始祖世系图》《白草坡源宗》《河南守坟支派》《范氏十六房祖图》《范仲淹家训百字铭》《范氏家规》《范氏世系字谱》等，甚为翔实。

十八　《万安周氏家谱·大庄卷》（濂溪堂）

　　《万安周氏家谱·大庄卷》（濂溪堂），一卷精装本，存于伊川大庄。

成谱时间为 2014 年初夏，谱书横版排列，右开左翻，红色封面，竖排谱名，印制精良，保存完好。周氏奉后稷弃为始祖，万安周氏始祖为周茂，明由安徽芜湖迁至登封牡丹沟，三世祖周大成迁洛阳清凉寺旁，清初五世祖祚远搬迁至朱家庄（大庄）。

图 8-23 《万安周氏家谱·大庄卷》（濂溪堂）封面

谱序七篇：序一为康熙四十四年（1705）六世孙之祯所作《周庙志后跋》，强调"周氏族人务存忠孝之心，当还醇古之气：尝思我祖以元圣之德，擅制作之才，纬地经天，上承文武，下启孔颜，功在万世，位参两间。迄今宇宙内所行者，罔非其礼也；所奏者，罔非其乐也；所传述者，罔非其典谟也。举世士君子，读其书穆然想见其人，即往来公卿大夫，过斯庙者亦欣然而起敬也。况吾侪忝在后裔，安可苟焉而已乎？……至若立身之间，尤贵周旋中规，折旋中矩。苟贵人而不自责，议人而不自议；或持己之见遏人之能，炫己之长而攻人之短；矜其所学而忽略一世，谬凭一解而轻视众人；纵性肆欲以爱昧贪饕为能，私心背议以机巧变诈为胜；较短论长而不从公道，夺彼予此而不恤人言，面誉背毁而苟合于人，口是心非而不容于物。凡此数者大非吾侪可或蹈者也。务存忠孝之心，当还醇古之气。庶乎谱牒者各宜铭心，鉴之鉴之，凛夫凛夫"。

序二为康熙五十七年（1718）六世孙之德所作《家谱略》，详述家族渊源及变迁，细数家族子弟姓名及功名。序三为乾隆二十一年（1756）七世孙祜生所作《重修家谱序》。序四为道光二十七年（1847）十世孙兆房所作《重修家谱序》。序五为1985年十六世孙尚贤所作《重修家谱序》。

序六为2014年洛阳周文化研究会会长姬传东所作《万安周氏家谱序》，表明作序缘由，细数周、姬姓氏渊源，叹服该谱资料翔实，世系清晰，此支族人乃北宋著名哲学家、理学派开山鼻祖周敦颐之后。序中提到文化千古事，"为天地立心，为生民立命，为往圣继绝学，为万世开太平"，"蓄之以道，养之以心"。

序七为2012年十七世孙忠信所作《续谱前言》，序中详述家族渊源，云："后稷，名弃，是周族的始祖。后稷的父亲帝喾是黄帝的曾孙，母亲姜嫄是炎帝兄长临魁的十三世孙女。星转斗移，沧海桑田，周氏一族跨越了漫漫历史长河，姜姜葳蕤，繁荣昌盛，至今位居全国姓氏第九，人口近三千万，占全国人口的2.3%。回望周氏家族辉煌的发轫历史，凡我周氏族人无不感到骄傲和振奋。有据可考的伟人、大家层出不穷，官居相位的政治家竟有二十五人之多，其他领域的精英更是数不胜数。《万安周氏解谱》既是吾族代代相承的档案，又是族众相互沟通的纽带，更是中华历史文化的组成部分，经过一代又一代人的传承。《万安周氏家谱》装帧精美，记录详细，支脉清晰，辈分有序。它记载着从黄帝、后稷、武王、周瑜、周敦颐至万安周氏后人们的延续过程，她是诸多先贤呕心沥血的结晶，其珍贵价值不可估量，可谓传家之宝。我们应该倍加珍惜和爱护。常阅家谱，能警示族人正本溯源，铭记祖宗恩德，聆听祖宗教诲，更能激励子孙守正恶邪，忠厚传家。"

该家谱分为五编：第一编历史资料，含始祖先贤遗像、谱序选、碑文录、先祖世系；第二编世系图；第三编世系文；第四编编纂实录，含姓氏文化、逸闻趣事、族人必读；第五编后记。世系图谱分两部分，一为先祖世系，含《轩辕帝至周瑜世系表》《周瑜至万安周氏世系表》《周瑜至十五世归仁世系图》《周瑜十四世孙汾翁至敦颐源流世系图》

《周敦颐至万安始祖茂源流世系图》，附《周恩来、鲁迅族谱直系简略》《周敦颐上下五代源流世系文》《一世周公至六十九世万安始祖茂直系简略》。二为世系图谱。传记艺文含碑文录《濂溪墓记》《万安始祖茂碑文》《三世大成祖书文》《五世祖祠堂碑记》；周姓起源；逸闻趣事；六世德聘"响马女"及长媳"贞节女"之传奇、周公庙迎驾纪实；《万安周氏家谱》告竣公祭文；古代文人榜；迁移备忘及诗词等，内容脉络清晰翔实。

十九 《河南嵩县宋岭程氏支谱》

《河南嵩县宋岭程氏支谱》二卷，保存地点在嵩县，撰修人是程泳，修撰时间为1993年，属于油印本，保存完整清晰。始祖是黄帝、程羽，始迁祖是程奎，从田湖程村迁阎庄西程村。

谱前一序，为一百三十代孙程漳撰《重修河南省嵩县宋岭程家支谱序》，略述源流，云："先祖明道伊川之裔，繁育我嵩宋元明清代有名人正宗世系，自先祖黄帝至今四千余年，传一百三十多世……宋岭程氏仍伊川先祖十六世孙奎祖，从田湖程村迁阎庄西程村，到二十世应省祖，又迁宋岭，应省祖子二，长子清，次之早亡，清祖子起风，起风子五，玺、法、鹏、祚、意，孙十七，即宋岭程氏老五门，十七门而后人口越来越多，又从宋岭外迁如下：黄杖村、李沟、洛阳谷水、贺营、反坡、洛沟。白杨树、木柴关、大坪、阎庄、德亭、旧县、白河、大章、库区、安岭、南屯、城关、东关、老城、伊川、古城岭、灵宝、鲁山、黑龙江、广西、台湾等。"

谱载迁徙歌，高祖程羽小传，云："高祖程羽，祖籍安徽省歙县，唐代迁中山博野（今河北省博野县），文明殿大学士，协助皇帝办事大臣，太宗赐东京泰宁坊，赠太子少师，居汴京，隶籍于洛。"

《程氏历代名人轶事》简介该族名人，有程灏、程颐、程珍和、程元则、程旷等二十二位，着重介绍了程灏和程颐，达两千余字。《历代对二程的封谥》云："程灏、程颐受到历代帝王的尊崇和封诰。南宋理宗皇帝赵昀视察太学，将程氏二神主奉入孔庙，享用祭孔礼仪。宋淳祐元年（1241），圣命封程灏为河南伯，程颐为伊阳伯。元明宗至顺二年（1331），诏封程灏为豫国公，程颐为洛国公。……明景泰六年（1455），皇帝诏令，依照颜回、孟轲家庙的规模修建二程夫子庙祠。清康熙二十六年（1687），下令将二程夫子进儒为贤，列为汉唐诸儒之上，赐'学达性天'匾额。乾隆十六年（1751）三月十八日，通令祭尊二程夫子。光绪年间，皇帝又赐'希踪颜孟''伊洛渊源'匾额。"

该谱谱载西程村简介、宋岭简介、程莹祭文、御祭文、祭二程夫子文、二程洛学的历史影响、二程墓（包括墓地、山门、花坛、神道、墓祠、墓冢、古柏、石雕、石刻、围墙等）、重修河南程氏三先生墓祠记、传说故事（包括妙药偶得、程门立雪、智灭佛光、上元屠龙等），甚为翔实。

二十 《河南嵩邑高氏宗谱》（高屯景阳一支）

图 8-24 《高氏宗谱》封面

《河南嵩邑高氏宗谱》（高屯景阳一支）一卷，存于洛阳嵩县。1996年重篆，左开右翻，竖版排列。始祖高旗，字子高，被封公侯伯子男五级官爵，八十代祖辛芝于明建文二年（1400）从山西洪桐迁河南嵩邑，高屯始祖景阳为八十一代祖。世系图以高氏始祖旗为第一代，以八十一代景阳为中心，上溯到第一代。从八十四代分东西两门，从八十九代下续西、东门各分支。辈次采用自上而下，右边标示代数，上下接续的名字在上下表均显示的方法排序，便于查找，族人名字后事迹作简要记述。

谱前六序：一为九十八代裔孙高星瑞作《1996 年重修高氏宗谱序》，云："常闻根深而枝茂、渊源而流长。我高氏子孙遍及华夏，海外氏风优良，与众不同。从始祖讳祈至今二千八百余年，计一百余代，支系不紊，长幼有序，典范事迹有谱可考。此乃先人功绩遗传于后世。无先人功绩则后世追远无据。今阅原谱，因年深日久，沧桑巨变，形势逼人，兴建水库，移村移民，因而迁居于异地者有，暂居于他乡者有，失续者有，未续者有。继承先人遗志，启发后世子孙，继往开来，报本追远，是吾辈义不容辞职责，故合族公议再续家谱。有热心于族事者，废寝忘食、跋山涉水，奔赴异地他乡，追根求源，书姓名，写传略。凡有功于社稷，或有功于族事，孝子贤妇，一一入谱。历经数年，续谱成册，印刷就绪，为后世子孙再续奠定了可靠基础。而吾辈则上报效先人，下无愧于子孙，彰德启后，心安神怡。是为之序。"

二为宋朱熹题《高氏宗谱序》，云："余当观乾像，北辰为中天之枢，而三垣九曜旋绕归向。譬如君之尊而无有不拱焉。俯察地理，坤维为华夏之镇，而五岳八荒远而顾盼。譬如祖之亲而无有不本焉。此君亲一理，忠孝一道。忘之者谓之逆，遗之者谓之弃，慢之者谓之亵。武将之成莫大于不忠，五刑之属莫大于不孝。为人臣所当鞠躬尽瘁，为人后当慎终追远，而不可一毫或忽也。今阅高氏谱牒，上溯受姓之始，下逮继世之宗，明昭穆以尚祖也，系所出以尚嫡也，序长幼以尚齿也，列像赞以尚思也。非大忠大孝而能之乎？噫，世之去祖未远，问其所自而懵然莫对者，愧于高氏多矣。"

三、四、五、六分别为清光绪十二年（1886）、民国二十二年（1933）、1994 年作《高氏宗谱序》。

《高氏宗谱》内含始祖像、谱序 6 篇、凡例、字辈、族规、迁徙地、世系图，内文清晰，装订简单。其族规定为十二戒、十二要，要求族人认真遵守执行：一戒不忠不孝，二戒祸国殃民，三戒争名夺利，四戒富谄嫌贫，五戒贪污受贿，六戒仗势欺人，七戒弃老虐幼，八戒男盗女娟，九戒同室操戈，十戒结交匪人，十一戒赌博酒混，十二戒为富不仁；一要勤劳致富，二要力争上游，三要与人为善，四要利国利民，五要遵纪守法，六要怜苦惜贫，七要尊老爱幼，八要和睦乡邻，九要兄友弟恭，十要谦恭待人，十一要姁娌和睦，十二要忍让谦虚。

二十一 《李氏宗史》

《李氏宗史》二卷，保存地点在卢氏涧西村（含栾川、洛宁、宜阳），撰修人是李鹏飞，修撰时间为 2002 年元月，属于铅印本，保存完整清晰。始祖是李智（南阳唐县人），始迁祖：栾川县（十五世世昌，由卢氏迁栾川叫李河林）、宜阳县（十七世李成满，咸丰年间由卢氏迁宜阳）、洛宁县（九世李臣，由卢氏赵官岭三徙至洛宁孙洞村）。

谱前四序：一为 1993 年清明，十九世孙李鹏飞撰《李氏宗族发祥史序》，略述其播迁，云："李氏宗族，乃我县望族之一。据旧谱载，原系明朝初年，由南阳唐县迁卢之涧西村，世代繁衍，形成名门巨族。栾川、洛宁、宜阳等县及湘、晋、皖各省均有分布。"

二为清道光十年（1830）十五世孙李虎变撰《宗谱告成序》，略述先祖墓地、墓志等。

三为道光七年（1827）二月十五世孙李虎变撰《联络宗族序》，云："家世衰微，宗支离散，此亦气运之流迁，遭逢之适然耳，以故某某在陕西、某某在江南、某某在永宁，历年之久远莫能致矣。即如本县之栾川有人，东山有人，西山有人，梨树沟、瓦名崖有人播迁虽不一其地，要皆根本于涧西村。"

四为《李氏分派序》，略述其源流，云："凡同姓者皆同族，而李氏不然，唐虞之世皋陶作理刑官，始以理为姓，厥后弃官而逃，于李树下而得生焉，遂更姓为李，是皋陶之后一李姓也。老子生于李树下，即指李为姓，是老子之后一李也。至唐封功臣，而李氏之族几遍天下矣，李氏之繁不可胜数，余何敢妄为祖述乎？鼻祖讳智，原籍南阳府唐县人，明初迁卢氏，家于县东十里之涧西村，一传而子即显达。至恕祖为省祭官，家声丕振，人争务学，书香较著。八世祖讳炳，擢进士第……"

二十二 《裴氏族谱》（河东郡绿野堂）

《裴氏族谱》一卷精装本，存于汝州市王寨乡裴家村。成谱时间为2011年，左开右翻，红色硬皮封面，左上方竖写黄色谱名《裴氏族谱》，右下为编委会落款，装帧精致，内文印刷清晰。

谱前三序：一为原序，大定十一年（1171）秋八月晦日里人彭城刘若虚所作，细数裴氏宗族源流，云："裴氏宗族枝派也，按传志出自有熊氏，乃伯夷之后，与秦同祖，佐舜又赐姓嬴。佐殷伐桀，佐周伐纣，累世有功，秦封邳城。至陵，更邑为衣，因以为姓。始祖遵，始自云中，徙居安邑。曾孙晔迁闻喜东五十里而家焉。晔生义、茂。茂生四子，曰潜、曰绾，居闻喜，称中眷；曰辑，仕燕，称东眷；曰徽，仕凉，称西眷。十四世孙，后魏大将军天明，徙解县，为洗马川之族；辟地同州者，有白水之族；迁华州者，有下邽之族。至二十七代孙晋国公度，又治第京兆之万年。河东八裴一十二族，五代分争散逸，邈视若路人。仁者宁恻然动念哉？元潞州知事裴再兴发其家乘，与职方氏互参考订。自遵迄兴凡四十代，别世次，叙枝派，联缀成图，以为谱牒之纲。呜呼！木本一也，发为千枝万叶，其气无不贯；水源一也，千川万派，其流无不通。祖宗之于子孙亦犹是也。观此谱者，思其所自出，究其所由分，各祖起祖，各族其族，如祭于庙，如燕于寝，群昭群穆，咸会于一堂之上，而不失其水源木本之意，彝伦厚风俗美矣。是谱也，小补云乎哉。"

序二为康熙五年（1666）翟凤翥所书《裴氏世谱序》，盛赞裴氏家族枝系繁盛。序三为2011年裴氏族谱编委会所撰《裴氏世谱序》，执笔是裴福星，对河西裴氏祖根进行分析，考究"裴扒"名来何处，以三孝、三信、三约为祖以行谱续的原因，以及本次续谱的艰难经历。

该谱目录前置彩页、汝州市地图、村平面示意图，目录后为序言、辈字歌、辈分排世表、世系支派表，附录裴氏名人、官爵统计等。

二十三 《固始裴氏宗谱》

《固始裴氏宗谱》不分卷，保存地点在固始。责任人是裴熙民，修撰时间为 1999 年，为油印本，始祖、始迁祖均为裴志刚，明朝时由山西迁至河南固邑东南清河里。

图 8-25 《固始裴氏宗谱》封面

谱前六序：一为 1999 年 9 月，十七世孙裴世赓与十八世孙裴泽东合撰《三修固始裴氏家谱序》，略述源流，云："考我裴氏出自风姓，皋陶生伯益，赐姓嬴氏，其后人……封邑乡，因此为氏。六世孙陵，周僖王时徙封解邑君，去邑从衣为裴，是裴姓的由来。裴乡即今山西省闻喜县礼元镇附近的裴柏村，是裴氏家族的发祥地……固始裴氏祖志刚……定居于河南固始古蓼国东南乡清河里裴氏老营，于清河两边……丁族殷繁，传衍至今，已六百多年。"二为清雍正十二年（1734）十世孙裴从仁撰《清河里裴氏始修家谱序》，略述其意义："使族之离者复合，断者复续，尊者安于尊而不自以为倨，卑者安于卑而不自以为屈，秩如也，欢如也，且使后之王孙读先人之谱而自兴焉。"三为清道光十三年（1833）十二世孙裴受采与裴亮采合撰《清河里裴氏重修家谱自序》，略述清河里裴氏之源流，云："我一世祖自山西而迁固邑垂十五世历四百余年……一世祖讳志刚，六子……俱居于清河两边，至三世祖同时兄弟……分为南楼、北楼、东围、西围。"四为民国九年（1920）十四世孙裴耀墀等撰《裴氏续修家谱序》，略述修谱之劳累。五为转录 1994 年山西出版的《裴氏世谱》，其中的《裴氏世谱续》，云："中原文献历古于今，首称裴氏……"并略述历史发展中裴氏起到不朽的作用。六为清康熙五年（1666）五世孙裴之英撰《原序》，又略述其源流，云："按传志出自有熊氏，乃柏翳之后，与秦同祖，佐舜又赐姓嬴，佐殷伐桀，佐周伐纣，累世有功，秦封邑城，至陵，更邑从衣，因以为姓，始祖遵，始自云中，徙居安邑……"

该谱谱前有凡例，提倡男女平等，十分详细，谱前还有源流考、宗谱辑训、家训小引、传引、祖考允文公墓表、荣寿序及名人传等，甚为翔实。

二十四 《李氏族志》

《李氏族志》不分卷，保存地点在巩县。责任人是李文甫、李国华，修撰时间为1986年，油印本，谱本完整清晰。尊始祖为老子，始迁祖为李居义、李居仁。明洪武年间，李居义由洪洞迁巩县之李苏村，李居仁迁回郭镇永安街。

谱前五序：一为清同治丁卯年（1867）李元康撰《原序》，略述源流，云："祖宗原系山西省洪洞县人也，自大明洪武年间，初迁至河南省河南府巩县西南五十里回郭镇南炭市十字口东，名永安街，居处历有年所，亦非朝夕之故也。"二为民国十七年（1928）李弦山撰《巩县李氏族谱序》，略述巩县李氏源流。三为清丙寅年（1866）二十二代孙李建章撰《序》，详述源流，云："溯我李氏族姓源流不详推轮所始，据史册记载李氏系出唐虞，皋陶之后世为大理，以官命族为氏，理李古字相通，以李为姓，老子亦以祖为理官，以李为姓，秦汉而下支系更蕃，南北六朝混战，五胡乱华二百余年，隋炀帝穷兵黩武，民不聊生，惶言族系。李氏世民年十八岁佐父起兵晋阳……建大唐三百年之基业……我李氏系出陇西，发迹晋阳，为大唐苗裔，太原世胄，于大明洪武初年应召，由晋之洪洞迁巩为洪洞李……分两大支派，一奠居回郭镇者为长门，系苏江吴县正堂，居仁公后嗣；一居李苏村者为次门，系居义公后嗣。"四为1986年5月二十二世孙李秀歧撰《李氏族志序》，略述明初洪武年间，由山西洪洞迁于郭镇的原因，以及自二十世后裔李肖庭修谱至今约六十年。五为 1986 年 5 月李文范撰《六一零李氏家庙序》，云："二世叔祖居义公由晋之洪洞，迁居巩之苏村，我二世长祖居仁公时任江苏吴县正堂，闻讯即辞职奉诏返巩奠居巩之回郭镇永安街，四传时芠公由贡生任保定府新安县、西安府富平县两县知县，生四子。"

该谱载清易镇重修宗谱前言、序世百字，甚为翔实；世系篇中，为了易于查对，便于寻找，根据老谱分支，改为支系分支，以村为基础，不乏为家谱中一大特色。

二十五　《沈丘县李楼村李氏族志》

图 8-26　《沈丘县李楼村李氏族志》封面

《沈丘县李楼村李氏族志》一卷，保存于沈丘县李楼村，编修人为李向军等，成谱时间 2014 年。该谱精装，横版排列，右开左翻。黄色封面，上部横排谱名，下部排列图腾，印制规范，保存完好。得姓始祖为李利贞，四楼李来祖一世李奎，洪武七年（1374）由山西洪洞迁豫东制城东北九里处的李庄定居，后子孙在周围分居。李楼村李姓来祖一世李瑞安明崇祯五年（1632）为避水灾迁居刘庄店西南 3 公里处定居，因盖有楼房，取村名李楼。

谱前二序：一为瑞安公十一世孙李向军撰写，详述李氏得姓原由及李氏历史名人，直溯皋陶、李利贞、老子李耳、陇西房始祖李崇、唐高祖李渊、唐太宗李世民等；提出编撰时要用新的思想、观点和方法，扩大家谱范围，不仅要以谱记丁，写世系传承，寻根敬祖，更要写先祖勤劳兴家、艰苦创业的思想和精神，传承功德和文化。其云："《李楼村李氏族志》已编修告竣，这是李楼村李姓族人的一件大喜事。自明崇祯五年（1632），城关四楼李族人李瑞安为避水灾迁居刘庄店西南 3 公里处李楼定居，至今历经 380 余年，人丁繁衍发展到 3000 余众，未见有家谱续存。2013 年 5 月上旬，我到台湾寻亲时，堂姐李向明问及有无家谱一事，我深感内疚。回来后即与本家族人员商议撰修家谱事宜。家族会议商定，要用新的思想、观点和方法，扩大家谱范围。撰修族志，不仅要以谱记丁，写世系传承，寻根敬祖，更要写先祖勤劳兴家、艰苦创业的思想和精神，传承功德和文化。成立族志编纂委员会，齐心合力，共襄盛举。具体工作由李向军、李平福、李平举三人负责，按期完成。我深知这是承前启后、继往开来的大事，又是益国利民、裨今世而惠后代的好事，既感盛世修志的时机难逢而精神振奋，又觉修志工程浩大、任务艰巨而压力沉重，唯恐难竟其功，有负众望。然有族人和编委的共同努力和支持，促我下定决心做好计划，集中精力，攻坚克难，夜以继日，尽快编纂出经世致用的《李楼村李氏族志》，完成族人赋予的光荣使命。寻根问祖是我炎黄子孙骨子里的民族情结，尤其是漂泊在异国他乡的游子，对'家'和'根'有一种深深的渴望和追求。'祖先何人，故土何方？'这样的诘问和心情，或强或弱，或显或隐，存在于每个人的心中。我李氏族根源远流长，与其他姓氏一样，拥有共同的祖先，一脉相承。李氏起源于人类发展史中伏羲氏时代，他'制嫁娶、正姓氏'，是由原始群居生活向个体家庭生活转变的开端。轩辕黄帝，姬姓，生二十五子，得姓者十四人十二姓。嫘祖，黄帝正妃，生玄器、昌意二子。颛顼帝，黄帝孙，昌意子，姬姓。他制定'兄妹禁婚令'，完成了母系社会向父系社会的过渡。皋陶，字庭坚，名咎繇，是颛顼帝的第九代孙。公元前 2280 年生于偃地。尧舜时为大理，以官命族为理氏。皋陶子孙世袭大理之职，至 27 代孙理征为翼隶中吴伯，以直道不容于纣，得罪而死。其妻契和氏携幼子理利贞逃难于伊侯之墟（河南西南部），食木子而得全，遂改理氏为李氏。故皋陶为理氏始祖，李利贞为李氏得姓始祖。李利贞的十七世孙老子李耳，为周平王时柱下史，作《道德经》，方显于世。李耳的十世孙李崇，任陇西都守，为陇西房始祖。李崇的三十一代孙李渊，建立唐朝。李世民为唐高祖李渊次子，公元626年8月继帝位，开创唐朝盛世。唐太宗李世民组织编写《氏族志》，以御定志书的形式确定了陇西李姓至高无上的地位。唐朝李姓由此得到空前的增长，故有'天下李氏出陇西'之说。唐太宗李世民曾孙、吴王李恪孙李祯在唐朝武、李权力之争时，由长安迁往山西洪洞县居住。李祯的二十四代孙李奎在明洪武七年（1314）大移民时，随队与胞弟李松、李尚东迁至制城（今沈丘县老城镇）东北九里处李庄定居。奎公有四子，分居四楼，各立门户。长子志高居西楼，次子志豫居后楼，三子志才居前楼，四子志广居东楼，时有四楼李之称。奎公为四楼李来祖一世。明崇祯五年（1632），西楼李族人李瑞安系奎公十代孙，志高公九代孙，为避水涝灾害，迁刘庄店西南3公里处定居，因建有楼房，取村名为李楼。瑞安公为李楼村李姓来祖一世，有二子分居南北沟东、西。长子云峰居沟西，次子云启居沟东。我高祖李公尚元，系瑞安公第七代孙，云启公第六代孙。瑞安公及其子孙兴家创业，勤劳节俭，瓜瓞绵绵，人财两旺，至今已繁衍十三代子孙。各分支代代相传，长幼有序，和睦友善，奋发有为，声誉乡里。我家居住在沈丘县刘庄店镇李楼村，地势平坦，四季分明，气候温和，雨量充沛。适宜的地理环境，为家乡族人的居住、生产和生活提供了良好的条件。但在解放前，由于封建制度和地主阶级的残酷压迫和剥削，长期过着食不饱、衣不暖的生活。解放后，虽然分得了土地、房子和农具等，由于生产力水平低、抗灾能力差、粮食产量不高，家庭生活仍十分困苦。族人虽勤劳节俭，兴家创业，但始终未摆脱贫困。直到党的十一届三中全会后，农村实行了家庭联产承包责任制，土地分田到户，又推广了优良品种，增施化肥、农药等科学种田技术，粮食产量迅速提高，到1980年才真正解决温饱问题。1984年后，随着国家改革开放和商品经济的发展，人们开始走出乡村，从事养殖业、加工业、交通运输业、商业等多种经营活动，增加家庭经济收入，提高生活水平，改善居住条件，并开始向小康目标迈进。这期间涌现出许多勤劳致富带头人和先进模范代表人物，他们为李楼村的各项建设事业和发展作出了重大贡献，值得大家学习和仿效。由于历史的原因，三伯父李学忠及在台亲人与家人隔离断信 65 年，双方期盼和思念之情绵绵切切。我和朱贺梅、李平举三人于 2013 年 5 月上旬去台寻亲，与亲人团聚，实现了几十年的梦想和心愿。2014 年清明节，在台亲人回家探亲祭祖，也是我们的共同心愿和期盼。借此机会修族志，对族人进行一次爱国爱家教育，使其知族之源，明族蕃衍，晓知血亲，谨遵人伦，垂先祖之教训，继先祖之事业，扬先祖之精神，创代代之辉煌，使家族团结、凝聚力量、攻坚克难、奋发图强，为祖国统一、家族兴旺、经济繁荣、国家富强贡献力量。在撰写过程中，深感自己学识疏浅，功底不足。此类性质的书，涉及多门学科，如谱牒学、姓氏学、历史学等，不论哪门学科，笔者都未专修过。撰写中，虽充尽其力，但在文字、语言、结构、内容等方面，难免有不当之处，敬请广大读者批评指正。"

序二为《沈丘县志》主编王国哲 2014 年撰写，概述谱牒发展历史，从编纂宗旨、人物设置、基层定位三个方面分析本谱的创新之处。其云："家谱、族谱，古称谱牒，是古代专记贵族氏系的书籍。谱牒之修，最早可上溯到距今四千多年的夏代。司马迁在《史记》自序中说，三代的史料'盖取之谱牒旧闻'，据此足以征谱牒问世之悠远。魏晋以降，统治者特重门第，选擢官吏，必稽谱牒，促使修谱之风日甚。唐李世民、武则天更把谱牒记述范围，扩大为全国规模的御修《氏族志》。后逐渐发展到平民百姓的家谱、族谱。明、清尤盛，乃至形成世界罕有的姓氏文化。在历史的长河中，人们对生命之源、家族之根、世系之链，无不充满着难解的情结。因而姓氏文化所记载的同宗共祖的血缘关系、世系人物等方面的历史图籍，与地方志、国史构成了中华民族历史大厦的三大支柱，是我国珍贵文化遗产的一部分。改革开放以来，新型族谱的撰修，对传统优秀文化的继承和发展，对促进社会主义和谐社会的建设，对培养民族精神，提高国民的道德素质，正起着不可替代的独特作用。尤其对国人和海外侨胞，具有强大的向心力、吸引力、亲和力及凝聚力。由此而引起的寻亲祭祖、投资兴业等行为，助推着改革开放与经济建设事业的蓬勃发展。李楼村以'志体'形式撰修族谱，在沈丘有史以来尚属首例，在全国亦为罕见，在编纂意旨、内容形式等方面，对传统的谱牒文化，有其重大创新和卓越贡献。

"编纂宗旨上看，旧时代的谱牒重在为选官谋禄而修，《李楼村李氏族志》(以下简称《李楼族志》)，以新的观点、新的内容，旨在文化传承、振家兴国、与时俱进、服务当今、益于后世，具有全新的人民性。对旧谱的革新，从本质上是一次大的飞跃。旧谱体例，莫不因袭。是谱之修，创制革法，扩谱为志，大大拓展了记事范畴。传统谱牒主要表现形式为世系图表，序姓氏渊源，列分支世系，略涉社会活动，缺乏自然内容。《李楼族志》除详细纵载李氏源流外，循方志体例，以事分类，横列族群聚落、地理环境、工农业生产、经济生活、人物、教育，充之以族训新内涵，教族人爱国、兴家，做好人，办好事，遵纪守法，和睦乡里，勤劳节俭，团结互助……广泛包容。宜纵则纵，宜横则横，纵横交织。载旧谱之所不载，详旧谱之所未详。堪称谱牒文化之一大进步。

"人物设置上看，人物向为史志者所重视，因非此不足以见历史之进展，社会之动态。《李楼族志》对人物不仅专设章节，广泛征选，且对重要传主，浓墨重彩显其业迹，更一改集中编排惯例，采取依时审事，各得其所，分置三处：首先在李氏源流世系中，选取最具关键的古代节点人物，以纪传体，选录人文始祖伏羲氏、血缘始祖轩辕黄帝、远古始祖颛顼帝、理氏始祖皋陶、得姓始祖李利贞、显姓始祖李耳、陇西房始祖李崇、盛世祖李世民等八位圣哲。既以事系人，又以人系事。附以《源流世系图》，使上起伏羲，下迄唐李的李氏源流，一览无遗。纪传一体较之分割记事，可收就简驭繁之效。其二，设《李氏历史名人选录》一节，选录古今尊者显者21人，置《播迁与发展》之后，内容相接相协，以彰李氏人才济济与显赫的历史地位，教育激励李氏后昆。其三，进入李楼分支内容后，列《李楼村人物》，依爱国、爱家、孝悌从善等精神，拟定入录条件，选入十八人，名垂族志。人物选录不限生死，设置不拘一章，未循旧例，臧否待实践验之。

"该谱定位基层，在记述详略方面，依据族志定位，彰显基层特色。记述不同时期族群的生产劳动，衣食住行等具有普遍性、代表性的日常活动，不避细微。对小农经济时期手工生产方式，如纺棉、织布、熬制饴糖、种植养殖等，不嫌繁琐，旨在记录、再现族群的阶段史，遗存已消亡的雪泥鸿爪。对当代族人跻足上海并占有一席之地的运输、物流事业，以及领先河南省家具、板业委员会主任单位企业的创建、管理，详载开创之艰辛，运作之操劳，生产流程之规范……意在激励族人的奋志创业精神。记最基层的凡人小事，稗史细节；记个体生命在特定的历史环境和地域环境中的原生具象，或可一叶知秋，洞见历史的某个侧面。个体的生命轨迹，是那个时代某一群体中的折射和再现。普通人、平常事，总是和时代的大变迁相连，可为史志的宏观概论提供典型或诠释，价值岂可小觑。李氏在中国乃至全球堪称第一大姓，具有四千余年的文明史。然而在仅见的李姓谱牒中，能贯通古今，溯源流，完支序，世系厘然者，寥若晨星。而革新创制，以志体修谱者亦不多见。《李楼族志》能完此重任，不仅于本族功德无量，对姓氏文化研究与发展，以及李姓谱牒之续修，亦可提供珍贵的历史资料与借鉴，功不容泯。然而其功最不容泯者，当推为此盛举立'汗马功劳'的本志主编李向军先生。向军乃郑州东兴装饰材料有限公司董事长，累日经年，业务繁重，为完成海峡两岸族人重托，竟出人想象，把企业经营要务交其爱人朱贺梅操持，专职担任族志主编。虽名曰主编，实则从拟定工作方案，制订志书编目，外勤搜集资料，内务撰写初稿等具体事项，十之九五由其一人完成。栉风沐雨，夙兴夜寐，行路万里，披阅千百帙卷，殚精竭虑，呕心沥血，毕其功于期年；从撰稿杀青，付梓问世，修坟祭祖等始终巨额开支，全由其自身承担。古今谱牒之修如是者几人？余敬佩，是为之序。"

该谱共九章，第一章历史源流，含渊源、源流序、世系图、播迁与发展；第二章地理环境；第三章农业；第四章工副业；第五章文化教育；第六章家庭生活；第七章人物；第八章寻亲路；第九章祭祖思远。题词有二，一为中国伏羲文化研究会副会长袁义达题词："祝贺李向军先生主笔的沈丘县李楼村《李氏族志》成功出版，必将为谱牒文化正能量的充分发挥输入新鲜血液，增添新生动力"；二为河南省姓氏文化研究会秘书长李立新题词："国有正史，家纂族志，家国同构，共襄盛世。"

世系图谱包含：《李氏得姓前源流序》（一世轩辕至三十八世李利贞）；《李氏得姓前血缘直线世系图》（一世轩辕至四十五世）；《李氏得姓后源流序》（一世利贞至一百零五世）；《李氏得姓后血缘直线世系图》（一世利贞至一百零五世）；李楼村李姓源流序及分支世系图，包括《李楼村李姓源流序》（一世来祖奎公至二十三世），《李楼村李姓分支世系图》；李楼村李姓家族当代主要成员简历及分布。其并载有李氏家训："爱国爱家，尊制守法：孝敬父母，勿忘祖宗；兄弟友爱，夫妻和睦；严教子女，勤奋读书；勤事农桑，勤俭持家。"

第九章　河洛地区家谱文化传承与创新研究

第一节　河洛地区家谱中潜含的意识形态

意识形态又称"社会意识形态""观念形态"，是对社会和自然的各种理解、愿望加以系统化的观念形态，表现为一定体系的社会观、思想学说和政治理论。意识形态一词最早是由法国哲学家特拉西创造，他从1801年开始写作《意识形态原理》，把它称作揭示观念中成见、偏见根源的"观念科学"。意识形态一词包含广泛的意义，一般是指观念、理想、信念、热情、价值观、世界观、宗教、政治哲学、道德证明等。

在中华民族的历史长河中，儒家思想始终占据着正统意识形态的地位。儒学称谓始于汉，《史记》卷五十九《五宗世家》记载："河间献王德……好儒学，被服造次必于儒者。""儒"，汉代学者许慎在《说文解字》中解释为："儒，柔也。术士之称。从人，需声。"术士，即古代主持宗教仪式的巫师，是祭祖、事神、办理丧事的专门司仪，因此最初儒、巫一道，后来儒逐渐从巫中分化出来，特指有涵养、有知识的人。汉武帝独尊儒术之后的读书人基本上是儒家出身，所以自汉代起，人们称知识分子为儒生。

世人学子把儒学经典奉如圭臬，加以潜心研习，以博取功名；西汉至清末两千余年历代统治者罢黜百家、独尊儒术，以此约束天下、统治众生。儒学十三部经典经学者演绎、统治者推崇，思想体系日益完备，并以各种形式加以传播，是中国社会传播儒家思想的主流路线。家谱文献无论是思想性、学术性，还是传达文化方面，往往参差不齐，但它是儒家主流意识形态下的产物，往往具有传播儒家正统观念的作用。儒家思想核心，就个体而言，是德性论五行思想，即仁、义、礼、智、圣（信）等；就社会而言，是德道论，即以性善论为基础，以立人极为旨归，追求厚生、博爱，公平、正义，诚实、守信，革故、鼎新，文明、和谐，民主、法治等。

河洛地区对于儒家思想的形成、发展与传播均产生过重大的作用，河洛地区的中心城市——洛阳，对于儒学来说，也是个具有重要意义的城市。西周初年周公在洛邑（今洛阳）"制礼作乐"，奠定了儒家思想的基础。孔子曾说："周监于三代，郁郁乎文哉！吾从周。"他不远千里来到洛阳，学习周公制定的礼乐，把"克己复礼"作为终生奋斗目标，"孔子入周问礼碑"立于洛阳市老城东大街北侧的古文庙前，碑高 3.056 米，宽 0.92 米，碑面上阴文刻着"孔子入周问礼乐至此"9个大字，后来的孟子、荀子也无不推崇和追怀周公。周公思想为孔子创建儒家学派提供了基本资料，并且规定了儒家学派未来的发展方向，河洛地区与邹鲁一样都应被视为中国儒家思想的起源地①。周公被尊称为"元圣"，洛阳周公庙位于今洛阳市老城西关外定鼎南路东侧，始建于隋末唐初，为隋将王世充草创。唐太宗贞观和唐玄宗开元年间予以重修，明嘉靖四年（1525）在旧址重建，万历四十七年（1619）重修，是洛阳市保存下来为数不多的明、清建筑群之一，为河南省重点文物保护单位。

考古发掘的汉魏洛阳城位于现洛阳市区东 10 公里处，地处洛阳、偃师和孟津的交界处，遗址入口处立了两块石碑，分别写着"汉魏洛阳故城"和"汉魏洛阳故城内城遗址"，不远处就是著名的旅游景点白马寺。汉魏洛阳城的灵台、太学、辟雍、明堂遗址展现了完备的礼制建筑，其中太学遗址出土的儒家经典——"熹平石经"，是目前所知时代最早、级别最高的古代中国主流意识形态的物化载体。至宋代，宋明理学的关键人物程颢、程颐以洛阳为中心收徒讲学，接续孔孟之道，

---

① 陈隆文.中原与儒家思想的形成 [J].河南社会科学，2017，25（01）：117-122.

又创造性转化与发展，渐成"洛学"。邵雍是与二程同时期的儒学大家，同巷而居多年，开创了先天易学，洛阳再次成为曲阜之外的又一儒学重镇。

明清时期，统治者为了达到强化思想统治的目的，进一步大力标榜儒学，尤其推崇程朱理学，强化了儒学在社会政教两方面的功能，深刻地影响着中国社会的方方面面，河洛地区现存古谱，多为明清所撰，潜含的意识形态处处反映了儒家的价值观和道德观。

一　正统观念及民族意识突出，具有中华民族优良传统

河洛地区家谱中普遍体现出家国一体、忠君爱国、为民请命、甘于付出的传统"家国同构"意识，鼓励家族内子弟保家卫国、勇往直前，努力奋斗。如河洛历史名人白居易在讨论礼乐时，就表示过，"序人伦，安国家，莫先于礼；和人神，移风俗，莫尚于乐。二者所以并天地、参阴阳，废一不可也。何则？礼者，纳人于别而不能和也；乐者，致人于和而不能别也。必待礼以济乐，乐以济礼……前代有乱亡者，由不能知之也；有知而危败者，由不能行之也；有行而不至于理者，由不能达其情也。"（《白氏长庆集·议礼乐》）白氏在阐述礼乐关系时，强调了彼此相辅相成的关系，同时淡化了礼"别贵贱"的色彩，而突出了其在治国安邦中的功能，并使其关于礼与乐的理性认识上升到了实践理性的高度。从这番话可见，以他为代表的河洛士大夫对家内的人伦秩序与国家安定之间的一脉相承关系极为重视。

卜式，西汉河南郡（今河南温县一带）人，是卜姓始祖战国卜商（卜子夏）的七世孙，后葬于山东巨野，据《巨野卜氏族谱》记载为"卜晃之子、卜丕之孙"。汉武帝时，边患不断，卜式敢于请命，向朝廷上书，情愿拿出一半的家产支援国家抵御外侵。后朝廷开支过大，粮仓和钱库空虚，贫民多迁徙，朝廷无法完全供给，卜式又拿钱二十万给河南太守，以救流民。朝廷拜其为中郎，赐爵左庶长，先后升任齐相，赐爵关内侯，御史大夫，以予其显官尊荣来教化百姓。卜姓堂联就是"诗礼世德，助民家声"，影响久远。

二　入世意识在河洛地区家谱中反映突出

河洛地区大家族的堂号、堂联都是经过精心总结、句斟字酌而形成的，既经过历史的演化，又经过几代人的总结，言简意赅，将本族历史上具有代表性的人物作为本族的象征，昭示天下，既使族中子弟从孩提起就熟悉自己家世的渊源、洞悉本族历史上的名人事迹；同时也对外宣扬了本族历史上对社会贡献大、作用大、影响大的代表人物，借以提高本族、本家的社会地位，激励后人更加深入地参与社会生活，体现出深沉的社会责任感。

如林姓是商朝末年名臣比干之后裔，周武王灭周后，为旌表比干忠烈，征觅其后嗣，赐其子泉姓林名坚，拜为大夫，食邑清河。林坚生于今河南卫辉，是林姓的得姓始祖，比干葬于河南卫辉，比干墓是我国重要的庙墓合一建筑。后林坚食邑博陵（今河北安平县），子孙世袭其爵，人才辈出，多为大夫。林坚的三十五世孙战国时赵国宰相林皋，生九子，皆有文才，称为贤人，有"九龙之父，十德之门"之称，林皋被誉为"九龙之父"，其门第被赞颂为"十德之门"，林姓堂联有"西河世泽，务本家声""九龙衍派，双桂遗风"等。杨姓祠堂有一长联很有代表性："受姓自三封杨国，兆应三擅，位攉三公，名齐三喜，身去三惑，雪深三尺，编修三史，政革三月，百世渊源千古在；展酝从四袭诸侯，金畏四知，臣清四世，诗称四杰，量恕四邻，阁著四乡，堂交四老，声传四相，数朝德业万年留。"这一长联是众多史实的记述，众多的杨姓知名人物在历史上都有涉及，如"雪深三尺"是指宋代杨时程门立雪；"编修三史"是指杨维祯汇修宋、辽、金三史；"政革三月"是指杨震太尉政治改革三个月。

河洛地区家谱中，对祖辈先人有官爵者叙述较多，详细记载先人们历任官爵名称、仕途升迁过程，多彰显先人为官一地、清正廉洁、造福乡梓、后人敬仰的事迹，表现了河洛地区推崇儒家出世态度、学而优则仕、为官能光宗耀祖的意识形态，以先祖的为人处世、建功立业来激励本宗族成员立志成人、报效国家。如《河南程氏正宗世系谱》中对程氏世系成员的官爵做了细述："延：晋咸宁中除王屋令、又拜骠骑将军、荆州刺史、又拜侍中、封东阿侯。按旧谱，延为延绍，为咸公一十九世孙。以别派诸谱考之讹，今改正。……元谭：东晋为镇东军谋，晋王即位假节行新安太守，多惠政，民大悦，代还民挽留遮道不得去，诏褒嘉之，卒帝为震悼，赐其子孙田宅于歙，是为黄墩始祖。自智彻三子分房，巩洛诸程、洛赵诸程出曲阿侯，济汝诸程出东阿侯。咸七世至文昌，出自上程房，元谭渡江出自东阿房。三族皆以广平为切望。"

三 传统美德在河洛家谱中得到了普遍体现

提倡尊祖敬贤、家族和睦、勤俭创业、耕读传家等传统美德教育在河洛地区家谱中普遍体现。祖宗崇拜在河洛地区家谱中比比皆是，尤其是祖辈中有功业者或是历史名人，家谱中都会对他们浓墨重彩，细细描述，显示出强烈的祖宗崇拜。《白居易家谱》载有五十三世孙白景佑所撰的《香山传谱人》，其中有对始祖白居易的描绘："诗人白居易是我白氏迁洛始祖……白居易官高二品，著有《白氏长庆集》七十五卷。诗人为官清正，刚正不阿，不畏权贵，中立不倚。主张达则兼济天下，穷则独善其身，一生光明磊落，功业间出天地。忠国爱民，流芳千秋。"在文字叙述中表达了对始迁祖白居易的崇拜感，白氏家谱的谱序中亦多次用"高节懿行"来赞美白居易，显示本宗族成员对始祖白居易的极度敬仰。

为人友善是白氏宗族成员的主要美德，《白居易家谱》载传记一篇《白居易传》，记录白居易乐善好施、以善为美的故事。此外还有《白氏先人事实录》，其余小传皆穿插在宗族世系中，宗族世系中传主的传记和白居易传一样，具有浓重的向善意识，如有为家乡修桥筑道的，"二十八代祖，讳鸣雷，字振宇，长涵先、次萃先、三不详、四光先。公幼好学，长好善，修理桥道四十年"。有为门人邻居买田奉养、以钱助婚的，"三十二代祖，讳超，配平氏，生一子：献璋。家贫，训书门人……时有邻人陶姓四旬无室，江氏欲以女嫁之未果，公特以代为助资与陶娶之。"有以善劝恶、助恶人改善的，"三十四代祖，讳献珪，配贾氏，生三子，长祐、次祯、三福。仕彰县令，至任十余日，有许配作盗，怜而劝之，且出啼责之，赠以银米，其人誓天不盗。"有拾金不昧、以善感化旁人的，"三十四代祖，讳祐，字天相。配吕氏，生一子：延辅。庠生，家贫，出外坐馆，年终解馆归家，途与人偕行，拾银数十两，公欲悬文还其主，偕行之人欲私分焉。公答云：'财物有主，不可妄受也。我命如穷，取之未能致富。'其人揖而去。后数日，有主人找银，公全与之，其主感谢不已。"有以善施舍、资助贫苦的，"三十六代祖，讳金刚，字霜绛……卒未中试，而晚年更好施舍，遇贫苦辄与衣食，时人号为怜贫先生。"

其他如存于洛阳新安的《新安吕氏宗谱》，北宋吕蒙正以德立家，告诫子孙勿以出身世家而养成纨绔子弟的恶习；存于洛阳伊川的《范氏家谱》（伊川忠宣房系），北宋范仲淹告诫族中子弟"清心做官、莫营私利"；北宋理学大家邵雍家族的《邵氏家谱》存于洛阳安乐，家训中教导子孙"见善必为，力尽而止"；修撰时间为清咸丰十年的《程子宗谱》二卷，存于洛阳伊川，为北宋的理学大家程颢、程颐的宗族谱，其家风凛然，谱载朱熹撰写的《明道先生赞》及《伊川先生赞》等。

四　家教有术，榜样前行，注重耳濡目染的家风建设

河洛地区历代家族讲究追本溯源、敬宗睦族、耕读传家。家族杰出人物在本宗族发展、繁衍及收宗睦族的过程中起到重要的精神支柱作用，因此家谱修撰时会重点记载，以起到规诫后人、清正家风的作用。如《范氏家谱》（伊川忠宣房系）载有《北宋参知政事范仲淹传》，曰："两岁丧父，母贫无依，改适山东朱文翰。淹随母，更名朱说。幼随继父官任，于湖南澧州安乡东溪书院，安徽池州就学。二十一岁寄山东长白山醴泉寺僧舍就读。幼时读书，家境极贫，少米无菜，三餐不继。米熬糊粥，结切四块，早晚各取而充饥，遂留下'断齑划粥'之事。二十三岁，知其家世，感泣其母，去南京（河南商丘）应天府就读。立言'士当先天下而后个人'。宋真宗在大中祥符八年，中蔡齐榜进士。"并载范仲淹生平简图，其情节结构突出范仲淹"先天下之忧而忧，后天下之乐而乐"这一主题，谱图中不管是带领民众修筑捍海堰，到江淮一

带赈灾，还是戎装赴边关等，都是围绕这一主题展现忧国忧民、刚正不阿的形象，从而告诉宗族成员这就是本族始祖光辉形象，借这一光辉形象宣扬仁勇忠孝的儒家正统意识形态。范仲淹次子范纯仁是范氏忠宣房始祖，属于忠宣房重要人物，其传记《忠宣房祖范纯仁传》六千余字，记载了范纯仁的事迹，彰显了范氏忧国忧民的品德，通过始祖的言行举止记录向本宗族后世传递了励志向上、正直无私的宗族性格。

《宋康节先生墓志铭》中程颢写道："先生之德器粹然，望之可知其贤。然不事表襮不设坊畛，正而不谅，通而不污，清明坦夷，洞彻中外。"通过对邵雍人格魅力的展现，表达了程颢对邵雍的敬佩之情。邵氏家谱修撰者把这一墓志铭收录到《邵氏家谱》中，表明修撰者认同程颢对邵雍品格的赞誉，或者可以说由于血缘至上的观念，邵氏宗族成员对邵雍更具有崇拜敬佩的情感，并借此墓志铭表达出来。《邵氏家谱》还载有《康节夫子训世孝悌诗》十一首，如："子孝亲兮弟敬哥，休残骨肉起风波。劬劳恩重须当报，手足情深要取和。公艺同居今古罕，田真共处子孙多。如斯遐迩皆称美，子孝亲兮弟敬哥。""子孝亲兮弟敬哥，晨昏定省莫蹉跎。一门孝友真难得，百岁光阴最易过。和乐且耽宜自翕，彝伦攸叙在谦和。斑衣舞罢埙篪奏，子孝亲兮弟敬哥。""子孝亲兮弟敬哥，怡声卜气与谦和。难兄难弟名偏重，孝子贤孙贵自多。负米尚难为薄养，读书宁不擢高科。仲由陈纪皆如此，子孝亲兮弟敬哥。"等等，十一首诗文表达了对于"孝"这一伦理的阐释规劝意愿，细述了子孝亲弟敬哥、一家安乐祥和的重要性与具体方法，最后一首表达了社稷顺达、四方平静、宗族平安、田禾丰收的期望。

第二节　河洛地区家谱于当代的文化功用

对于家谱的社会功用，王鹤鸣先生的见解比较系统全面，他认为："回顾五千年来中国家谱对社会的功能作用，是不断变化的。在其萌芽阶段，家谱主要是优生功能；在其兴盛阶段，家谱主要是政治功能；在其完善普及阶段，家谱主要是伦理功能；而近五十年来编修新谱的社会作用，可概括为文化功能。"[1]在文化功能的论述中，王鹤鸣认为近年来中国谱牒的文化功能主要表现在三个方面："第一，弘扬中华民族历史文化，增强民族凝聚力；第二，促进海峡两岸文化交流，增强台湾同胞、海外侨胞的向心力；第三，促进社会主义公民道德建设，增强家族成员的亲和力[2]。"

"文化"乃是"人文化成"一语的缩写。此语出于《易经·贲卦·彖辞》："刚柔交错，天文也；文明以止，人文也。关乎天文以察时变，关乎人文以化成天下。"关于文化的概念，有多种解读，有人说，文化在感情上是有价值的在一定社会标准的系统中按照历史的发展形成的，被一代一代传承下来的东西或知识体系。还有人说，文化不是文明，它是处世接物精神的体现，属于无形的习俗风尚。我们的看法是，文化是一种变成了习惯的生活方式和精神价值，最后的结果是形成一群人的集体意识。文化不仅是一种表层的社会现象，也是一种深层的精神归属感。它随着社会历史的不同发展表现也不尽相同，还可用主体文化和非主体文化来界定，相应的亲情文化是中华民族主文化的最典型代表。

家谱的文化功用与家谱潜含的意识形态既有联系又有区别，家谱中的意识形态反映的是宗族成员长期生活在同一文化环境中，逐步形成的对自然、社会、宗教及宗族本身的比较一致的意识观念。而家谱的文化功用是指家谱中的文化系统在宗族成员的社会生活实践中，对宗族成员起着目标、规范、意见和行为整合的作用，对整个宗族发展具有价值导向的意义。

随着科技进步和信息社会的建设进程，当代社会先进意识催化了传统谱牒的改革与发展。首先，当代人更重视自主、自立、自尊、自强，在社会人际关系中更看中平等、自由和博爱；其次，社会经济全球化和交通便捷化，人们走出家乡务工经商，北漂、南漂、出国，当代人

---

① 王鹤鸣. 中国家谱通论 [M]. 上海：上海古籍出版社，2011：448.
② 王鹤鸣. 中国家谱通论 [M]. 上海：上海古籍出版社，2011：466-467.

的见识和活动都不再局限于家族所在地或某一小范围。传统文化在当代社会快速发展面前有与时俱进和去粗取精的创新继承要求。新修家谱普遍保存具有传统文化品位的家规家训等，突出积极进取的人生态度和高度负责的社会使命感，同时在思想上积极以历史唯物主义为指导，适应社会主义新的时代要求，将旧谱的指导思想与当代社会充分结合。原有的"强宗固族"升华为"民族富强"，狭隘的"寻根谒祖"发展为"祖国统一与爱好和平"等。新修家谱或家族档案，如果既符合当代家庭的需求，顺应现代社会的发展，还保留了传统家谱的"敦宗睦族""凝聚血亲"的和谐功能，就能充分发挥出家谱以文化人的作用，成为建设当代中国和谐社会的新抓手。

一　追溯源流，友宗善族

历史上，一般都是通过血缘构建家庭，家庭进而进化到家族，家族整合成宗族，国家的形成和发展就是宗族社会发展的结果，数千年绵延不绝的家庭制度，一直潜移默化地影响着国家发展的方方面面，即使在当今时代，宗法制度早已废除，但"家国同构"的历史印记仍深深存在。

家谱是寻找自身的根渊和走向的根本。对本宗族成员而言，研读家谱后最为重要的是知道了本宗族的发展史，知道了祖先是谁，自己是谁，祖籍何处，族人的播迁分布以及本族杰出人物的历史事迹。所以说，家谱蕴藏着丰厚的敦亲睦族的社会文化功能。比如1999年新修的《固始裴氏宗谱》，尊始迁祖为裴志刚，明朝时由山西迁至河南固邑东南清河里。该谱谱序考察裴氏由来、裴氏家族的发祥地，说明本支迁往现居地已六百多年，明言修谱的意义在于"使族之离者复合，断者复续，尊者安于尊而不自以为倨，卑者安于卑而不自以为屈，秩如也，欢如也，且使后之子孙读先人之谱而自兴焉"。谱例中提倡男女平等，十分详细。

改革开放以来，海外华人华侨、台湾同胞、港澳同胞到大陆寻根问祖的热情见长，纷纷回乡认祖归宗、回馈乡梓，对家乡经济建设亦做出了不少贡献，促进了多方的交流合作，上海图书馆家谱阅览室对外开放后，世界各地读者络绎不绝，他们试图通过查询家谱寻根，找到自身、家庭以及家族历史轨迹，更多是找到心灵的归宿、精神上的归属感。

二　挖掘史料，开展研究

梁启超先生在《中国近三百年学术史》中指出，家家皆有谱，家谱是"史界瑰宝"。这充分说明了家谱对开展学术研究的学术价值和史料意义不可小觑，应引起重视。同时，家谱研究还可起到"文史互证"的作用，其独特性不言而喻。当代著名学者、南京大学中文系教授、博士生导师卞孝萱先生的《家谱中的名人身影》一书，就是运用"文史互证"方法的典范，对清朝至当代十几位名门、名人开展研究，取得了意想不到的效果。卞老先生使用文献资料，涉及正史、碑刻、笔记、方志、野史、诗文等，均是依托家谱完成的，把这些历史人物的人生历程及名门的兴衰变化描述得淋漓尽致，具有很强的可读性。

河洛地区历史名人众多、家族变迁史丰富，开展相关研究，国史、方志、家谱内容互为佐证纠错，可进一步深入剖析历史细节，解开历史谜团。散居于洛阳北邙的蒙古族李氏家族，始祖忠宣王孔温窟哇，为蒙古大将，追随元太祖铁木真征战沙场、屡立战功、舍生忘死，壮烈牺牲。其子木华黎，是洛阳蒙裔李氏之二世祖，为元太祖称成吉思汗后的手下四杰之首，其子孙在蒙元王朝备受宠信，出将入相，簪缨不绝。明初扎剌尔氏易姓为李，从木从子，以志本源。2005 年新修的《洛阳蒙古族李氏家谱》言："李出有元，札剌尔氏，世居斡难河东……八世祖可用公，善骑射，雄健杰出，有祖父怀远大将军之风度气概。明军取松江，以其'胜国勋裔，且款附意缓（被战胜国勋臣的后裔，归顺明军态度消极，迁延迟缓）'为由，贬官，充军到河南府即今之洛阳戍卫守边。在职所为人忠厚，积功至五十夫长，成为卫所首长的属员，指挥使以下官吏都很器重他。始居洛阳南关，为洛阳蒙裔李氏之始迁祖。"李氏家谱记载内容与宋人宋濂主编的《元史》、元人元明善撰写的《丞相东平忠献王碑》和黄潜撰写的《中书右丞相追封郓王文忠神道碑》等史籍记载可互为佐证。该谱所载，上溯始祖孔温窟哇，二世祖木华黎，下续今日五千二百余族人，规模之大，族谱之完整无缺，实前所未有，且嫡传系脉，继承有序，世次不紊，一目了然，同时也清晰反映了李氏先祖札剌尔氏在蒙古族入主中原的一百多年里，由尊荣到败落，辗转迁徙的历史过程：漠北——山西云中（今大同）——山东阳谷（今阳谷县）——湖北鄂州（今武汉）——元大都（今北京）——广东南恩州（今阳江）——江西信州（今上饶）——浙江松江（今上海）——河南府（今洛阳）——洛阳北邙李家营等村落。其史料功能显而易见，能高度还原历史原貌，是正史和地方志的有益补充。

三 立德树人，治国安邦

历史上家谱在宗法制度、官吏选举、婚配制度等方面发挥了其他文献资料无法取代的作用，超越其原初血缘群体的意义，成了血缘群道德教化的工具，影响久远。河洛地区家谱中家训家教内容是其重要组成部分，集中体现在谱序、家训族规、传记等处，一般宣扬敬父母、尊长者、睦族人、和友邻、恤贫孤、尚节俭、戒赌博、戒奢侈、戒懒惰、戒酒色、戒淫逸等训诫规劝内容，借记录先辈族人孝敬老人、忠君爱国、造福乡梓、刻苦学习、奋发拼搏的典型事迹，生动展现族中先辈的人生足迹，以期对后人心理素质、价值取向、行为模式发生潜移默化的影响。河洛地区家谱相关内容推崇"孝悌忠信、礼义廉耻"等儒家思想，既是族人立身处世的价值准则，又是家族有效治理、有序运行的重要载体和手段。

在中国特色社会主义建设的新时期，更要发挥家谱文化在家庭教育方面的作用，结合学校教育和社会教育立德树人，治国安邦。如习近平总书记所强调的，"要抓住青少年价值观形成和确定的关键时期，引导青少年扣好人生第一粒扣子"，"育新人，就是要坚持立德树人、以文化人，建设社会主义精神文明，培育和践行社会主义核心价值观，提高人民思想觉悟、道德水准、文明素养，培养能够担当民族复兴大任的时代新人"。

荥阳郑氏是北朝著名的汉族士族，影响深远，故称"天下郑氏出荥阳，荥阳郑氏遍天下"。郑氏家族为了培养全体郑氏族人尊敬祖宗、和睦家族从而和睦国族的思想感情，使每个郑人都能崇祖报德，崇祖报国，成为一个尊敬祖先、爱家爱族爱国一分子，2001年11月16日，"郑氏历史文化研讨会暨《郑氏族系大典》编纂委员会第一次扩大会议"在河南荥阳召开，并以此为宗旨正式启动了该典的编撰工作。编辑委员会采风16个省（市），800多个县（区），3000多个村庄，600余宗庙，编撰文字2000余万，八大部，十二大本，十九卷，三十九章，全书刊发画像、图片、彩照等各类图谱10000余帧，记载了郑氏2800余年的家族史。编撰过程中借鉴了我国现代文化巨匠，著名作家和学者，新中国文化、文物事业的奠基人与开拓者郑振铎先生所开创的"图谱典籍"治史治学形象法，并践行先生反复强调的"人民是历史的主人，要治史首应开启真实的人民历史之门"思想，不仅重视显赫郑氏家族、著名郑氏人物记载，同时重视普通郑氏房族始祖及德行操守高洁的平民先祖在历史上的作用，以忠于祖国、忠于民族、忠于人民、忠于历史为根基，来弘扬伟大的中华民族文化和郑氏文化。该大典成为凝聚世界各国、各地区郑氏宗亲会，海内外郑氏各界人士、郑氏宗亲的鸿篇巨制，其编撰出版工作亦得到了河南省、郑州市、荥阳市人民政府的高度重视和大力支持。

第三节　河洛地区家谱文化价值的传承与创新

文化自信是更基础、更广泛、更深厚的自信，博大精深、灿烂辉煌的中华优秀传统文化是我们坚定文化自信的深厚基础。黄河是中华民族的母亲河，是中华文明的摇篮。黄河文化影响和决定着中华民族的价值取向、道德取向和审美取向，是中华文明的母体，是我们坚定文化自信的重要基石。2019年习近平总书记在郑州主持召开的黄河流域生态保护和高质量发展座谈会上指出，黄河文化是中华文明的重要组成部分，是中华民族的根和魂。要推进黄河文化遗产的系统保护，深入挖掘黄河文化蕴含的时代价值，讲好"黄河故事"，延续历史文脉，坚定文化自信，为实现中华民族伟大复兴的中国梦凝聚精神力量。

2020年12月25日，河南省政府新闻办召开"洛阳都市圈一体化高质量发展"新闻发布会，正式发布《洛阳都市圈发展规划（2020～2035）》，推动洛阳、平顶山、焦作、三门峡、济源五市一体化发展。洛阳都市群的战略定位是"三区一中心一枢纽"，即黄河流域生态保护和高质量发展示范区、全国先进制造业发展引领区、文化保护传承弘扬核心区、国际人文交往中心和全国重要综合交通枢纽。

新中国成立后，我国的社会主义意识形态建设是一个不断总结和探索的过程，2007年10月，党的十七大明确指出"社会主义核心价值体系是社会主义意识形态的本质体现"；2012年11月，中共十八大报告明确提出"三个倡导"，即"倡导富强、民主、文明、和谐，倡导自由、平等、公正、法治，倡导爱国、敬业、诚信、友善，积极培育社会主义核心价值观"；2018年3月，第十三届全国人民代表大会第一次会议通过《中华人民共和国宪法修正案》，将"国家提倡爱祖国、爱人民、爱劳动、爱科学、爱社会主义的公德"修改为"国家倡导社会主义核心价值观，提倡爱祖国、爱人民、爱劳动、爱科学、爱社会主义的公德"，将倡导社会主义核心价值观以国家宪法形式规定下来。面对世界范围思想文化交流、交融、交锋形势下价值观较量的新态势，面对改革开放和发展社会主义市场经济条件下思想意识多元多样多变的新特点，积极培育和践行社会主义核心价值观，对于巩固马克思主义在意识形态领域的指导地位、巩固全党全国人民团结奋斗的共同思想基础，对于促进人的全面发展、引领社会的全面进步，对于凝聚全面建成小康社会、实现中华民族伟大复兴中国梦的强大正能量，具有重要现实意义和深远历史意义。

二十四字社会主义核心价值观是社会主义核心价值体系的内核和最新概括，体现了社会主义核心价值体系的根本性质和基本特征，反映了社会主义核心价值体系的丰富内涵和实践要求，是社会主义核心价值体系的高度凝练和集中表达。我们认为，社会主义核心价值观并不是从天而降、凭空而来的，它是秉承了传统儒家思想文化中的社会理想和人格理想的部分内容，并且在此基础上进行了理论创新。习近平总书记曾指出："我们提出的社会主义核心价值观，把涉及国家、社会、公民的价值要求融为一体，既体现了社会主义本质要求，继承了中华优秀传统文化，也吸收了世界文明有益成果，体现了时代精神。"

十八大报告提出"文化是民族的血脉，是人民的精神家园"，传承与创新优秀的传统文化，有助于树立中华民族高度的文化自觉性和文化自信心。河洛文化是中原文化的精华和典型代表，中原文化是黄河文化的基本支撑和集中体现，黄河文化是中华民族的根文化、母体文化。作为河洛文化的重要组成部分，河洛地区家谱中所体现的刚健有为的人生态度、和而不同的处世原则，厚德载物的包容并取、天人合一的意识形态和文化功用，对于我们今天保护传承弘扬好黄河文化、以历史人文联系为纽带建设好洛阳都市圈、激励时人立家报国、践行社会主义核心价值观、做好新形势下意识形态工作均能起到积极的推动作用。

近年来河洛地方政府、民间组织等积极审视优秀传统文化对河洛文化软实力建设的作用，已通过多种渠道传承展示和创新发展河洛优秀传统家风家训文化，力求焕发其新的时代生命力。如每年农历三月三日在河南省新郑市举办的象征炎黄子孙血脉相连、薪火相传的黄帝拜祖祭典，多年来吸引世界各地的华人华侨来寻根祭祖、缅怀祖先，极大增强了海内外华人的根亲意识和血脉亲情；洛阳市委建设了家风家训馆，旨在让参观者见贤思齐，推动更多的家庭牢记家训、正好家风；洛阳伊川县以现存的老家谱文献为例，讲解伊川传统好家风的典范；洛阳嵩县政府在二程故里建立了"家风教育基地"，以家风教育为核心来弘扬社会主义核心价值观；盛世修谱，改革开放以来河洛诸多家族掀起了修撰续修家谱的新高潮，用以辨亲疏、明昭穆、教子孙、鞭后世，以此提高家族凝聚力等。

河洛地区旧谱蕴含古人治家教子精华，但无疑也因思想局限，自带时代烙印，如忠君思想、男尊女卑等，需要我们辩证看待、去粕存精。新中国成立后，尤其是近30年撰修的家族新谱一般对旧谱进行了批判继承，以历史唯物主义为指导，将旧谱的指导思想与现代社会充分结合，适应社会主义新的时代要求。作为中华民族一笔珍贵的历史文化遗产，我们有必要用家谱为海内外游子存一份乡情，增强故土的向心力和凝聚力，也有必要充分发掘和传播家谱文化中的时代价值，从家庭教育方面为社会主义核心价值观的弘扬和践行培根固本！

附录一　著者前期主要研究成果

一　专著

[1] 谢琳惠著.洛阳地区家谱提要.北京图书馆出版社，2007.

二　论文

[1] 张昕宇著.在大众传播中实现馆藏家谱的创新价值.河南图书馆学刊，2020（12）.

[2] 谢琳惠著.基于黄河文化传承的馆藏中原家谱研究.河南图书馆学刊，2020（9）.

[3] 谢琳惠著.论邵雍对洛学的影响.洛阳理工学院学报（社科版），2019（1）.

[4] 张昕宇著.家谱数字化建设与服务趋势概述.河南图书馆学刊，2017（3）.

[5] 谢琳惠著.全媒体环境下的家谱信息传播.河南图书馆学刊，2016（6）.

[6] 张昕宇著.家谱数字化工作的现状与思考.河南图书馆学刊，2016（1）.

[7] 谢琳惠著.家谱中"祖"字文化内涵探究——以河洛地区若干家谱为例.图书馆，2015（8）.

[8] 王忠田、谢琳惠著.家谱叙事话语的转义行为——以河洛地区若干家谱为例.叙事理论与批评的纵深之路，2015.

[9] 谢琳惠著.邵氏家谱中的和谐因素在当代社会发展中的功用.图书馆，

2012（3）.

[10] 谢琳惠著.家谱文献资源信息化开发与利用.河南图书馆学刊,2012（6）.

[11] 张昕宇著.图书情报界的知识服务研究.图书情报工作,2012（2）.

[12] 谢琳惠著.传统家谱与和谐文化建设.河南图书馆学刊,2010（6）.

[13] 谢琳惠著.家谱文化在和谐社会建设进程中的弘扬.图书馆,2009（6）.

[14] 谢琳惠著.客家族谱文化的教育价值及传承.2009年海峡两岸客家族谱高层论坛宣读,会址:福建上杭.

[15] 谢琳惠.河洛地区家谱特点初探.图书馆理论与实践,2008（1）.

[16] 谢琳惠著.我国数据库产业的现状、问题及对策.中国图书馆学报,2007（5）.

[17] 谢琳惠著.河洛地区洛宁张氏家谱典型特征探微.图书馆,2007（5）.

[18] 谢琳惠著.网络信息分类组织研究的重点、热点及其他.大学图书馆学报,2006（2）.

三　项目

[1] 谢琳惠主持,张昕宇第一参加人.2020年国家社科基金项目"基于中原地区家谱的中华优秀家风家训搜集、整理与研究"（批准号:20BTQ012）.

[2] 谢琳惠主持,张昕宇第一参加人.2013年国家社科基金项目"河洛地区名人家谱收集、整理与研究"（批准号:13BTQ038）.

[3] 谢琳惠主持,张昕宇第一参加人.河南省哲学社会科学项目"中原地区家谱文化与和谐文化建设"（批准号:2008-FZH005）.

[4] 张昕宇主持,谢琳惠第一参加人.河南省软科学研究计划项目"高校信息资源在大学科技园支撑体系中的利用模式研究"（项目编号:122400430011）.

附录二 2010~2020年有关"家谱"的正式出版著作

[1] 姚建康. 家谱编修指南 [M]. 昆明：云南人民出版社，2006.

[2] 徐建华. 中国的家谱 [M]. 天津：百花文艺出版社，2010.

[3] 王鹤鸣. 中国家谱通论 [M]. 上海：上海古籍出版社，2010.

[4] 刘庆华. 满族家谱序评注 [M]. 沈阳：辽宁民族出版社，2010.

[5] 来新夏，徐建华. 中国的年谱与家谱 [M]. 北京：中国国际广播出版社，2010.

[6] 上海图书馆. 中国家谱论丛 [M]. 上海：上海古籍出版社，2010.

[7] 谢琳惠. 洛阳地区家谱提要 [M]. 北京：国家图书馆出版社，2010.

[8] 袁尚海. 中华袁氏通用世系·尚海话袁氏 [M]. 昆明：云南民族出版社，2010.

[9] 刘永升. 青少年必读知识文丛：姓氏 [M]. 北京：大众文艺出版社，2010.

[10] 高路加. 中华高姓大通谱 [M]. 北京：中国文史出版社，2011.

[11] 王鹤鸣. 中国家谱通论 [M]. 上海：上海古籍出版社，2011.

[12] 滕吉庆. 中国古代文化史话：年谱与家谱 [M]. 长春：吉林文史出版社，2011.

[13] 绍兴市家谱协会. 家谱编纂指南 [M]. 杭州：西泠印社出版社，2011.

[14] 陈宏. 深圳原住民家谱 [M]. 深圳报业集团出版社，2011.

[15] 湖南图书馆. 湖湘文库·湖南家谱知见录 [M]. 长沙：湖南教育出版社，2011.

[16] 谈家胜.国家图书馆所藏徽谱资源研究——32 种稀见徽州家谱叙录 [M].合肥：安徽大学出版社，2011.

[17]（清）谈鼎铭等.无锡文库.第 3 辑：无锡裘氏家谱、荣氏宗谱、谈氏宗谱 [M].南京：凤凰出版社，2011.

[18] 徐焰.红家谱 [M].北京：解放军文艺出版社，2012.

[19] 本溪市党史地方志办公室.辽东满族家谱选编 [M].沈阳：辽宁民族出版社，2012.

[20] 林学勤.中国家谱的编纂 [M].石家庄：河北人民出版社，2012.

[21] 吉育斌.丹阳家谱提要 [M].成都：四川师范大学电子出版社，2012.

[22] 朱炳国.中国家谱文化 [M].南京：凤凰出版社，2012.

[23] 王鹤鸣，王澄.中国家谱史图志 [M].合肥：安徽科学技术出版社，2012.

[24] 乐相余.姓氏楹联汇编 [M].杭州：浙江古籍出版社，2012.

[25] 童银舫.慈溪家谱 [M].北京：中国文史出版社，2013.

[26] 牛勃.武氏家谱 [M].兰州：甘肃人民美术出版社，2013.

[27] 常建华，王强，蓝义宽.稀见姓氏家谱（第 29 辑）蓝氏家谱 [M].南京：凤凰出版社，2013.

[28] 常建华，王强，习名质.稀见姓氏家谱（第 1 辑）习氏六修族谱（1）[M].南京：凤凰出版社，2013.

[29] 上海图书馆.中国家谱资料选编 [M].上海：上海古籍出版社，2013.

[30] 王强.明代家谱 [M].南京：凤凰出版社，2013.

[31] 伍小鲁.伍氏家谱 [M].北京：中国戏剧出版社，2013.

[32] 王华北.中国少数民族家谱研究 [M].北京：新华出版社，2013.

[33] 吴植钿.家谱导填与姓氏起源 [M].广州：广东经济出版社，2013.

[34] 王晓刚.武进家谱荟萃 [M].南京：南京大学出版社，2013.

[35] 周尚兵.齐州房氏家族文化研究 [M].北京：中华书局，2013.

[36] 泉州赵宋南外宗研究会，南开大学中国社会史研究中心.天潢玉牒彩绘南外天源赵氏宗谱（全 12 册）[M].南京：凤凰出版社，2013.

[37] 韦家能.韦氏文化研究 [M].北京：中国文史出版社，2014.

[38] 方才 . 方氏家乘 [M]. 北京：中国文史出版社，2014.

[39] 梁乐章 . 民国梁氏家谱 [M]. 桂林：广西师范大学出版社，2014.

[40]（清）梁颖穌 . 光绪梁氏家谱 [M]. 桂林：广西师范大学出版社，2014.

[41] 李万军，牛建军，赵斌 . 中华传统家谱文化常识 [M]. 郑州：中州古籍出版社，2014.

[42] 冯剑辉 . 徽州家谱宗族史叙事冲突研究 [M]. 合肥：合肥工业大学出版社，2014.

[43] 唐玲玲，陈虹，周伟民 . 海南家谱移民人口史料与研究 [M]. 北京：知识产权出版社，2014.

[44] 孙勤，邵欢欢 . 杭州萧山馆藏家谱图录 [M] . 北京：国家图书馆出版社，2014.

[45] 王振平，潘克奇 . 隆化：一门九将军河北隆化《何氏家谱稿》[M]. 沈阳：白山出版社，2014.

[46] 修正扬 . 家谱 [M]. 北京：作家出版社，2014.

[47] 高新 . 现代家谱 [M]. 北京：中国文史出版社，2014.

[48] 吕有凯 . 家谱理论与编修技术 [M]. 北京：中国文史出版社，2014.

[49] 何氏家谱编辑组 . 何氏日旭家谱 [M]. 北京：中华书局，2014.

[50] 吕强 . 太平吕氏家谱 [M]. 北京：中华书局，2014.

[51] 诸暨市文化广电新闻出版局 . 诸暨家谱总目 [M]. 杭州：浙江人民美术出版社，2014.

[52] 陈硕炫 . 琉球闽人家谱资料研究 [M]. 北京：海洋出版社，2014.

[53] 白萨茹拉 . 科尔沁右翼前后旗王公家谱 [M]. 海拉尔：内蒙古文化出版社，2014.

[54] 杜钟文 . 鄞邑现存家谱总目提要 [M]. 杭州：浙江古籍出版社，2014.

[55] 赵亮，苏品红 . 国家图书馆家谱元数据规范与著录规则 [M]. 北京：国家图书馆出版社，2014.

[56] 吴建华 . 姓氏文化与家族社会探微 [M]. 苏州：苏州大学出版社，2014.

[57] 廖康强 . 中华姓氏起源通史 [M]. 北京：中国商业出版社，2014.

[58] 谢纯灵 . 谢姓简史 [M]. 南昌：江西人民出版社，2014.

[59] （清）何檀.泰兴何氏家乘、延令程氏重修宗谱、顾氏族谱等 [M].南京：凤凰出版社，2014.

[60] （清）宫伟镠.李氏世谱、施氏家簿谱、续南宫旧德录等 [M].南京：凤凰出版社，2014.

[61] （清）宫本昂，（清）陈安策.泰州宫氏族谱、陈氏家乘、海陵储氏宗谱等 [M].南京：凤凰出版社，2014.

[62] 程氏钟灵系明祖房族委会.贵州遵义程氏宗谱钟灵系明祖房（珍藏版）[M].北京：中国文史出版社，2014.

[63] 励双杰.思绥草堂藏稀见名人家谱汇刊（第 3 辑）[M].桂林：广西师范大学出版社，2014.

[64] 王俊，李军.沈阳锡伯族家谱 [M].沈阳：辽宁民族出版社，2015.

[65] 张詠.回族家谱考论 [M].阳光出版社，2015.

[66] 顾燕.中国家谱堂号溯源 [M].上海：上海古籍出版社，2015.

[67] 肖东发，高宇飞.血缘脉系：家族家谱与家庭文化 [M].北京：现代出版社，2015.

[68] 无锡市图书馆.无锡地区家谱知见目录 [M].扬州：广陵书社，2015.

[69] 王林，朱慰琳.民间的一种记忆：今天的中国人如何编修家谱 [M].重庆：重庆大学出版社，2015.

[70] 魏怀习，李立新.家谱编修实用大全 [M].郑州：中州古籍出版社，2015.

[71] 刘宁，唐树科，王忠民.影印中国家谱文献 [M].兰州：敦煌文艺出版社，2015.

[72] 区桥之.西樵历史文化文献丛书桥之自辑家谱 [M].桂林：广西师范大学出版社，2015.

[73] 高路加.高姓简史 [M].南昌：江西人民出版社，2015.

[74] 乔志霞.中国古代姓氏 [M].北京：中国商业出版社，2015.

[75] （清）梁海.澜溪梁氏续谱 [M].苏州：古吴轩出版社，2015.

[76] （清）潘斯濂，（清）潘斯澜.潘氏家乘 [M].桂林：广西师范大学出版社，2015.

[77] 多方如.中国多氏家族志 [M].北京：中国文史出版社，2015.

[78]（法）帕特里克·莫迪亚诺.家谱 [M].李玉民译.北京：人民文学出版社，2016.

[79]《固原金堡汤氏家谱》编写组.固原金堡汤氏家谱 [M].银川：宁夏人民出版社，2016.

[80] 何晓芳.清代满族家谱选辑（上）[M].沈阳：辽宁民族出版社，2016.

[81] 傅传松.家谱编纂概论 [M].武汉：长江文艺出版社，2016.

[82] 励双杰.名人家谱撷谈 [M].桂林：广西师范大学出版社，2016.

[83]（清）方传理.桐城桂林方氏家谱（共 66 卷 71 册）[M].合肥：安徽师范大学出版社，2016.

[84] 倪文才.高邮姓氏文化研究 [M].北京：中国文史出版社，2016.

[85] 赖正维.东海海域移民与汉文化的传播——以琉球闽人三十六姓为中心 [M].北京：社会科学文献出版社，2016.

[86] 吕萍，何晓芳，张德玉.佛满洲家谱精选 [M].北京：人民出版社，2017.

[87] 山西省社会科学院家谱资料研究中心.历代姓氏文献丛刊 [M].北京：北京燕山出版社，2017.

[88] 王强.明代家谱二辑 [M].南京：凤凰出版社，2017.

[89] 家谱丛书编纂委员会.家谱丛书：家谱中的名人身影 [M].沈阳：辽海出版社，2017.

[90] 王俊.中中国古代家谱与年谱 [M].北京：中国商业出版社，2017.

[91] 孔庆东.寻根密码姓氏（图文版）[M].北京：国际文化出版公司，2017.

[92] 何虎生，周守高.蒋介石家谱 [M]].北京：中国工人出版社，2018.

[93]（清）黎斯允，（清）郭玉俦.黎氏家谱、简村郭氏族谱 [M].桂林：广西师范大学出版社，2018.

[94] 王鹤鸣，王洪治.中国少数民族家谱通论 [M].上海：上海古籍出版社，2018.

[95] 曹巩华，阮峻.京匠：百家谱 [M].贵阳：贵州人民出版社，2018.

[96] 饶锷、陈贤武.潮安饶氏家谱 [M].广州：暨南大学出版社，2018.

[97] 王华北.北方少数民族家谱整理与研究 [M].北京：中央民族大学出版社，2018.

[98] 上海图书馆，陈建华.中国少数民族家谱总目 [M].上海：上海古籍出版社，2018.

[99] 北京图书馆.北京图书馆藏家谱丛刊 [M].北京：北京图书馆出版社，2018.

[100] 刘艳红.亲密伤害：暴力家庭的家谱图和心理创伤探索性研究 [M].石家庄：河北人民出版社，2018.

[101] 郭登浩.北方家谱 [M].扬州：广陵书社，2018.

[102] 彭开富.家谱史话 [M].成都：四川民族出版社，2018.

[103] 刘杭.浙江家谱丛刊 [M].北京：学苑出版社，2018.

[104] 邱以祥.衢州市区现存家谱总目 [M].杭州：浙江古籍出版社，2018.

[105] 国家图书馆地方志家谱中心.国家图书馆藏清代民国名人家谱选刊续编 [M].北京：北京燕山出版社，2018.

[106] 巴音.成吉思汗后裔：鄂尔多斯左翼后旗台吉家谱图 [M].海拉尔：内蒙古文化出版社，2018.

[107] 龙泽江.苗族土司家谱：龙氏家乘迪光录 [M].贵阳：贵州大学出版社，2018.

[108] 张先清.太姥族谱文献 [M].厦门：厦门大学出版社，2018.

[109] （清）郭泰贞，郭扬光.西樵历史文化文献丛书：大同西边郭氏族谱 [M].桂林：广西师范大学出版社，2018.

[110] 苗仪，黄玉美.韶关族谱家训家规集萃 [M].广州：暨南大学出版社，2018.

[111] 柳诒徵：柳诒徵文集 [M].北京：商务印书馆，2018.

[112] 上海图书馆.董氏族谱 [M].上海：上海科学技术文献出版社，2018.

[113] 上海图书馆.徐氏族谱 [M].上海：上海科学技术文献出版社，2018.

[114] 张骅.平遥段村张氏族谱 [M].太原：三晋出版社，2018.

[115] 松桃苗族自治县苗学会.松桃龙氏族谱 [M].北京：中国文史出版社，

2018.

[116] 彭全民 . 深圳黄贝岭村张氏族谱 [M]. 深圳：海天出版社，2018.

[117] 苏仲辉 . 北墩武功苏氏族谱 [M]. 郑州：中州古籍出版社，2018.

[118] 吉家林，吉世芳，吉正祥 . 中华吉氏文化与族谱精华 [M]. 北京：中国农业出版社，2018.

[119] 李维松 . 湘湖宗谱与宗祠 [M]. 杭州：杭州出版社，2018.

[120] 仰健雄 . 仰氏宗谱历代谱序跋校译 [M]. 杭州：浙江古籍出版社，2018.

[121]（奥）恭特朗·哈佐德，沈卫荣 . 西藏宗谱：纪念古格·次仁加布藏学研究文集 [M]. 北京：中国藏学出版社，2018.

[122] 上海图书馆 . 毛氏宗谱 [M]. 上海：上海科学技术文献出版社，2018.

[123] 魏青平，李睿 . 南陵士族宗谱文选 [M]. 合肥：黄山书社，2018.

[124] 史登顺 . 唐县史氏宗谱 [M]. 保定：河北大学出版社，2018.

[125] 丁庆祥，丁怀伟，丁涛 . 蒙宿丁氏宗谱 [M]. 北京：金盾出版社，2018.

[126] 上海图书馆 . 龙溪盛氏宗谱 [M]. 上海：上海科学技术文献出版社，2018.

[127] 上海图书馆 . 锡山秦氏宗谱 [M]. 上海：上海科学技术文献出版社，2018.

[128] 余伯成 . 余氏善本宗谱集成 [M]. 成都：四川大学出版社，2018.

[129] 上海图书馆 . 东管乡沈郎桥叶氏宗谱 [M]. 上海：上海科学技术文献出版社，2018.

[130] 上海图书馆 . 上川明经胡氏宗谱 [M]. 上海：上海科学技术文献出版社，2018.

[131] 高天栓 . 小作高氏宗谱总纂 [M]. 石家庄：河北人民出版社，2018.

[132] 邢越 . 海南邢氏历代宗谱碑铭文辑 [M]. 海口：南海出版社，2018.

[133] 韩清涛 . 家谱体例 [M]. 北京：线装书局，2019.

[134] 周德明 . 中国家谱丛编 [M]. 天津：天津古籍出版社，2019.

[135] 范志毅 . 湖北家谱总目 [M]. 武汉：崇文书局，2019.

[136] 曾国生.莲花家谱文化 [M].北京：经济日报出版社，2019.

[137] 王婷.稀见姓氏家谱 [M].北京：北京燕山出版社，2019.

[138] 李勇先，高志刚.巴蜀稀见姓氏家谱集成 [M].成都：巴蜀书社，2019.

[139] 上海图书馆.上海图书馆藏珍稀家谱丛刊 [M].上海：上海科学技术文献出版社，2019.

[140] 毛丽娅，高志刚.巴蜀珍稀家谱钞稿本汇编 [M].成都：巴蜀书社，2019.

[141] 河北大学图书馆.河北大学图书馆馆藏家谱图录 [M].石家庄：河北教育出版社，2019.

[142] 李吉.中国族谱丛刊 [M].郑州：中州古籍出版社，2019.

[143] 汪学松.汪氏宗族谱书 [M].沈阳：沈阳出版社，2019.

[144] 薛柏成.叶赫那拉氏族谱整理与研究 [M].北京：中国社会科学出版社，2020.

[145] 中国闽台缘博物馆.馆藏陈林姓族谱迁台信息采集汇编 [M].北京：九州出版社，2019.

[146] 郭武安.诸暨郭氏宗谱 [M].北京：中国文史出版社，2019.

[147] 马甫平，潘满库.安阳潘氏宗谱 [M].太原：山西人民出版社，2019.

[148] 王婷.上海家谱 [M].北京：线装书局，2020.

[149] 杨剑平，贾竹青.胶东家谱考略 [M].济南：齐鲁书社，2020.

[150] 王昱，李天俞，李健胜.李土司家谱三种 [M].西宁：青海人民出版社，2020.

[151] 张爱华.文化软权力视野下的家谱研究 [M].天津：天津人民出版社，2020.

[152]（明）蒋柱，（清）蒋人杰，南汇蒋氏族谱 [M].上海：上海书画出版社，2020.

[153] 邓文金，涂志伟.台湾族谱续编 [M].上海：上海古籍出版社，2020.

[154] 殷作斌.朐阳殷氏宗谱 [M].郑州：黄河水利出版社，2020.

附录三 2010~2020 年有关"家谱"的 硕士、博士论文

一 2010~2020 年硕士论文

[1] 林美云.话语视角下的宗谱文化研究——以《蓝氏宗谱》文化解读为例 [D].浙江师范大学,2010.

[2] 陈翻蒋.浙江三门陈氏宗谱研究 [D].安徽大学,2010.

[3] 彭秋婵.宿松彭氏修谱民俗研究 [D].安徽大学,2010.

[4] 叶国爱.族谱的教育价值研究 [D].西南大学,2010.

[5] 张杰.满族富察哈拉家谱初探——阿城富察哈拉满文家谱研究 [D].黑龙江大学,2010.

[6] 李学才.千乘欧阳氏家族研究 [D].山东师范大学,2011.

[7] 雷晖.基于 Flex 与 J2EE 的族谱网的设计与实现 [D].苏州大学,2011.

[8] 柯洲.数字化家谱的研究与实现 [D].华中师范大学,2011.

[9] 冯一茹.家谱元数据规范设计与 XML 实现 [D].南京师范大学,2011.

[10] 左宇菲.清代至民国时期四川部分地区汉族家谱所见宗族文化研究 [D].四川师范大学,2011.

[11] 范玉伟.清代安徽家族法研究 [D].湘潭大学,2011.

[12] 宋杰.明代徽州存世家谱的文献学研究 [D].安徽师范大学,2011.

[13] 马文涛.河北回族家谱研究 [D].西北民族大学,2011.

[14] 袁浩.中国数字化家谱网站的设计与实现 [D].北京师范大学,2011.

[15] 吴兆龙.汪道昆的家谱编修活动及其理论成就 [D].安徽师范大学,2012.

[16] 贾静.基于家谱的家族迁徙数据模型研究 [D].南京师范大学，2012.

[17] 周兴嫒.族谱中的女性以《泰和南冈周氏添田学士派三次续修谱》和《水北四修族谱》为例 [D].上海师范大学，2012.

[18] 李城.家谱式林权管理模式及其信息系统研建 [D].浙江农林大学，2013.

[19] 陈兰.清代以来巴蜀地区部分汉族谱牒所见宗族文化研究 [D].四川师范大学，2013.

[20] 占文倩.明清桐城地方宗族的祖先记忆与族谱编纂 [D].江西师范大学，2013.

[21] 朱婧.清代福建族谱中的科举考试印记 [D].福建师范大学，2013.

[22] 刘坚强.百姓通谱网运营管理平台的设计与实现 [D].暨南大学，2013.

[23] 渠海燕.吕梁地区修谱的民俗研究 [D].青海师范大学，2013.

[24] 于程琳.明代徽州谱序研究 [D].安徽师范大学，2013.

[25] 孙伟.丽江木氏土司谱牒档案探析 [D].云南大学，2013.

[26] 梁晓飞.《吉尔吉斯斯坦共和国家谱制建设》（前五章）——英汉翻译实践报告 [D].新疆师范大学，2013.

[27] 齐起.族谱史料价值探析 [D].吉林大学，2013.

[28] 刘军丹.家庭谱系关系的搜索算法及其元图表示 [D].河北师范大学，2013.

[29] 叶康杰.凉山彝族谱牒编修调查研究——以昭觉县瓦其家支为例 [D].中央民族大学，2013.

[30] 李佳佳.满族谱牒中的家训研究 [D].吉林师范大学，2014.

[31] 牟菲菲.牟氏家谱研究 [D].中国海洋大学，2014.

[32] 王忠田.私修谱牒叙事的主要模式及文化内涵——以河洛地区若干家族谱牒为例 [D].湖北师范学院，2014.

[33] 朱玉荣.清代徽州家谱述论 [D].安徽师范大学，2014.

[34] 吴刚.蒲圻吴氏宗谱研究 [D].湖北大学，2014.

[35] 龚菲.家谱档案管理研究 [D].安徽大学，2014.

[36] 陈辰立.明清闽籍徙温移民与温州宗族社会 [D].福建师范大学，2014.

[37] 赵华鹏 . 家族行动——镇原慕氏修谱的田野报告 [D]. 宁夏大学，2014.

[38] 王丹丹 .《十八州谱》撰修原因探析 [D]. 华中科技大学，2014.

[39] 代昌雄 . 晚清民国时期监利孝文化研究——以魏利家谱、方志为中心 [D]. 华中师范大学，2014.

[40] 江慧萍 . 明清时期徽州宗族祠祭研究 [D]. 安徽大学，2014.

[41] 林静 . 魏晋南北朝谱牒学研究 [D]. 西北大学，2015.

[42] 贺瑞 . 宋代永嘉苍坡方巷李氏家族述论 [D]. 浙江大学，2015.

[43] 张进 . 从"小凉山"彝族修谱活动看我国社会档案意识 [D]. 云南大学，2015.

[44] 钱利平 . 鄂州家谱研究 [D]. 华中师范大学，2015.

[45] 侯俊琦 . 修谱与兴孝：明代家谱修撰目的及实效性研究 [D]. 华东师范大学，2015.

[46] 喻晓庆 . 大方白族赵氏族谱文化研究 [D]. 贵州民族大学，2015.

[47] 鲁旭 . 家族意识与文化空间——对 Z 村回族杨氏新谱编撰的人类学研究 [D]. 上海师范大学，2015

[48] 文波 . 竹留苗族口传家谱研究 [D]. 贵州民族大学，2016.

[49] 陈羽骞 . 浅谈家谱传承和家谱版画 [D]. 中国美术学院，2016.

[50] 王杰 . 麻城家谱研究 [D]. 华中师范大学，2016.

[51] 吕春阳 . 明代徽州家谱内容与体例研究 [D]. 安徽师范大学，2016.

[52] 温雨婷 . 重庆酉阳《冉氏家谱·家规》教育价值与社会管理研究 [D]. 西南大学，2016.

[53] 吴泽宇 . 琉球闽人家谱史料与研究 [D]. 福建师范大学，2016.

[54] 单桢 . 城镇化转型中的族谱编纂——以宁波地区为例 [D]. 上海师范大学，2016.

[55] 刘艳青 . 明清山西士绅阶层女性在家族中的作用——以山西家谱资料为中心 [D]. 上海师范大学，2016.

[56] 袁艳伟 . 大理白族碑谱研究 [D]. 大理大学，2017.

[57] 闫康 . 谱牒档案的开发研究 [D]. 河北大学，2017.

[58] 胡楚清 . 家谱中传记书写研究——以明代徽州家谱中传记为中心 [D].

安徽师范大学，2017.

[59] 安君. 徽州家谱中明代传记书写述论 [D]. 安徽师范大学，2017.

[60] 朱慧敏. 明清时期徽州家谱传记研究 [D]. 安徽大学，2017.

[61] 段娜娜. 鲁豫交界地区段氏家谱修谱研究 [D]. 内蒙古师范大学，2018.

[62] 陈彦廷. 化民成俗，其必由学——明清族学研究：以汀漳二府为例 [D]. 闽南师范大学，2018.

[63] 张玮航. 白族族谱伦理思想研究 [D]. 云南师范大学，2018.

[64] 刘晓静. 当代家谱的编纂——以山东长清《安氏总谱书》为例 [D]. 山东大学，2018.

[65] 魏雅婷. 一个科举世家的聚集与流散——苏州洞泾吴氏家族研究 [D]. 上海师范大学，2018.

[66] 弓嘉羽. 清至民国苏州文化世族情感表达研究 [D]. 上海师范大学，2018.

[67] 王亚楠. 城镇化过程中农村宗族功能的变迁研究——以杨村为个案 [D]. 上海师范大学，2018.

[68] 赵伟. 民国徽州谱序研究 [D]. 安徽师范大学，2018.

[69] 何米. 土家族宗族堂号研究——以渝东南与黔东北为中心的探讨 [D]. 西南大学，2018.

[70] 赵赫男. 宗族维系的力量——福建省福州林氏宗族类学考察 [D]. 黑龙江大学，2018.

[71] 曾辉. 福建海丝谱牒文献整理研究 [D]. 福建师范大学，2018.

[72] 庞煊麒. 沙洲坍涨与地方社会变迁——以镇江丹徒开沙诸洲为例（1127~1878）[D]. 上海社会科学院，2018.

[73] 米克房. 韩家人在韩寨：一个家族的社会记忆 [D]. 宁夏大学，2018.

[74] 庄腊梅. 清代庐州府宗族对内社会控制研究 [D]. 南京师范大学，2018.

[75] 周梦云. 清代徽州周氏家谱传记研究 [D]. 安徽大学，2018.

[76] 杨先依. 三都水族自治县蒙氏家族历史文化研究 [D]. 贵州民族大学，2019.

[77] 王婧. 真实与建构：清代洪洞移民传说的历史叙事衍变 [D]. 山西大学，2019.

[78] 韦笑宇. 忻城壮族家谱研究 [D]. 广西大学，2019.

[79] 刘诗澄 . 南宋以后赣县鹭溪钟氏与地方社会变迁 [D]. 江西师范大学，2019.

[80] 鲁欣欣 . 明清徽州谱载墓产纠纷文卷整理与研究 [D]. 江西师范大学，2019.

[81] 吴俊 . 明清时期荆坪潘氏宗族研究 [D]. 吉首大学，2019.

[82] 余李水 . 清代大别山地区宗族坟地研究 [D]. 南京师范大学，2019.

[83] 马淑晨 . 明代儒家圣贤家族志研究 [D]. 山东大学，2019.

[84] 裴振 . "闯关东"潮流中的蒙古人研究——以都姓蒙古人后裔为例 [D]. 内蒙古师范大学，2019.

[85] 孟令龙 . 当代宗亲组织的社会功能研究——以吉林省孟氏宗亲联谊会为例 [D]. 延边大学，2019.

[86] 李梦冰 . 清代河南省武陟县庶民宗族与地方社会 [D]. 东北师范大学，2019.

[87] 李曼曼 . 血缘与地缘：乌蒙高地彝族的家支与地域社会 [D]. 贵州大学，2019.

[88] 史欣蔚 . 云南高氏家族研究——基于族谱的考察 [D]. 云南大学，2019.

[89] 谢文帅 . 西南边疆汉人移民的宗族认同与互动——以腾冲市明光镇周氏宗族为例 [D]. 云南大学，2019.

[90] 田野 . 清乾嘉时期武进、阳湖籍曲家研究 [D]. 南京师范大学，2019.

[91] 周云英 . 近代广信府宗族维持内部稳定研究 [D]. 南京师范大学，2019.

[92] 丛鑫 . 现时谱牒的编撰与出版研究 [D]. 青岛科技大学，2020.

[93] 胡娜娟 . 利用铅山华氏宗族资源设计高中历史综合活动课研究 [D]. 江西师范大学，2020.

[94] 张艳姣 . 万州档案馆藏张、向、陈氏家谱文献研究 [D]. 重庆三峡学院，2020.

二　2010~2020 年博士论文

[1] 邓玲 . 海南家谱与汉文化南迁研究 [D]. 华中师范大学，2012.

[2] 乌云额尔敦 . 罗密《蒙古博尔济吉忒氏族谱》（1735 年）研究 [D]. 内蒙

古大学，2012.

[3] 柳庆龄.《方氏像谱》研究 [D]. 兰州大学，2015.

[4] 于海燕. 民国时期江苏家谱纂修研究 [D]. 扬州大学，2016.

[5] 周晓冀. 宋元以来鲁中山地宗族谱碑研究 [D]. 上海师范大学，2016.

[6] 王立. 东北地区八旗满族著姓家谱研究 [D]. 东北师范大学，2017.

[7] 胡长海. 宋儒与宋代宗族文化建设 [D]. 湖南大学，2018.

附录四 2010~2020 年有关"家谱"的期刊论文

[1] 许明镇．论台湾地区编谱、藏谱的现况与未来 [J]．福建省社会主义学院学报，2010（03）：10-13.

[2] 郑喜夫．南安石井《郑氏家谱》之纂修者及纂修年代——兼论四种石井郑氏谱乘之传承关系 [J]．福建省社会主义学院学报，2010（03）：14-18.

[3] 庞春妍，过仕明．建设古籍家谱书目数据库延伸大学图书馆社会职能——以哈尔滨师范大学图书馆古籍家谱书目数据库为例 [J]．图书馆建设，2010（06）：65-68.

[4] 吴宝莲．从家谱管窥南方宗族的祭祀特点 [J]．才智，2010（17）：168.

[5] 徐建华，吴凯．永远的引领者——王鹤鸣先生《中国家谱通论》读后 [J]．图书馆杂志，2010，29（06）：15，20.

[6] 应隽，江云．古旧家谱的复制工作 [J]．图书馆研究与工作，2010（02）：51-53.

[7] 张敬华．临朐县档案局加紧做好家谱征集工作 [J]．山东档案，2010（03）：71.

[8] 张秀玉．明清至民国徽州家谱中的版画——兼论与徽派版画的关系 [J]．民间文化论坛，2010（03）：41-46.

[9] 葛剑雄．中国家谱的总汇　家谱研究的津梁——《中国家谱总目》评介 [J]．安徽史学，2010（01）：126-128.

[10] 张建松．中国式家谱知多少 [J]．农家之友，2010（06）：33.

[11] 徐晓望．福清叶向高家谱列传研究——从高利贷家族到官宦人家 [J]．福

建师范大学学报（哲学社会科学版），2010（03）：142-148.

[12] 朱子彦.存世曹氏族谱与曹操后裔无关——与复旦"曹操墓人类基因调查的历史学研究"课题组商榷[J].上海大学学报（社会科学版），2010，17（03）：79-87.

[13] 陈希红，陈瑞.中国家谱研究的一部新力作——评王鹤鸣先生著《中国家谱通论》[J].安徽史学，2010（03）：126-128.

[14] 徐彬.历史意识与历史编撰理论对明清徽州家谱的影响[J].安徽史学，2010（03）：68-72.

[15] 戚华英.安徽灵璧县档案馆家谱藏品日益丰富[J].兰台世界，2010（09）：64.

[16] 张廷银.家谱所见底层文人对古代诗文名篇的解读[J].华南师范大学学报（社会科学版），2010（02）：83-86，159-160.

[17] 赵永刚.家谱研究的典范之作——《家谱中的名人身影——家谱丛考》读后[J].淮阴师范学院学报（哲学社会科学版），2010，32（01）：61-63，97.

[18] 卫才华.家谱、续谱与山西移入民村[J].民间文化论坛，2010（02）：63-70.

[19] 吕春.家谱史话[J].寻根，2010（02）：109-110.

[20] 李响.中国古代谱牒档案遗存及其文化价值研究[J].湖北档案，2010（03）：9-12.

[21] 袁彤.浅谈家谱的保护和利用[J].图书馆工作与研究，2010（03）：67-69.

[22] 邵蔚风.吉林李氏家谱[J].收藏，2010（03）：82.

[23] 巴莫曲布嫫.家谱带我走近史诗演述传统[J].国际博物馆（中文版），2010，62（01）：121-134.

[24] 何循真.家谱收藏方兴未艾[J].东方收藏，2010（Z1）：167-169.

[25] 王芹，余曰昆，邱红.试论谱学研究的价值体现——从海南明代名人海瑞的家谱谈起[J].兰台世界，2010（05）：71.

[26] 马以林.《山东文献集成》中的《马氏家谱》[J].山东图书馆学刊，

2010（01）：109-111.

[27] 王芹，邱红，余曰昆.海南家谱收藏保护及开发现状 [J]. 四川图书馆
学报，2010（01）：49-52.

[28] 张杰.黑龙江富察哈拉满文家谱述论 [J]. 满族研究，2010（04）：37-40.

[29] 张德玉.谈八旗汉军家谱中的"小云南"[J]. 满族研究，2010（04）：
41-46.

[30] 谢琳惠.传统家谱与和谐文化建设 [J]. 河南图书馆学刊，2010，30
（06）：39-41.

[31] 王启祥.家谱的征集与开发 [J]. 图书馆研究与工作，2010（04）：34-35.

[32] 来丽英.萧山档案馆馆藏珍品《萧山来氏家谱》介绍 [J]. 浙江档案，
2010（02）：54-55.

[33] 邓益成.湖南汝城《卢阳邓氏族谱》重修述评 [J]. 湘潮（下半月），
2010（02）：44-46.

[34] 武黎嵩.开拓谱牒文献研究的新领域——卞孝萱先生与家谱研究 [J]. 淮
阴师范学院学报（哲学社会科学版），2010，32（06）：759-762，772.

[35] 田玲娜，胡艳萍，张晓明.《杨氏家谱》与杨佩章其人 [J]. 档案管理，
2010（06）：71.

[36] 张开邦.浅谈清代的祠堂、家谱和族田 [J]. 山东省农业管理干部学院
学报，2010，27（06）：137-138.

[37] 范同寿.隐藏于家谱中的历史 [J]. 当代贵州，2010（21）：57.

[38] 关老健，陈观瑜.以关氏家谱为例论谱牒整理 [J]. 黑龙江史志，2010
（21）：154-155.

[39] 王志东.清代玉牒：中国最大皇家族谱 [J]. 乡镇论坛，2010（30）：
46-47.

[40] 李现丽.对目前农村重修家谱原因的探究 [J]. 黑龙江史志，2010
（19）：110，112.

[41] 郭广堃.辽宁省图书馆家谱数字化建设概述 [J]. 图书馆学刊，2010，
32（09）：55-57.

[42] 哈正利.建构家族意识　拯救民族认同——刍议南方回族谱牒中的文

化认同 [J]. 回族研究，2010，20（01）：179-184.

[43] 张全海. 世系谱牒与族群认同 [J]. 档案学通讯，2010（05）：54-55.

[44] 刘荣. "影"、家谱及其关系探析——以陇东地区为中心 [J]. 民俗研究，
     2010（03）：182-190.

[45] 高达峰. 民间谱牒的社会文化功能——以中国档案文献遗产《清漾毛
     氏族谱》为例 [J]. 浙江档案，2010（08）：35.

[46] 张鹭. 浅议编修家谱档案工作 [J]. 海峡科学，2010（08）：16-17.

[47] 陈超.《竹溪沈氏家乘》考论 [J]. 寻根，2010（04）：120-122.

[48] 朱贵安. 瓦屑坝移民流向在家谱中的记载 [J]. 寻根，2010（04）：127-
     129.

[49] 陈建华. 中国家谱"书法"初探 [J]. 复旦学报（社会科学版），2010
     （01）：92-97.

[50] 李建文. 章太炎为杜月笙修家谱 [J]. 文史月刊，2010（08）：36-37.

[51] 宋杰. 徽州家谱与徽州方志 [J]. 乐山师范学院学报，2010，25（07）：
     95-97.

[52] 胡利，陆再奇. 胡氏家谱无胡雪岩记载之谜 [J]. 江淮文史，2010
     （04）：159-163.

[53] 张全海. 漫谈谱牒与档案 [J]. 档案学通讯，2010（01）：101-103.

[54] 陈建华. 中国家谱"书法"初探 [J]. 复旦学报（社会科学版）2010
     （1）：92-97.

[55] 钟淑娥.《孔子世家谱》探析 [J]. 山东图书馆学刊，2010（4）：93-96，
     108.

[56] 谈家胜，余晓宏. 试论"叙录"在徽州家谱文献资源揭示中的作用 [J].
     宿州学院学报，2010，25（4）：50-52.

[57] 来丽英. 蒙山档案馆馆藏珍品《萧山来氏家谱》介绍 [J]. 浙江档案，
     2010（2）：54-55.

[58] 庞春妍，过仕明. 建设古籍家谱书目数据库　延伸大学图书馆社会职
     能——以哈尔滨师范大学图书馆古籍家谱书目数据库为例 [J]. 图书馆
     建设，2010（6）：65-68.

[59] 韩晓梅. 马佳氏满文家谱研究 [J]. 满语研究，2011（02）：51-56.

[60] 贾颖. 家庭建档志愿者原象夫向和平区档案局捐赠家谱 [J]. 兰台世界，2011（29）：29.

[61] 周晓光，徐彬. 明清徽州家谱与徽州社会风俗 [J]. 安徽史学，2011（06）：77-81.

[62] 孙川棋. 为科学家"修家谱" [J]. 中国科技奖励，2011（11）：36-37.

[63] 宋阳. 对家谱档案的再认识 [J]. 潍坊教育学院学报，2011，24（06）：60-62.

[64] 徐国利. 从明清徽州家谱看明清徽州宗族的职业观 [J]. 河北学刊，2011，31（06）：74-80.

[65] 徐彬. 程敏政的家谱编修及其影响 [J]. 淮北师范大学学报（哲学社会科学版），2011，32（05）：41-45.

[66] 杜俊河. 崂山区档案馆征集《周氏族谱》等家谱入馆 [J]. 兰台世界，2011（23）：29.

[67] 冯秀珍. 辛亥革命领袖孙中山客家族属考证 [J]. 北京科技大学学报（社会科学版），2011，27（03）：43-49.

[68] 李现丽. 从民国家谱看家族观念的变迁 [J]. 重庆科技学院学报（社会科学版），2011（17）：133-134.

[69] 方杰. 黄山市档案馆完成馆藏徽州谱牒档案的整理保护工作 [J]. 兰台世界，2011（20）：29.

[70] 李现丽. 民国家谱变革原因浅析 [J]. 黑龙江史志，2011（15）：9-10.

[71] 张宪平. 试论家谱的教育功能 [J]. 沧桑，2011（03）：38-40.

[72] 曾玉梅. 家谱的收藏及其意义——以遂昌县为例 [J]. 浙江档案，2011（06）：45.

[73] 徐彬. 论明清徽州家谱编修与徽商的互动 [J]. 学术研究，2011（06）：107-112.

[74] 宋兵. 海盐《张氏族谱》考述 [J]. 图书馆研究与工作，2011（02）：76-77.

[75] 蒽琼. 武威城南李氏源流述略 [J]. 传奇·传记文学选刊（理论研究），

2011（05）：27-28.

[76] 冀满红.民众迁徙、家园符号与地方认同——以洪洞大槐树和南雄珠玑巷移民为中心的探讨 [J].史学理论研究，2011（02）：100-109，160.

[77] 韩双.谱牒档案利用刍议 [J].山东档案，2011（02）：23-25.

[78] 王国振.家谱与档案 [J].兰台世界，2011（07）：40.

[79] 陈福康.推荐两本家谱方志研究巨著 [J].博览群书，2011（04）：56-58.

[80] 美国犹他家谱学会来川开展访问交流活动 [J].数字与缩微影像，2011（01）：9.

[81] 薛彦乔.从螺江陈氏家谱和清代硃卷看宗族士绅化 [J].江苏技术师范学院学报，2011，17（03）：8-11.

[82] 蒋南华，王化伟.伏羲炎黄尧舜故里考 [J].贵州师范学院学报，2011，27（02）：1-11.

[83] 卢义.从龙云家谱看独具特色的彝人谱系文化 [J].昭通师范高等专科学校学报，2011，33（01）：1-5.

[84] 陈弦章.浅论客家谱牒之文化意义 [J].龙岩学院学报，2011，29（01）：12-17.

[85] 王开萍.浅析家谱的价值与收集 [J].四川图书馆学报，2011（01）：55-59.

[86] 张秀玉.安徽民间谱牒的古今承变 [J].图书馆，2011（01）：138-141.

[87] 艾晶.《南丰市山揭氏家谱》所载碑记解读——兼论地方史料发现的偶然与必然 [J].大众文艺，2011（03）：230-231.

[88] 柳哲.你从哪里来浅谈家谱收藏 [J].收藏，2011（02）：71-72.

[89] 徐彬.明清时期徽商参与家谱编修的动因 [J].安徽师范大学学报（人文社会科学版），2011，39（01）：18-22.

[90] 刘冰.爱新觉罗宗谱 [J].图书馆学刊，2011，33（01）：2.

[91] 申小红.明清佛山家族铸造业探析——以佛山地方志、家谱等史料为考察中心 [J].文史博览（理论），2011（01）：12-15.

[92] 杨轶清.浙商的老家谱：从2500年前开始[J].金融博览，2011（01）：58-61.

[93] 杨丽娟.本溪地区的满族家谱[J].兰台世界，2011（01）：47.

[94] 张杰.阿城富察哈拉满文谱单人名浅析[J].满语研究，2011（2）：57-58.

[95] 阿风."徽州家谱数据库"开始试运行[J].中国史研究动态，2012（06）：93-94.

[96] 王敌非.《沙金傅察氏家谱小引序》初探[J].黑龙江民族丛刊，2012（06）：152-155.

[97] 陈熙.延续香火的理想与普遍绝嗣的现实——基于家谱的人口数据[J].南方人口，2012，27（06）：41-50.

[98] 程振.浙江常山县档案馆征集家谱服务文化常山[J].兰台世界，2012（31）：96.

[99] 戴先良，鬼叔中.修谱人家[J].中华手工，2012（11）：86-87.

[100] 不二，刘会昌.桢楠木的"家谱"——杨家驹谈桢楠[J].商品与质量，2012（43）：108-109.

[101] 王旭浩，魏美智.唐村《李氏家谱》真伪辨析[J].寻根，2012（05）：132-135.

[102] 王谞.家谱及其在考古文史研究中的作用[J].神州民俗（学术版），2012（05）：63-67.

[103] 刘二苓，李会敏.谈《"安徽池州"池阳秋浦金氏重修宗谱》著录的两个问题[J].才智，2012（28）：177.

[104] 刘平平.从家谱看明清徽州普通妇女的家庭地位[J].通化师范学院学报，2012，33（09）：68-71.

[105] 励双杰.抗日志士茅可人与《余姚黄山湖茅氏家谱》[J].图书馆研究与工作，2012（03）：62-64.

[106] 陈平军.如何利用家谱资源编纂县志[J].新疆地方志，2012（03）：13-15，22.

[107] 荆州市档案局江汉平原《罗氏宗谱》被征集进洪湖市档案馆[J].兰台世界，2012（25）：78.

[108] 胡秀兰.四川遂宁市档案馆征集《遂宁张氏家谱》进馆 [J].兰台世界,2012(25):78.

[109] 叶明亮,李敏.东阳《厉氏家谱》[J].浙江档案,2012(08):52-53.

[110] 李昌礼,颜建华.从屯堡家谱看屯堡乡民社会的历史变迁——兼论屯堡人与少数民族之关系 [J].贵州民族研究,2012,33(04):125-130.

[111] 梅华.宋代家谱序跋的文化意蕴 [J].社会科学家,2012(08):113-117.

[112] 陈平军.浅谈县志编纂如何利用家谱资源——以《紫阳县志(1986~2010)》和《中华义门陈大成宗谱·果石庄·陕西紫阳磨沟文彬公支系谱》为例 [J].中国地方志,2012(08):34-37,4.

[113] 王蕾.《中国家谱总目》的文献学价值 [J].艺术科技,2012,25(02):70-71.

[114] 綦中明.从宁安地区几部谱书看家谱的史料价值 [J].山西档案,2012(03):79-83.

[115] 打响"攻坚战"——缙云县"存世家谱"建档工作有序推进 [J].浙江档案,2012(07):20-21.

[116] 郑琳.当代家谱文化的时代特征 [J].浙江档案,2012(07):60.

[117] 张慧琼,黎铎.《遵义沙滩黎氏家谱》写作风格及特色探究 [J].遵义师范学院学报,2012,14(03):50-54.

[118] 谢琳惠.邵氏家谱中的和谐因素在当代社会发展中的功用 [J].图书馆,2012(03):123-125.

[119] 梁承邺,叶秀粦.读《番禺黄埔梁氏家谱》札记——有关十三行行商天宝行和黄埔古村(港)某些情况的窥视 [J].岭南文史,2012(02):60-64.

[150] Ronald Suleski.民国时期的平民文化:一本家谱的故事 [J].杭州师范大学学报(社会科学版),2012,34(03):1-7,70.

[121] 林学勤.中国家谱的编纂 [J].社会科学论坛,2012(05):258.

[122] 赵婵娟.浅析族谱作为证明身份信息的证据认定问题 [J].法制与社会,2012(13):55,57.

[123] 徐彬.万历《灵山院汪氏十六族谱》的编撰特点及其价值 [J].池州学院学报，2012，26（02）：6-9，22.

[124] 陈瑛珣.生存资本与生活空间的竞争——以台湾中部两部客家移民族谱为讨论对象 [J].台湾研究集刊，2012（02）：63-70.

[125] 宗亦耘.中国家谱文献中的基督教历史遗迹 [J].图书馆杂志，2012，31（04）：96，112-113.

[126] 施贤明.浦江郑氏家规的千年遗响 [J].寻根，2012（02）：128-132.

[127] 溧阳市档案馆积极征集家谱 [J].兰台世界，2012（10）：70.

[128] 何砺砻，王慧娟.平民家谱草根传承——记李茂先生《平民李单家谱文集》[J].内蒙古教育（职教版），2012（03）：36-37.

[129] 徐国利.民国时期基层社会传统职业观的革新与保守——以民国徽州家谱的族规家训所见职业观为例 [J].民国档案，2012（01）：85-92.

[130] 徐依，汪玲伊.刘三吾《罗氏家谱序》校注 [J].剑南文学（经典教苑），2012（02）：251.

[131] 李凤花.浅谈家谱的搜集、整理与开发利用——以商丘师院图书馆为例 [J].商业文化（下半月），2012（02）：367-368.

[132] 陈玲，冯剑辉.黄山学院图书馆馆藏徽州家谱简介 [J].黄山学院学报，2012，14（01）：13-17.

[133] 裴汉杰.揭开《胡氏家谱》无胡雪岩之谜 [J].寻根，2010（02）：111-112.

[134] 苏建军.《牛氏家谱稿略》的社会文化价值 [J].卫生职业教育，2012，30（03）：155-158.

[135] 温小明.海南文昌汤氏家族族谱修编与文化传承 [J].海南师范大学学报（社会科学版），2012，25（01）：156-159，163.

[136] 纳巨峰.赛典赤家族元代家谱初考 [J].民族研究，2012（01）：71-80，109-110.

[137] 王立.清代皇室谱牒探微 [J].兰台世界，2012（01）：59-60.

[138] 徐国利.民国时期基层社会传统职业观的革新与保守——以民国徽州家谱的族规家训所见职业观为例 [J].民国档案，2012（1）：85-92

[139] 危兆盖.寻根要有度 [J].寻根，2012（01）：18-19

[140] 钟进文.裕固族民俗中的兴建家谱现象探析 [J].河西学院学报，2013，29（06）：13-19.

[141] 曹丽.中国人民大学图书馆馆藏名人家谱概述 [J].社科纵横（新理论版），2013，28（04）：259-260，262.

[142] 赵生荣.《李氏家谱》与太极拳起源 [J].兰台世界，2013（33）：98-99.

[143] 王尧礼.顾氏族谱 [J].贵州文史丛刊，2013（04）：131.

[144] 邱荣裕，江长青.客家学之家族史料与地方史料相关议题研究——以清代台湾南兴庄杨氏家族为例 [J].赣南师范学院学报，2013，34（05）：3-10.

[145] 王晓刚.武进图书馆家谱征集与开发 [J].图书馆学刊，2013，35（09）：40-42.

[146] 张学会.明代徽州家谱成就研究综述 [J].商，2013（18）：299-300.

[147] 励双杰.稀奇古怪话谱牒——思绥草堂特色藏谱述略 [J].图书馆研究与工作，2013（03）：50-53.

[148] 冯剑辉.明代徽州家谱中的嫡庶之争——《珰溪金氏家谱补戚篇》解读 [J].安徽史学，2013（05）：95-102.

[149] 丁攀华.温岭图书馆家谱资源库建设的实践与思考 [J].图书馆研究与工作，2013（03）：54-56.

[150] 董洁.公共图书馆对家谱文献的收集整理与开发利用 [J].图书馆研究与工作，2013（03）：57-59.

[151] 郗玲芝，刘卫宁.苏禄东王后裔两份家谱的对比 [J].图书馆理论与实践，2013（08）：67-68.

[152] 周明杰.图书馆谱牒文献研究 [J].图书馆学刊，2013，35（08）：122-124.

[153] 李天翼，李天翔."短裙苗"口传家谱人名的文化意义探析 [J].贵州民族大学学报（哲学社会科学版），2013（04）：69-72.

[154] 吉素丽.浅论家谱档案利用与高校图书馆特色建设 [J].辽宁师专学报（社会科学版），2013（04）：127-128，135.

[155] 何锦奋 . 浅析当代家谱的社会文化意义——以广西藤县当代家谱为例 [J]. 图书馆界，2013（04）：34-37，42.

[156] 杨运鹏 .《清真穆民礼拜堂丁氏历代家谱所》研究 [J]. 回族研究，2013，23（03）：64-73.

[157] 王昭 . 浅谈家谱文献资源建设 [J]. 图书馆学刊，2013，35（07）：51-53.

[158] 张秀玉 . 徽州家谱中的原镌印与后钤印 [J]. 图书馆建设，2013（07）：84-87，95.

[159] 吕欧 . 满汉族家谱对比研究——以黑龙江省五常地区为例 [J]. 东北史地，2013（04）：84-87.

[160] 孟振华 . 在中国处境下对《希伯来圣经》家谱的跨文本阅读例证 [J]. 西北师大学报（社会科学版），2013，50（04）：6-11.

[161] 刘军丹，赵书良，赵娇娇，郭晓波，陈敏，柳萌萌 . 家谱关系的元图表示 [J]. 计算机应用，2013，33（07）：2037-2040.

[162] 董家魁 . 徽州家谱研究的回眸与前瞻 [J]. 图书馆理论与实践，2013（06）：100-106.

[163] 黄鹤群 . 张謇为《吉林成氏家谱》作序考 [J]. 南通纺织职业技术学院学报，2013，13（02）：35-38.

[164] 钱杭 . 论"结绳家谱"——中国谱牒史研究之一 [J]. 江西师范大学学报（哲学社会科学版），2013，46（03）：81-86.

[165] 王振骧 . 王氏家谱文化探秘——一个普通家族的流年碎影 [J]. 现代交际，2013（06）：76-79.

[166] 丁芮 . 从方志、族谱看晚清湖南宗族的地方社会控制 [J]. 中国地方志，2013（06）：51-55，4.

[167] 虞万里 .《江阴东兴缪氏家集》序 [J]. 史林，2013（03）：70-75，188.

[168] 毛建军 . 中国家谱数字化的新进展 [J]. 数字与缩微影像，2013（02）：47-48.

[169] 王敌非 . 黑龙江民间满族家谱现状与研究 [J]. 黑龙江民族丛刊，2013（03）：169-173.

[170] 陈益源.源自漳州的三份越南家谱[J].中原文化研究，2013，1（03）：104-111.

[171] 姚自茹.河南铁木黎家族后裔的历史与现状[J].中原文化研究，2013，1（03）：112-115.

[172] 刘万华.《商丘宋氏家乘》编纂流传考[J].殷都学刊，2013，34（02）：38-42.

[173] 杜俊河.《朱氏族谱》等家谱入藏青岛市崂山区档案馆[J].兰台世界，2013（16）：7.

[174] 秦皇岛市档案局秦皇岛市国家档案馆征集《韩氏家谱》入馆[J].兰台世界，2013（16）：8.

[175] 王昭.家谱文献资源数字化现状与思考[J].科技情报开发与经济，2013，23（10）：110-113.

[176] 郗玲芝.古苏禄东王留华后裔两份家谱的比较研究[J].中南民族大学学报（人文社会科学版），2013，33（03）：41-45.

[177] 龚文龙，宝音.家谱元数据标准规范建设概述[J].内蒙古民族大学学报（社会科学版），2013，39（03）：118-121.

[178] 汪媛.仙源杜氏五修族谱序（译文）[J].美术教育研究，2013（09）：11.

[179] 张中复.中国伊斯兰门宦系谱的再现及其当代观察意义——以临夏大拱北为例[J].青海民族研究，2013，24（02）：78-87.

[180] 刘耀国.家谱的写作[J].应用写作，2013（04）：35-36.

[181] 李培文.《蒙古世系谱》的作者和版本小考[J].图书馆理论与实践，2013（03）：92-95.

[182] 张杰，李秀莲，杨勇，彭赞超.黑河市富察哈拉满文家谱调查——江东六十四屯后人叙事缩影[J].黑龙江史志，2013（06）：23-24.

[183] 沈新军.试论家谱的基本特征[J].图书馆研究与工作，2013（01）：63-65.

[184] 郭云南，姚洋.宗族网络与农村劳动力流动[J].管理世界，2013（03）：69-81，187-188.

[185] 于程琳，徐彬 . 明代徽州家谱谱序功能研究 [J]. 池州学院学报，
2013，27（01）：64-67.

[186] 丁丽珊 . 浅谈白族家谱的数字化资源建设 [J]. 黑龙江科技信息，2013
（06）：160.

[187] 李影 . 从修谱者浅析徽州家谱谱序 [J]. 淮北职业技术学院学报，
2013，12（01）：32-33.

[188] 冯解忧 . 利用家谱资料重构历史人口数据——以枣园安氏族谱为例
[J]. 社科纵横，2013，28（02）：108-113.

[189] 郭东松 . 使用电子表格软件制作"家谱"初探 [J]. 湖北经济学院学报
（人文社会科学版），2013，10（02）：187-188.

[190] 丁丽珊 . 网络环境下白族家谱文献资源建设思考 [J]. 科技信息，2013
（05）：220.

[191] 于程琳 . 明代徽州谱序分类探究 [J]. 乐山师范学院学报，2013，28
（02）：106-109，119.

[192] 谢继忠，寇克红，吴浩军 . 甘肃民乐发现的清代抄本《谢氏家谱》考
述——河西地方文献的搜集、整理与研究之一 [J]. 边疆经济与文化，
2013（02）：54-55.

[193] 郑琳，刘如 . 新修家谱的 CNMARC 格式著录和标引 [J]. 情报探索，
2013（02）：129-131.

[194] 于程琳 . 简析明代徽州谱序的发展概况 [J]. 宜春学院学报，2013，35
（01）：46-48.

[195] 李影 . 清代徽州家谱谱序的价值分析 [J]. 绵阳师范学院学报，2013，
32（01）：107-110.

[196] 刘二苓，石芳 . 河北大学图书馆馆藏家谱简介 [J]. 科教文汇（上旬
刊），2013（01）：195-196.

[197] 赵治中 . 卯山叶氏道教世家谱系考释 [J]. 丽水学院学报，2013，35
（01）：1-6.

[198] 金琪 .《兴赣塘石大部谢氏重修族谱》修复纪要 [J]. 兰台世界，2013
（35）：156-157.

[199] OCLC 将与合作伙伴 FamilySearch 合并资源，以丰富家谱搜索体验 [J]. 现代图书情报技术，2013（05）：53.

[200] 赵金辉. 清代索伦名将海兰察家族人物考 [J]. 呼伦贝尔学院学报，2014，22（06）：37-39，14.

[201] 张安东. 传统的嬗变：当代民间修谱与宗族意识的变迁 [J]. 理论建设，2014（06）：71-75.

[202] 姚硕. 清代徽州家谱编修特色探究——以《绩溪城西周氏宗谱》为中心 [J]. 河北工程大学学报（社会科学版），2014，31（04）：73-75，98.

[203] 孙明. 论满族家谱序言的内容及其史料价值 [J]. 满族研究，2014（04）：127-131.

[204] 徐彬，祝虹. 清代以来徽州家族修谱谱局管理模式研究 [J]. 史学史研究，2014（04）：46-53.

[205] 唐可杨.《史记·太史公自序》的家谱价值及影响 [J]. 淮北职业技术学院学报，2014，13（06）：67-68.

[206] 孙明，王立. 论清代东北满族家谱的形成与编纂分期 [J]. 黑龙江民族丛刊，2014（06）：119-123.

[207] 吴智嘉.《清代满族家谱选辑》评叙 [J]. 黑龙江民族丛刊，2014（06）：186-189.

[208] 张新，李龙海. 以家谱收集为切入点浅谈地方文献资源建设 [J]. 内蒙古科技与经济，2014（23）：134-135.

[209] 吕春阳. 徽州家谱编修特点与价值研究——以《馆田李氏宗谱》为例 [J]. 佳木斯大学社会科学学报，2014，32（06）：143-146.

[210] 徐雁."百代孝慈高仰止，千年支派永流长"——20世纪五六十年代家谱文献毁损钩沉 [J]. 图书馆论坛，2014，34（12）：104-110.

[211] 何映雯. 广州图书馆的家谱资源建设 [J]. 科技情报开发与经济，2014，24（23）：100-102.

[212] 杜臻，丁津津，朱莉莉. 南京市高淳区薛城村邢氏宗祠和家谱 [J]. 江苏地方志，2014（06）：54-57.

[213] 徐春霞，贾娟．关于家谱独创性的司法审查标准 [J].中国审判，2014
（12）：82-83.

[214] 盛洋．宣鼎家谱 [J].安徽文学（下半月），2014（11）：5-6.

[215] 何俊伟．白族家谱的特色及价值 [J].大理学院学报，2014，13（11）：
5-8.

[216] 祝虻．近代社会转型期地方士绅的家族观——以安徽绩溪家谱谱序作
者群为例 [J].齐齐哈尔大学学报（哲学社会科学版），2014（06）：
69-71.

[217] 家族一棵树　人生一本书　个人文化　家族文化　姓氏文化 [J].炎黄
春秋，2014（11）：95.

[218] 张道仙．新安金氏宗族变迁实录——《新安休宁金氏合族通谱》的编
修及其价值 [J].池州学院学报，2014，28（05）：86-89.

[219] 刘秋美，王芳．对黔东南几部谱书的收集与整理 [J].凯里学院学报，
2014，32（05）：110-114.

[220] 方荣．怎样创修家谱——创修家谱的体会之一 [J].档案，2014（11）：
16-21.

[221] 河北省枣强县前王寿村现存的董氏族谱 [J].衡水学院学报，2014，16
（05）：129.

[222] 韦加佳．美、英、澳、加四国家谱档案信息资源开发利用途径及启示
[J].北京档案，2014（10）：32-35.

[223] 王立，李德山．黑龙江宁安满族关氏谱单研究 [J].古籍整理研究学
刊，2014（05）：80-83.

[224] 任海龙．谱学兴盛之于历史研究 [J].佳木斯职业学院学报，2014
（09）：54.

[225] 韩琦．蒙养斋数学家陈厚耀的历算活动——基于《陈氏家乘》的新研
究 [J].自然科学史研究，2014，33（03）：298-306.

[226] 张玮．论家谱档案的宣传教育功能及其征集策略 [J].档案管理，2014
（05）：84-85.

[227] 刘小露，樊亚宁，王浩．古旧文献数字信息转换缩微胶片技术探

究——以馆藏方志家谱数转模项目为例（续前）[J].数字与缩微影像，2014（03）：4-9.

[228] 赵军红，何晓红.衢江区珍贵家谱档案简介 [J].浙江档案，2014（08）：50-51.

[229] 周巩平.明清两代浙东祁氏家族的戏曲家群体与曲目整理活动 [J].浙江艺术职业学院学报，2014，12（03）：36-43.

[230] 王凤英.构建两岸谱牒文化交流平台 [J].两岸关系，2014（08）：54-55.

[231] 姚硕.徽州家谱编修特点及其徽商特征探究——以《西关章氏族谱》为例 [J].沈阳大学学报（社会科学版），2014，16（04）：487-490.

[232] 杨烨.独幕剧《合上家谱》中的双重他者的身份认同 [J].海外英语，2014（15）：193-194.

[233] 吕其庆.承担整理红色家谱重任的人——记沈阳军区后勤史馆馆长徐文涛 [J].思想政治工作研究，2014（08）：57-59.

[234] 张静.家谱征集与区域历史文化研究 [J].图书馆学刊，2014，36（07）：61-64.

[235] 刘焕云.论客家谱牒文化的保存与活化 [J].嘉应学院学报，2014，32（07）：11-18.

[236] 冯志洁.明代江南望族谱牒中的祖先建构——以嘉兴项氏为例 [J].学海，2014（04）：180-186.

[237] 中国家谱所见历代戏曲家及戏曲家族研究 [J].戏剧文学，2014（07）：161.

[238] 李继青.从家谱档案看李南哥及其后裔 [J].青海师范大学学报（哲学社会科学版），2014，36（04）：50-52.

[239] 李小文.达斡尔族家谱《黑水郭氏家乘》[J].寻根，2014（04）：123-127.

[240] 方荣.家谱的起源、价值、作用和内容 [J].档案，2014（07）：15-20.

[241] 沈林.从八旗节妇和满族家谱妻室探究满洲姓氏——广州世居满族姓氏研究的途径 [J].满族研究，2014（02）：35-45.

[242] 刘小露，樊亚宁，王浩.古旧文献数字信息转换缩微胶片技术探究——以馆藏方志家谱数转模项目为例 [J].数字与缩微影像，2014（02）：4-6.

[243] 马良灿，刘砺.试论乌蒙山回族谱牒文化及其当代价值 [J].宁夏社会科学，2014（03）：77-83.

[244] 何俊伟.白族家谱研究现状及价值探析 [J].大理学院学报，2014，13（05）：74-77.

[245] 姚硕.馆藏清代徽州存世家谱档案的纂修与文献价值——以《绩溪城西周氏宗谱》为例 [J].档案管理，2014（03）：36-38.

[246] 姚硕.徽州家谱调查与研究 [J].兰台世界，2014（14）：20-21.

[247] 鲁旭.家族历史：填补超越"字辈"的信息——对山东西南 Z 村回族杨氏新编谱牒的讨论 [J].黑龙江史志，2014（09）：348.

[248] 武全全.曾朴与《海虞曾氏家谱》考 [J].学术交流，2014（05）：189-194.

[249] 张学会，徐彬.动态视阈下明代徽州家谱体例嬗变探析 [J].池州学院学报，2014，28（02）：88-91.

[250] 陆平，康慧，程明明.家谱德育资源开发研究 [J].经济与社会发展，2014，12（02）：121-123.

[251] 赵平.蔡元培妻族周氏家谱及族脉递传考略 [J].台州学院学报，2014，36（02）：47-50，72.

[252] 马保全.山东博物馆藏赛典赤·赡思丁后裔族谱外文部分成书年代考 [J].世界宗教文化，2014（02）：98-103.

[253] 朱子彦.曹操身世与曹氏谱牒考述——兼与复旦历史与人类学联合课题组再商榷 [J].人文杂志，2014（04）：81-88.

[254] 徐燕云，杨姣姣.家谱在区域文献中的价值研究分析——以宁波为例 [J].才智，2014（11）：265.

[255] 柳哲.家谱收藏悄然升温 [J].金融经济，2014（07）：61.

[256] 薛柏成.慈禧家世史料——《德贺讷世管佐领接袭家谱》再论 [J].延边大学学报（社会科学版），2014，47（02）：82-87.

[257] 范韫.锲而不舍 终成特色——美国犹他家谱学会利用缩微摄影技术的启示与思考 [J].数字与缩微影像,2014(01):20-24.

[258] 李小文.锡伯族家谱面面观 [J].寻根,2014(02):133-138.

[259] 李会敏.河北大学图书馆家谱保护实践与探索 [J].河北科技图苑,2014,27(02):61-62,52.

[260] 张詠.回族家谱研究文献概况 [J].图书馆理论与实践,2014(02):107-110.

[261] 徐彬,祝虻.历史与文化认同:明清徽州家谱中的中原认同现象考察 [J].池州学院学报,2014,28(01):1-6.

[262] 张文茹,张九雨.“年谱家谱族谱及其他”:第18届中外传记文学研究会年会综述 [J].国外文学,2014(01):154-155.

[263] 申红星.试述明清时期北方郭氏宗族的兴衰——以《郭氏家谱》为中心 [J].辽宁行政学院学报,2014,16(02):116-117,120.

[264] 林菁菁.闽台家谱交流现状研究 [J].三明学院学报,2014,31(01):38-42.

[265] 徐彬.家谱研究的意义与方法——以明清徽州家谱为例 [J].安徽师范大学学报(人文社会科学版),2014,43(01):13-14.

[266] 陈支平.历史与文化的歧义与超越 ——家族和族谱研究中的一个思考 [J].安徽师范大学学报(人文社会科学版),2014,42(01):4-6.

[267] 钱杭.“口述世系”与“口述家谱”略论 [J].上海师范大学学报(哲学社会科学版),2014,43(01):102-109.

[268] 张学会.明代徽州家谱特征简谈 [J].赤峰学院学报(汉文哲学社会科学版),2014,35(01):53-55.

[269] 姚硕.徽州家谱的收藏与保护——以安徽省绩溪县为例 [J].重庆科技学院学报(社会科学版),2014(01):152-154.

[270] 史式.他们不愧是岳飞的子孙——为云南陆良《岳氏家谱》作序 [J].文史杂志,2014(01):94-96.

[271] 徐彬.家谱研究的意义与方法——以明清徽州家谱为例 [J].安徽师范大学学报(人文社会科学版),2014,42(01):13-14.

[272] 徐燕云，杨姣姣 . 家谱在区域文献中的价值研究分析——以宁波为例 [J]. 才智，2014（11）：265.

[273] 柳哲 . 你从哪里来——浅谈家谱收藏 [J]. 收藏，2011（02）：71-72.

[274] 张道仙 . 新安金氏宗族变迁实录——《新安休宁金氏合族通谱》的编修及其价值 [J]. 池州学院学报，2014，28（05）：86-89.

[275] 姚硕 . 清代徽州家谱编修特色探究——以《绩溪城西周氏宗谱》为中心 [J]. 河北工程大学学报（社会科学版），2014（4）：73-75，98.

[276] 姚硕 . 徽州家谱编修特点及其徽商特征探究——以《西关章氏族谱》为例 [J]. 沈阳大学学报（社会科学版），2014，16（04）：487-490.

[277] 夏翠娟，刘炜，张磊，朱雯晶 . 基于书目框架（BIBFRAME）的家谱本体设计 [J]. 图书馆论坛，2014，34（11）：5-19.

[278] 赵思渊 . 微型宗族组织的衰落过程研究——歙县驼岗萧江氏的世系演变与祀产经营（1869-1928）[J]. 安徽大学学报（哲学社会科学版），2014，38（03）：98-106.

[279] 励双杰 . 家谱装订中的异见针眼数 [J]. 图书馆研究与工作，2015（04）：60-64.

[280] 陈智兵 . 家谱档案及其管理工作探析 [J]. 兰台世界，2015（S5）：95-97.

[281] 周萍萍 . 从图书馆的地方文献家谱收藏到查名人关系 [J]. 兰台世界，2015（34）：158-159.

[282] 程杰 .《全芳备祖》编者陈景沂姓名、籍贯考 [J]. 南京师大学报（社会科学版），2015（06）：117-130.

[283] 杨喜 . 论五代以前之家谱 [J]. 黑龙江史志，2015（22）：57-59.

[284] 何俊伟 . 白族家谱有关南诏大理国 "名家大姓" 史料探析 [J]. 大理学院学报，2015，14（11）：1-7.

[285] 钱杭 . 中国现代谱牒性质转变的重要节点——以《前十条》附件中的 "河南报告" 为中心 [J]. 清华大学学报（哲学社会科学版），2015，30（06）：156-164，193.

[286] 许锦光 . 关于正确认识与利用家谱的思考 [J]. 学理论，2015（32）：87-88.

[287] 常建华.谱牒学与徽学离不开徽州族谱（主持语）[J].安徽大学学报（哲学社会科学版），2015，39（06）：77-78.

[288] 周晓光.论徽州家谱谱传的价值——以《新安商山吴氏宗祠谱传》为例 [J].安徽大学学报（哲学社会科学版），2015，39（06）：79-88.

[289] 徐彬，祝虹.徽州家谱中的清代涉墓诉讼论略 [J].安徽大学学报（哲学社会科学版），2015，39（06）：89-96.

[290] 王裕明.清代徽州家谱的谱禁 [J].安徽大学学报（哲学社会科学版），2015，39（06）：97-103.

[291] 程源源.明清徽州胥吏与宗族社会——以家谱为中心的考查 [J].池州学院学报，2015，29（05）：74-76.

[292] 晋相.郑振铎抢救、购买家谱？[J].咬文嚼字，2015（10）：46.

[293] 谭玉龙，王伟斌.明清间天主教的传播对传统宗族社会的影响——基于家谱记载的研究 [J].湖南广播电视大学学报，2015（03）：47-53.

[294] 王波，胡展耀.论苗族家谱《龙氏迪光录》的社会功能 [J].黔南民族师范学院学报，2015，35（05）：19-22.

[295] 叶长青.编修家谱的历史渊源和现实作用 [J].中国地方志，2015（09）：54-56，64.

[296] 王波.苗族家乘《龙氏迪光录》的文化功能研究 [J].河西学院学报，2015，31（04）：57-63.

[297] 青岛市崂山区档案局馆向全国有偿征集家谱 [J].陕西档案，2015（04）：8.

[298] 朱慧敏.明清家谱人物传记的结构方式与存世价值——以徽州家谱为中心 [J].佳木斯大学社会科学学报，2015，33（04）：145-148.

[299] 钟卫红.孝道，中国人的血脉——在客家族谱家训中看"孝悌"[J].大众文艺，2015（15）：54-55.

[300] 谭运长.由老家修谱所想到的 [J].粤海风，2015（04）：3.

[301] 谢琳惠.家谱中"祖"字文化内涵探究——以河洛地区若干家谱为例 [J].图书馆，2015（08）：99-102，110.

[302] 韦蔡红.论媒体"口述家谱"品牌栏目的存在必要性 [J].新闻研究导

刊，2015，6（15）：259.

[303] 吕春阳 . 徽州家谱所载"冒姓"现象初探 [J]. 兰台世界，2015（22）：102-103.

[304] 许旸 . 上海图书馆 500 种精选家谱上线 [J]. 公共图书馆，2015（02）：89-90.

[305] 刘明新，马莲 . 散杂居满族家谱功能探析——以山东省青州市北城满族社区为例 [J]. 满族研究，2015（02）：78-84.

[306] 胡海燕，姚春兴 . 嘉善现存历代谱牒探究 [J]. 图书馆研究与工作，2015（02）：72-76.

[307] 张廷银 . 论古代底层文人的文学创作与批评——以家谱资料为中心 [J]. 文艺研究，2015（06）：78-85.

[308] 吴春香 . 论江苏泰州地区几部民国时期家谱的社会文化价值 [J]. 兰台世界，2015（16）：44-45.

[309] 季海燕 . 从家谱中的家规家训看徽州人的价值观念 [J]. 黑龙江生态工程职业学院学报，2015，28（03）：130-131.

[310] 戴佳臻 .《白沙村志》在姓氏、家庭、人口记述上的创新——兼论村志和家谱的融合之路 [J]. 中国地方志，2015（05）：31-32.

[311] 曹冬生 . 论新家谱之新 [J]. 图书馆学刊，2015，37（03）：118-120.

[312] 艾晶 . 辽宁满族家法族规的女性视角研究 [J]. 满族研究，2015（01）：89-96.

[313] 潘洪钢 . 从家谱看清代驻防八旗族群社会及其变迁 [J]. 满族研究，2015（01）：35-42，48.

[314] 帕·莫迪亚诺，李玉民 . 家谱（节译）[J]. 世界文学，2015（02）：22-44.

[315] 姚硕 . 从徽州家谱看徽州家风建设——以绩溪家谱为中心 [J]. 河南科技大学学报（社会科学版），2015，33（01）：22-25.

[316] 赵心愚 . 杨慎《木氏宦谱·序》的初步研究 [J]. 云南社会科学，2015（02）：161-168.

[317] 马草原 . 家谱（三等奖）[J]. 湖北档案，2015（03）：30-31.

[318] 张丽丽. 传家——家谱故事 [J]. 孔子学院，2015（02）：28-35.

[319] 胡春丽. 汪懋麟年谱简编（下）[J]. 玉溪师范学院学报，2015，31（03）：55-70.

[320] 孙明. 论东北民间满族家谱档案的来源、内容及价值 [J]. 兰台世界，2015（08）：6-7.

[321] 刘秋美，王芳，刘秋平. 从黔东南几部谱书看家谱纂修及保存 [J]. 凯里学院学报，2015，33（01）：108-110.

[322] 孙明. 清代东北满洲旗人家谱的编纂 [J]. 历史档案，2015（01）：137-140.

[323] 刘芳正. 从族谱修撰看徽州的宗族控制 [J]. 泰山学院学报，2015，37（01）：83-88.

[324] 蔺茂安. 蔺氏溯源始末 [J]. 黑龙江史志，2015（02）：32-33.

[325] 王仁磊. 中原家谱的主要内容及其史料价值管窥——以新乡家谱为中心的考察 [J]. 河南科技学院学报，2015（01）：99-102.

[326] 刘艳娟，贾国华，韩勇. 西方家谱档案利用对我国档案利用的启示 [J]. 兰台世界，2015（02）：16-17.

[327] 祝虻. 安徽绩溪家谱谱序对家族社会的阐述 [J]. 寻根，2015（01）：134-138.

[328] 郑锦涛，娄钰晗. 浅析新修家谱的革新及局限——以新乡西牧村尚氏族谱为例 [J]. 黑龙江史志，2015（01）：6.

[329] 郭新榜，郝淑静. 丽江木氏土司谱牒档案及其汉文化认同研究 [J]. 兰台世界，2015（8）：139-140.

[330] 姚硕. 从徽州家谱看徽州家风建设——以绩溪家谱为中心 [J]. 河南科技大学学报（社会科学版），2015，33（01）：22-25.

[331] 韦蔡红. 论媒体"口述家谱"品牌栏目的存在必要性 [J]. 品牌，2015（7）：35.

[332] 王鹤鸣. 从麻纸谱单到历史图籍的达斡尔族家谱（一）[J]. 寻根，2015（3）：119-124.

[333] 王鹤鸣. 从麻纸谱单到历史图籍的达斡尔族家谱（二）[J]. 寻根，

2015（4）：114-119.

[334] 吉吉伍果.试析凉山彝族家谱的误传现象——以苏呷、阿候、吉吉等家支为例 [J].中国民族博览，2015（06）：35-36.

[335] 邓玲.海南家谱中的福建渊源 [J].闽商文化研究，2016（02）：6-17.

[336] 牛记明.一部彰显姓氏文化精髓的上乘之作——品读《山西汾西后加楼系陈氏族谱》[J].史志学刊，2016（06）：89.

[337] 李玮，雷爱红.两当历史名人王正福家族流徙变迁考略 [J].档案，2016（12）：55-59.

[338] 杨强.宋末元朝龙溪鳌山杨氏的历史步履——《金鳌杨氏家谱》个案研究之二 [J].闽台文化研究，2016（04）：12-25.

[339] 吴兆龙.元代《汪氏渊源录》版本及流传考 [J].皖西学院学报，2016，32（06）：131-133.

[340] 瞿智琳，郭华庚，刘凯.贵州省少数民族家谱档案及其价值探析 [J].山西档案，2016（06）：64-68.

[341] 王立，李德山.满族家谱研究刍议 [J].古籍整理研究学刊，2016（06）：108-110.

[342] 祝虻.现存民间家谱档案属性研究——以徽州家谱为中心 [J].档案学通讯，2016（06）：30-34.

[343] 谢琳惠.全媒体环境下的家谱信息传播 [J].河南图书馆学刊，2016，36（11）：68-69.

[344] 张玉荣.东莞市上沙村——翠亨《孙氏家谱》记录了有关史实 [J].小康，2016（25）：44-45.

[345] 李建伟.梅州客家族谱族群认同与价值活化刍议 [J].嘉应学院学报，2016，34（10）：22-25.

[346] 刘文海.修优质族谱走创新之路——新修族谱应该重点把握的几个问题 [J].黑龙江史志，2016（10）：19-24.

[347] 徐振辉.切中时弊普适当代——读《曹氏宗谱》（育政堂）札记 [J].江苏地方志，2016（05）：59-61.

[348] 于海燕.民国时期家谱纂修阻滞因素分析——以江苏为例 [J].扬州大

学学报（人文社会科学版），2016，20（05）：110-116.

[349] 罗佳洋.东源木活字印刷工艺与修谱民俗[J].通化师范学院学报，2016，37（09）：30-33.

[350] 安君.徽州家谱的民间收藏与保护——以安徽省歙县为例[J].黑龙江生态工程职业学院学报，2016，29（05）：131-133.

[351] 杜家骥.清代满族家谱的史料价值及其利用[J].吉林师范大学学报（人文社会科学版），2016，44（05）：1-14，125.

[352] 陈晓伟，刘宪祯.辽代《姚企晖墓志铭》与蒙元姚枢、姚燧家族[J].中央民族大学学报（哲学社会科学版），2016，43（05）：129-135.

[353] 于秀萍，童广俊.明清之际华北家谱中的燕赵悲歌与士人担当[J].沧州师范学院学报，2016，32（03）：15-18.

[354] 为平民立传·为家族写史·为百姓修谱北京南锣姓氏家谱文化馆七月开馆[J].炎黄春秋，2016（09）：94.

[355] 柳哲.修谱与削谱[J].文史天地，2016（09）：86-87.

[356] 孔永红.论习氏文化研究资料的收集与整理[J].南阳师范学院学报，2016，15（08）：15-17.

[357] 李姣.探析明清徽州家谱编修的特点[J].佳木斯大学社会科学学报，2016，34（04）：165-168.

[358] 李建武.天津现存家谱的数量、内容和价值[J].图书馆工作与研究，2016（08）：79-84.

[359] 国家图书馆研究院.美国公共数字图书馆与美国犹他家谱学会开展合作[J].国家图书馆学刊，2016，25（04）：28.

[360] 李建伟."海丝"视阈下广东梅州客侨家谱开发利用述略[J].图书馆研究，2016，46（04）：8-12.

[361] 艾炬.文天祥的谱牒序跋及其价值[J].山西档案，2016（04）：159-161.

[362] 宋亚欣.洱源凤翔村家（族）谱探析[J].西部皮革，2016，38（14）：150-151.

[363] 王怡，韩思艺.神圣家族的融合：甘肃孔子家谱与耶稣基督家谱比较研究[J].北方民族大学学报（哲学社会科学版），2016（04）：99-101.

[364] 李姣 . 明清时期徽州家谱编修的难题及解决措施 [J]. 寻根，2016
　　　（04）：130-133.

[365] 吴展明 . 在族谱中设《大事记》篇值得提倡 [J]. 寻根，2016（04）：
　　　134-137.

[366] 杨强 . 宋龙溪九龙里银塘杨氏的历史遭遇——《金鳌杨氏家谱》个案
　　　研究之一 [J]. 闽台文化研究，2016（02）：5-17.

[367] 陈靖 . 方东美家世考 [J]. 安庆师范学院学报（社会科学版），2016，
　　　35（03）：53-56.

[368] 李姣 . 从清代徽州家谱看徽州宗族的教化活动 [J]. 鸡西大学学报，
　　　2016，16（06）：34-37.

[369] 张璇，贾名党，房家婷 . 徽州宗族家训视域下的家庭伦理规范 [J]. 皖
　　　西学院学报，2016，32（03）：153-156.

[370] 山石英 . 我国古代谱牒档案的发展研究 [J]. 兰台世界，2016（S1）：
　　　127-128.

[371] 王业明 . 家谱作为组织传播媒介的观照——以明清徽州家谱为对象
　　　[J]. 今传媒，2016，24（06）：59-61.

[372] 沈宏格，唐百成 . 从杨芳"自叙家谱"看边缘族群的"内化" [J]. 西
　　　北民族大学学报（哲学社会科学版），2016（03）：10-15.

[373] 许军 . 唐村《李氏家谱》辨伪 [J]. 上海对外经贸大学学报，2016，23
　　　（03）：84-96.

[374] 王荣湟 . 明末将领袁崇焕家庭考实 [J]. 历史档案，2016（02）：70-80.

[375] 李宝玲，关京红 . 黄氏宗谱的研究价值 [J]. 档案管理，2016（03）：
　　　35-36.

[376] 顾燕 . 高山族家谱初探 [J]. 寻根，2016（03）：132-136.

[377] 李莺莺 . 公共图书馆家谱阅读推广服务研究 [J]. 图书馆学刊，2016，
　　　38（04）：87-89.

[378] 李哲 . 作为证据的家谱——以清代坟山买卖及纠纷解决为例 [J]. 证据
　　　科学，2016，24（02）：143-154.

[379] 徐斐 . 试析明代徽州谱序中程氏家族的迁徙缘由 [J]. 湖北函授大学学

报，2016，29（07）：192-194.

[380] 杜俊河，纪毓强.青岛市崂山区档案馆征入四版本《袁氏族谱》[J].
兰台世界，2016（08）：5.

[381] 廖亚梅.新时期档案馆家谱档案创新管理策略探究[J].黑龙江档案，
2016（02）：67.

[382] 朱慧敏.明清家谱人物传记的宗法思想——以徽州家谱为中心[J].宁
夏大学学报（人文社会科学版），2016，38（02）：66-70.

[383] 吕春阳.近三十年来徽州存世家谱档案研究回顾[J].山西档案，2016
（02）：103-105.

[384] 徐萧.国有史　家有谱：血脉里看千百年家国记忆[J].决策探索（下
半月），2016（03）：47.

[385] 吕春阳.万历《休宁范氏宗谱》编纂内容与体例初探[J].怀化学院学
报，2016，35（03）：5-8.

[386] 康慧.利用家谱开展暑期德育实践思考[J].潍坊工程职业学院学报，
2016，29（02）：21-23.

[386] 何俊伟.云龙宝丰白族家谱的特色及价值[J].大理大学学报，2016，
1（03）：1-5.

[388] 柳哲.我的寻根之旅[J].文史月刊，2016（03）：32-34.

[389] 程健美，陈郑云.乾隆《鲁氏家谱》的编撰特点及价值[J].河西学院
学报，2016，32（01）：48-51.

[390] 吕春阳.崇祯《临溪吴氏宗谱》编纂特点与体例创新初探[J].佳木斯
大学社会科学学报，2016，34（01）：159-161.

[391] 张昕宇.家谱数字化工作的现状与思考[J].河南图书馆学刊，2016，
36（02）：75-76.

[392] 赵敏.《中国珍稀家谱丛刊——明代家谱》考订与研究[J].名作欣赏，
2016（05）：85-86，116.

[393] 高莹.山东古嬴吴氏家族与族谱之研究[J].古籍整理研究学刊，2016
（01）：84-90.

[394] 陈国灿，王涛.依海兴族：东南沿海传统海商家谱与海洋文化[J].学

术月刊，2016，48（01）：31-37，48.

[395] 徐昉. 明代稀见家谱《新安苏氏族谱》研究 [J]. 齐齐哈尔大学学报（哲学社会科学版），2016（01）：90-93.

[396] 陈新. 传承家谱文化精华　重视家教树好家风 [J]. 世纪行，2016（01）：26.

[397] 中原姓氏入闽迁台之历史、记忆与认同研究 [J]. 信阳师范学院学报（哲学社会科学版），2016，36（01）：2.

[398] 刘文海. 修优质族谱　走创新之路——新修族谱应该重点把握的几个问题 [J]. 黑龙江史志，2016（10）：19-24.

[399] 王业明. 家谱作为组织传播媒介的观照——以明清徽州家谱为对象 [J]. 今传媒（学术版），2016（6）：59-61.

[400] 徐萧. 国有史家有谱：血脉里看千百年家国记忆 [J]. 决策探索，2016，24（06）：47.

[401] 钱杭. 20 世纪 60 年代初河南中部农村的宗族与族谱——细读《前十条》附件中的《偃师报告》[J]. 社会科学，2016（04）：131-141.

[402] 陈平民. 《明万历岩镇谢氏家谱》——徽学研究的珍贵资料 [J]. 徽州社会科学，2016（6）：18-32.

[403] 王忠田. 家谱叙事话语的直义行为 - 以河洛地区若干家谱为例 [J]. 长江丛刊，2016（2）：65-68.

[404] 王乃飞. 修家谱风波 [J]. 民间文学（故事），2016（04）：22-24.

[405] 王鹤鸣. 中国家谱的价值 [J]. 中华魂，2016（06）：60-62.

[406] 王成. 清初文人方象瑛的谱学观 [J]. 华夏文化，2017（04）：27-28.

[407] 牧童. 千年荣显万代清风——透过《裴氏家谱》探寻山西闻喜"中华宰相村"的文化密码 [J]. 思想政治工作研究，2017（07）：29-39.

[408] 牧童. 中华民族绵延赓续的历史见证——记《孔子世家谱》及其第五次大修 [J]. 思想政治工作研究，2017（10）：73-76，33-38.

[409] 代堃. 大力开展家谱征集　不断丰富档案馆藏 [J]. 黑龙江档案，2017（06）：14.

[410] 王全营. 家谱的功能及主要内容 [J]. 决策探索（上），2017（12）：

46-48.

[411] 项敏，赵平.蔡元培妻族周氏考补——以金陵周氏家谱手稿为轴心 [J].绍兴文理学院学报（哲学社会科学），2017，37（06）：89-94.

[412] 石林，黑洁锋.多学科视角下的侗族家谱研究 [J].贵州师范学院学报，2017，33（11）：13-18.

[413] 胡雪芳，杨定玉，张忠杰.近六十年来贵州山地民族谱牒文献整理研究的回顾与展望 [J].贵州师范学院学报，2017，33（11）：24-30.

[414]《家谱编纂概论》出版 [J].宁夏社会科学，2017（06）：2.

[415] 魏伯河.石介后裔播迁及其先世本源考论 [J].寻根，2017（06）：129-134.

[416] 钱茂伟.清代以来宁波史氏、陆氏宗谱编纂活动 [J].宁波大学学报（人文科学版），2017，30（06）：21-25.

[417] 李尹.山东东莱赵氏家乘研究 [J].史志学刊，2017（05）：48-51.

[418] 连凡.《宋元学案》对东莱吕氏家学的评价——以吕希哲、吕本中、吕祖谦为中心 [J].江汉大学学报（社会科学版），2017，34（05）：90-95，128.

[419] 于丽娟.方志应注重谱牒文化的记述与传承 [J].黑龙江史志，2017（10）：39-44.

[420] 董家魁.财力与才能的施展——明清徽商参与家谱纂修考论 [J].合肥工业大学学报（社会科学版），2017，31（05）：94-102.

[421] 季健，梁兴博.巴彦县退休干部王树彦向省档案馆捐赠《王氏家谱》等家族史书 [J].黑龙江档案，2017（05）：13.

[422] 王全营.中华姓氏的主要来源 [J].决策探索（上半月），2017（10）：48-50.

[423] 连凡.清代《宋元学案》视域下的东莱吕氏之学——以吕希哲、吕本中、吕祖谦为中心的考察 [J].南阳理工学院学报，2017，9（05）：117-123.

[424] 乔福锦.涉县曲里韩氏家族文书叙录 [J].邯郸学院学报，2017，27（03）：52-54.

[425] 朱将发.少数民族家谱收集工作思考——以桂林图书馆为例 [J].河南图书馆学刊，2017，37（09）：76-78.

[426] 尹晓奔.蔡和森家谱中的清廉家风 [J].档案时空，2017（09）：42-43.

[427] 吴兆龙，汪家耀.元代《汪氏渊源录》探析 [J].学术交流，2017（09）：206-213.

[428] 龙宇晓，胡雪芳，吴才勇.中外苗族民间原始形态家谱抢救、整理与研究——基于多学科交叉和多方法融合的工作框架 [J].贵州师范学院学报，2017，33（08）：9-14.

[429] 祝虻.明清时期宗族人口迁徙补论——基于现存徽州家谱所含资料的分析 [J].东北农业大学学报（社会科学版），2017，15（04）：19-25.

[430] 李鲜.从明清徽州家谱看女性经济活动及其特点 [J].赤峰学院学报（汉文哲学社会科学版），2017，38（08）：32-34.

[431] 董家魁.明清徽州家谱治生观与徽商发展 [J].中国石油大学学报（社会科学版），2017，33（04）：63-68.

[432]《佛满洲家谱精选》出版 [J].清史研究，2017（03）：157.

[433] 杨志丹.谱牒数字化过程中的技术与思路 [J].泉州师范学院学报，2017，35（04）：91-95，100.

[434] 邬才生.谱牒文化及其在当代的传承和发展 [J].江苏地方志，2017（04）：70-73.

[435] 牧童.中华民族一笔珍贵的历史文化遗产——记上海图书馆收藏研究利用家谱服务社会的事 [J].思想政治工作研究，2017（08）：33-39.

[436] 吴明冉.清代岷江上游羌族命名制研究 [J].中华文化论坛，2017（07）：156-161.

[437] 董家魁.明清徽州家谱传记与徽商社会地位的提高 [J].宁夏大学学报（人文社会科学版），2017，39（04）：92-98.

[438] 郝祥等民间人士向呈贡区档案馆捐赠族谱 [J].云南档案，2017（07）：20.

[439] 于美娜.家谱修复的实践与认识 [J].兰台世界，2017（S1）：143-144.

[440] 鲁旻雯.国内外家谱档案发展对我国档案工作的启示 [J].兰台世界，

2017（13）：38-40.

[441] 余万根.平江家谱文化浅谈 [J].档案时空，2017（07）：40-43.

[442] 黄颖，李湘敏，谢必震.琉球闽人家谱研究的几个问题 [J].东南学术，2017（04）：219-228.

[443] 李玉方.甘肃文县博物馆藏明萧籍墓志释读研究 [J].档案，2017（06）：26-30.

[444] 王丹.谈满族谱牒中所体现的满汉文化交融 [J].才智，2017（18）：228.

[445] 姜赢，张婧，朱玲萱.基于本体的家谱知识图谱模型及检索系统 [J].电子设计工程，2017，25（12）：161-165.

[446] 周梦云.从凡例看明清徽州家谱的编修要求——以徽州周氏家谱为例 [J].佳木斯大学社会科学学报，2017，35（03）：143-145，149.

[447] 李健胜."土人"考——兼论土族族源问题 [J].攀登，2017，36（03）：1-8.

[448] 杜俊河，纪玉强，李忠.青岛市崂山区档案馆征入六修版本《袁氏族谱》[J].兰台世界，2017（10）：7.

[449] 胡少明.家谱的教育意蕴 [J].大理大学学报，2017，2（05）：79-83.

[450] 朱长虹，向昌德.会同县手抄本《向氏族谱》及其价值 [J].档案时空，2017（05）：43-44.

[451] 董家魁.明清徽商对徽州家谱纂修的支持与贡献 [J].东北农业大学学报（社会科学版），2017，15（02）：78-86.

[452] 李志茗.家谱的价值与利用——以《武进青山门赵氏支谱》为例 [J].凯里学院学报，2017，35（02）：87-91.

[453] 张爱生.习仲勋家世渊源 [J].中国领导科学，2017（04）：79-80.

[454] 陆小赛.万历统宗祠建筑内涵：以《休宁范氏族谱》祠图为中心 [J].家具与室内装饰，2017（04）：124-126.

[455] 朱长虹，向昌德.怀化市：征集《向氏谱五世提图》手抄本家谱进馆 [J].档案时空，2017（04）：45.

[456] 宋泽宇.家谱整理中先祖界定的研究 [J].长江丛刊，2017（5）：45-46.

[457] 张双双 . 清代满族辉发萨克达氏家谱浅究 [J]. 满族研究，2017（01）：66-71.

[458] 寻根历史传承文化——《盛京满族家谱续编》付梓出版 [J]. 满族研究，2017（01）：125.

[459] 陈瑾娴 . 黄河南蒙古亲王家族系谱用名的语言分析 [J]. 贵州民族研究，2017，38（03）：196-201.

[460] 连晨曦，谢必震，吴巍巍 . 琉球闽人后裔的祖根情结及其对中华文化的持守——以中琉民间家谱对接为考察中心 [J]. 太平洋学报，2017，25（03）：80-88.

[461] 洪虹 . 歙县洪川洪氏家族文书的整理与研究 [J]. 齐齐哈尔大学学报（哲学社会科学版），2017（03）：10-12，20.

[462] 李文涛 . 中古裴氏家族清廉家风的形成及社会背景 [J]. 南都学坛，2017，37（02）：31-34.

[463] 张建生 .《拾烬谱》考 [J]. 寻根，2017（02）：113-115.

[464] 操宇晴 . 徽州家谱史料价值探微——以《潭渡孝里黄氏族谱》为例 [J]. 安徽广播电视大学学报，2017（01）：114-117，128.

[465] 康雅迪 . 论四川清代至民国年间族谱的教育功能 [J]. 文学教育（上），2017（03）：179-181.

[466] 郭硕楠 . 魏晋南北朝时期"簿状谱牒"档案 [J]. 兰台世界，2017（05）：35-37.

[467] 张继东 . 基于本体分子的家谱知识管理研究 [J]. 图书馆工作与研究，2017（02）：78-83.

[468] 李莺莺 . 图书馆家谱文献的著录与保护 [J]. 晋图学刊，2017（01）：63-66，78.

[469] 叶桂郴 . 说家谱 道家族 [J]. 文史春秋，2017（02）：63.

[470] 孙明 . 清代东北满洲旗人的迁徙及其影响——以家谱为中心的考察 [J]. 社会科学战线，2017（02）：132-138.

[471] 浙江省档案馆与美国犹他家谱学会签订合作协议 [J]. 浙江档案，2017（01）：5.

[472] 朱慧敏 . 明清徽州家谱像传初探 [J]. 宁夏大学学报（人文社会科学版），2017，39（01）：45-50，61.

[473] 郭国庆，高莉 . 贵州古旧家谱学术价值简论 [J]. 安徽文学（下半月），2017（01）：18-19.

[474] 操宇晴 . 歙县《潭渡孝里黄氏族谱》编修考述 [J]. 楚雄师范学院学报，2017，32（01）：36-41.

[475] 赵春辉 . 论家谱在齐家中的价值及对家风的记忆——以黄炎培所撰谱序及《黄氏雪谷公家谱》为考察中心 [J]. 哈尔滨工业大学学报（社会科学版），2017，19（01）：85-91.

[476] 吴凤 . 族谱资料收藏：意义非凡 [J]. 东方收藏，2017（01）：124-126.

[477] 周梦云 . 明清徽州社会风俗初探——以《康熙周氏家谱》为例 [J]. 山东农业工程学院学报，2017，34（01）：87-91.

[478] 王鹤鸣 . 少数民族家谱为中华民族的形成提供了第一手资料 [J]. 安徽史学，2017（01）：98-103.

[479] 赵春辉 . 索绰络氏家族文化与文学源流考 [J]. 学术交流，2017（01）：159-166.

[480] 宋泽宇 . 家谱整理中先祖界定的研究 [J]. 长江丛刊，2017（5）：45-46.

[481] 王明贵，王小丰 . 彝族父子连名制谱系研究 [J]. 四川民族学院学报，2017，26（02）：21-24.

[482] 王荣霞 . 耄耋老人四修家谱感动两岸族人 [J]. 侨园，2017（05）：17-19.

[483] 邓志红 . "话说天下第一谱"——《孔子世家谱》[J]. 山东档案，2017（04）：16-17，60.

[484] 孙侃 . 庞云泰：我为家族迁徙编家谱 [J]. 文化交流，2017（12）：21-25.

[485] 王鹤鸣 . 彩云之南聆谱音 [J]. 寻根，2017（02）：100-104.

[486] 王卫华 . 尝试创新纪实人生——读轩锡明的《生死家谱》[J]. 雪莲，2017（03）：115-120.

[487] 申瑞瑾. 家谱里的老家与故人 [J]. 湖南文学，2017（02）：97-105.

[488] 吴闻. 家谱：中华优秀传统文化的传承 [J]. 文史春秋，2017（09）：64.

[489] 谢根林. 西门家谱研究 [J]. 文学港，2017（02）：75-82.

[490] 刘艳红；姚丝雨. 运用家谱图评估暴力家庭个案研究 [J]. 中国校外教育，2017（33）：43-44.

[491] 郑鸣谦. 家谱文化：让血脉亲情落叶归根 [J]. 中华民居，2017（04）：70-77.

[492] 孙志峰，清风. 我们为什么必须要有家谱 [J]. 祝你幸福（上旬刊），2017（09）：36-37.

[493] 巴晓峰. 开封回族家谱中的伊斯兰本土化倾向 [J]. 回族研究，2018，28（01）：18-23.

[494] 白军芳. 走进白氏家谱 [J]. 红豆，2018（07）：98-101.

[495] 白林.《血脉》序 [J]. 草地，2018（06）：71-74.

[496] 曹立群. 麻城《严氏宗谱》兼祧承后现象探由 [J]. 安徽文学（下半月），2018（01）：6-7.

[497] 曾超.《刘氏宗谱》与白鹤梁题名人考察 [J]. 三峡大学学报（人文社会科学版），2018，40（06）：7-10.

[498] 柴书毓，高忠严. 基于生活空间的传统村落道德建设资源研究——以山西阳城为例 [J]. 山西大同大学学报（社会科学版），2018，32（05）：4-9.

[499] 陈玲.《中国家谱总目》徽州家谱条目辩证 [J]. 图书馆杂志，2018，37（11）：120-128.

[500] 陈雪明，卞利. 宋元以降徽州程氏宗族始迁祖形象的建构、演变与强化 [J]. 安徽大学学报（哲学社会科学版）2018，42（03）：1-8.

[501] 陈亚昌. 家谱不能证明崇明人祖先来自句容 [J]. 江苏地方志，2018（05）：92-93.

[502] 陈有顺. 武威陈氏源流及族谱考述 [J]. 寻根，2018（04）：64-68.

[503] 邓艳丽. 省级公共图书馆家谱收藏现状调查与分析 [J]. 图书馆学刊，2018，40（08）：84-88.

[504] 董行.面向跨语言家谱服务的多源关联数据匹配研究——上海图书馆开放数据应用比赛作品 Learn Chinese Surnames[J].大学图书馆学报，2018，36（04）：50-57.

[505] 董家魁.明清徽州家谱对徽商发展的积极作用 [J].图书馆理论与实践，2018（02）：48-55.

[506] 杜玉红，田有兰.国外少数民族濒危语言复兴宗谱研究 [J].贵州民族研究，2018，39（06）：188-191.

[507] 段万义.荣登家谱 [J].今日海南，2018（02）：62.

[508] 冯剑辉.存世元代徽州家谱研究 [J].徽学，2018（02）：256-270.

[509] 付昱承.关于电子家谱平台软件开发过程解决方案 [J].西部皮革，2018，40（16）：31.

[510] 高莹.试论洪武初年山东莱芜的枣强移民——基于古嬴吴氏家族及其族谱的考察 [J].中国地方志，2018（04）：72-83.

[511] 关欣.徽州家谱：史学研究的新领域——《徽州家谱的理论与方法研究》评介 [J].图书馆研究与工作，2018（07）：93-96.

[512] 关欣.元代珍稀家谱《汪氏渊源录》简论 [J].皖西学院学报，2018，34（01）：154-156.

[513] 关欣.论汪松寿的家谱编修思想 [J].安徽广播电视大学学报，2018（02）：93-96，124.

[514] 郭闻钧，岑映，方芳.舟山家谱中的耕读世家寻踪 [J].浙江海洋学院学报（人文科学版），2018，35（03）：80-85.

[515] 黄璜，谭小军.一部边疆民族文明演变的图像史——试评"域外汉籍珍本文库"《木氏宗谱（美藏本）》[J].出版参考，2018（02）：71.

[516] 黄军杰.新发现缙云《茶川潜氏宗谱》及其中的宋人资料 ——兼重释南宋名宦潜说友的"名节"问题 [J].温州大学学报（社会科学版），2018，31（04）：66-74.

[517] 黄小奇，吴浩，邱珊珊.当代青年对族谱的传承现状研究——以潮汕地区为例 [J].信阳农林学院学报，2018，28（02）：76-79.

[518] 惠清楼.民国族谱有关女性记载的类别与特征 [J].历史教学（下半月

刊），2018（05）：43-48.

[519] 纪谷芳.福建石狮《东埔邱氏族谱》文献价值考[J].文物鉴定与鉴赏，2018（03）：106-107.

[520] 贾文佳.江林昌：五千年"家谱"的书写力量[J].齐鲁周刊，2018（49）：52-54.

[521] 江清悠，俞如先.从族谱对台湾的指称看两岸客家人的属土认同——以福建省永定区及台湾族谱为例[J].嘉应学院学报，2018，36（12）：9-14.

[522] 姜明，刘先荣.从族谱看清代以降清水江下游民众的择业意识[J].贵州大学学报（社会科学版），2018，36（03）：66-72.

[523] 雷树德.为了家的记忆——湖南图书馆家谱文献收集、研究、保存与服务概略[J].数字与缩微影像，2018（03）：5-8.

[524] 李海东，王固生.宁夏博物馆藏清代《赵氏家谱》及所载赵良栋先世内容略考[J].图书馆理论与实践，2018（07）：110-112.

[525] 李积庆.从族谱看闽东北畲族社会变迁和历史记忆建构[J].龙岩学院学报，2018，36（01）：85-91.

[526] 李健，王运彬.族谱的档案属性及其价值研究——以福建连城罗坊乡《罗氏族谱》为例[J].闽西职业技术学院学报，2018，20（01）：67-72.

[527] 李靖琳.家谱"歌训"文化研究——以《王氏宗谱》和《尹氏联宗初修通谱》为例[J].长江文明，2018（03）：72-78.

[528] 李荣庆，陆玉芹.明清时期灶籍儒生的价值取向及其历史分析——金沙场文锦堂《邱氏宗谱》释读[J].盐业史研究，2018（03）：3-10.

[529] 李鲜，程石磊.徽州家谱对女性的入祠规范[J].佳木斯大学社会科学学报，2018，36（04）：153-155，160.

[530] 李勇锋.对明清时期庄浪卫鲁部土人的族群理论分析——以鲁氏历代家谱为中心[J].兰州大学学报（社会科学版），2018，46（01）：158-172.

[531] 李勇进.洮州《王氏家谱》与全真华山派在家道法脉的传承、道士家族的生存方式[J].宁夏社会科学，2018（06）：182-187.

[532] 李勇进，刘永明.洮州《于氏派衍家谱》与少数民族地区的道教历史 [J].宗教学研究，2018（01）：52-59.

[533] 李玉洋.《泰山宗谱叙录》刍评 [J].泰山学院学报，2018，40（02）：16-19.

[534] 刘斐，武琨.老潍县家族家谱展引动潍上 [J].走向世界，2018（39）：64-65.

[535] 刘进有.浅谈洛嵩刘氏——以《巩邑小黄冶刘氏家谱》为中心 [J].寻根，2018（1）：129-132.

[536] 刘净贤.从方志、宗谱管窥明晚期至清早期龙泉窑 [J].华夏考古，2018（05）：113-123.

[537] 刘晓.元代家族发展略论——以族谱、族田与祠堂为中心 [J].中央民族大学学报（哲学社会科学版），2018，45（03）：80-88.

[538] 刘兴顺.泰安大汶口卢氏宗族述论 [J].泰山学院学报，2018，34（04）：9-15.

[539] 陆玉芹，张艺.盐民儒士的价值取向与明清时期淮南盐场灶户宗族的兴衰——金沙场文锦堂《邱氏宗谱》释读 [J].扬州大学学报（人文社会科学版），2018，22（05）：112-119.

[540] 罗翔宇.论宗法观念在古徽州宗族社会中的传承与发展——以徽州家谱为中心 [J].皖西学院学报，2018，34（06）：121-125.

[541] 罗翔宇.浅论宋元徽州家谱中所蕴含的人文精神 [J].兰州教育学院学报，2018，34（03）：69-70.

[542] 罗翔宇.清代徽州宗族的教育理念——以徽州家谱为中心 [J].皖西学院学报，2018，34（03）：113-116.

[543] 莫凡艺.探析伊尔根觉罗赵宇家谱 [J].理论观察，2018（03）：70-72.

[544] 潘洪钢.从两部家谱的比较看清代驻防旗人的通婚问题 [J].福建师范大学学报（哲学社会科学版），2018（04）：96-104.

[545] 阮浩衡.文化自信视域下博物馆优秀传统文化教育研究——以馆藏族谱为例 [J].文物鉴定与鉴赏，2018（15）：120-123.

[546] 沈思越.中国家族的字辈 [J].寻根，2018（06）：111-114.

[547] 束亚弟，鲍步云，李晓春 . 新时代徽州家谱治家之道与当代价值研究 [J]. 池州学院学报，2018，32（05）：28-32.

[548] 苏惠苹 . 族谱所见明清时期中菲贸易的月港海商 [J]. 沈阳农业大学学报（社会科学版），2018，20（01）：111-115.

[549] 孙守朋，乔金航 .《清代满族家谱选辑》的编撰特色及其价值 [J]. 通化师范学院学报，2018，39（03）：99-103.

[550] 王鹤鸣 . 觅谱寻梦路上——古稀诗钞图片 [J]. 寻根，2018（03）：73-78.

[551] 王立成 . 东光周邦与《周氏宗谱》[J]. 寻根，2018（03）：129-131.

[552] 王仁磊 . 当代中原家谱的新修及其时代特征 [J]. 河南科技学院学报，2018，38（05）：11-15.

[553] 王雪斐 . 族谱资料中底层文士的古代文学批评研究 [J]. 大众文艺，2018（20）：6.

[554] 王永伟 . 族谱中的移民：浅析清中前期客家人在新界的分布 [J]. 惠州学院学报，2018，38（4）：57-60.

[555] 文少卿，韩昇，李辉 . 基因家谱学在中国的发展历程 [J]. 北方民族大学学报（哲学社会科学版），2018（1）：11-20.

[556] 吴祥云 .《延庆胡氏家谱》与关露 [J]. 北京档案，2018（03）：59-60.

[557] 向帆，朱舜山 . 中国家谱树的绘制实验报告——基于中国历代人物传记资料库的视觉化实践 [J]. 装饰，2018（10）：90-93.

[558] 徐靖捷 . 近代广东的非洲华侨与侨乡社会——以乐从镇族谱和碑刻为中心的讨论 [J]. 西华师范大学学报（哲学社会科学版），2018（03）：18-24.

[559] 徐立艳，王辉宇 . 思维导图软件 Freeplane 在家谱数字化过程中的应用探讨 ——以正红旗满洲哈达瓜尔佳氏家谱为例 [J]. 吉林师范大学学报（人文社会科学版），2018，46（03）：58-63.

[560] 许富翔 ."清代文献（档案、家谱）整理 与研究"研讨会会议综述 [J]. 吉林师范大学学报（人文社会科学版），2018，46（05）：53-57.

[561] 杨志丹，蔡跃进 . 面向内容整理的家谱数字化系统分析与设计 [J]. 泉州师范学院学报，2018，36（04）：30-34.

[562] 尹立娜 . 家谱档案的修复与功能 ——以杨氏家谱档案为例 [J]. 北京档案，2018（11）：36-38.

[563] 余文武 . 家谱规训的教育学解读 ——以李端棻家族后裔编撰之《贵阳李氏族谱》为例 [J]. 贵阳学院学报（社会科学版），2018，13（01）：26-29.

[564] 喻本伐 . 陶行知自存 "家谱" 研究 [J]. 南京晓庄学院学报，2018，34（01）：1-10.

[565] 赵利娟 . 图书馆馆藏家谱文献编撰的研究——以武进图书馆为例 [J]. 常州信息职业技术学院学报，2018，17（02）：91-93.

[566] 周庆 . 由家谱引出的成都故事 [J]. 文史杂志，2018（05）：117-120.

[567] 朱芸芸，朱振华 . 基于公安大数据的云家谱系统设计与实现 [J]. 电子测试，2018（18）：73-74.

[568] 卞利 . 宋明以来徽州血缘身份认同的建构与强化 [J]. 安徽大学学报（哲学社会科学版），2019，43（02）：1-11.

[569] 曹树基 . 客家人还是闽南人：南靖奎洋庄氏来源考 [J]. 南京师大学报（社会科学版），2019（01）：152-160.

[570] 曹晔 . 《水澄刘氏家谱》序述略 [J]. 书屋，2019（04）：43-45.

[571] 曾强 . 家谱 [J]. 当代人，2019（6）：59 62.

[572] 车兴明 . 试析谱师在传统宗族出版活动中的角色与权利 [J]. 中国发明与专利，2019，16（06）：38-41.

[573] 陈明，单妍 . 光绪八年《永安山妙智寺宗谱》简介 [J]. 浙江档案，2019（01）：42-43.

[574] 陈鹏 . 中古谱牒的类型、层级与流变 [J]. 古代文明，2019，13（02）：73-84，127.

[575] 陈小青 . 新时代公共图书馆家谱征集与开发利用研究 [J]. 图书馆工作与研究，2019（07）：71-76.

[576] 陈怡娴 . 《安溪东门外金山吴氏族谱》中的华侨史料浅析 [J]. 文物鉴定与鉴赏，2019（24）：30-31.

[577] 丁明俊 . 回族家谱文化探析 [J]. 北方民族大学学报（哲学社会科学

版），2019（04）：50-56.

[578] 杜盼新，文少卿，王凌翔等.重构司马光家族基因家谱 [J].人类学学报，2019，38（02）：304-316.

[579] 杜薇，邵麟巍.贵州普安邵氏家谱文献中的生态传统知识研究 [J].贵州民族研究，2019，40（02）：178-183.

[580] 高文豪.新修家谱典范之作——浅析《年庚册·郑州代书胡同李氏家谱》之特色及价值 [J].黑龙江史志，2019（11）：26-33.

[581] 贺子宸.组织传播中的中华家风文化分析——以《记住乡愁》节目为例 [J].传播力研究，2019，3（11）：17-18.

[582] 户胜南.基于区块链的电子家谱档案集成平台安全保障的适用性探究 [J].山西档案，2019（04）：94-98.

[583] 黄连生，邓明.永登县档案馆馆藏三种珍品述略 [J].档案，2019（01）：51-55.

[584] 蓝晓霞."穿越"而来的家谱 [J].档案与建设，2019（06）：88-89，91.

[585] 李阿康.《江村洪氏家谱》所载朱熹序文考辨 [J].中国地方志，2019（3）：117-123.

[586] 李阿康.安徽省图书馆藏《休宁陪郭程氏本宗谱》简论 [J].皖西学院学报，2019，35（3）：143-146.

[587] 李阿康.万历《休宁璜源吴氏族谱》编撰特点及其价值探析 [J].图书馆研究与工作，2019（8）：78-82.

[588] 李芳.贵阳马士英家谱的发现及其史料价值 [J].贵州文史丛刊，2019（02）：114-122.

[589] 李乔杨，谢清松.从建构主义视角看社会系统中族谱修改新现象 [J].黑龙江民族丛刊，2019（02）：62-67.

[590] 刘大胜.钱基博与家谱修撰 [J].寻根，2019（04）：119-126.

[591] 刘京臣.大数据视阈中的明清进士家族研究——以 CBDB、中华寻根网为例 [J].北京大学学报（哲学社会科学版），2019，56（04）：96-108.

[592] 刘志家.浅谈新时代家谱编修的创新——以重修《弼佐刘氏家谱》为例 [J].闽台文化研究，2019（04）：36-39.

[593] 龙泽江.贵州清水江流域的家谱与家族八景文化 [J].贵州社会科学，2019（03）：102-108.

[594] 罗琼.家谱空间数据分类与编码的研究——以入黔始祖罗氏家谱为例 [J].数字技术与应用，2019，37（09）：60，62.

[595] 马翾昂.《传播学史》读后感：传播学需要"宗谱" [J].新闻论坛，2019（06）：44-47.

[596] 彭滢燕.《莆楼林氏族谱》记述的明末清初史事 [J].福建史志，2019（04）：12-15，47，63.

[597] 钱汝平.徐渭家世补证——以新见《山阴前梅周氏宗谱》所收墓志为证 [J].古籍整理研究学刊，2019（04）：77-79，76.

[598] 邱源媛.清代旗人官修家谱档案述论 [J].中华文史论丛，2019（3）：231-262，394-395.

[599] 邱宗灿.加强族谱档案工作 丰富乡村历史文化 [J].办公室业务，2019（16）：119-120，147.

[600] 任兆杰.上海图书馆藏《金川项氏宗谱》发微 [J].图书馆杂志，2019，38（02）：114-120.

[601] 史连祥.修谱仪式的教育学层面分析研究综述 [J].黑龙江史志，2019（09）：44-51.

[602] 宋杰.无名有分：从明清徽州家谱看妾的形象 [J].合肥工业大学学报（社会科学版），2019，33（03）：105-111.

[603] 宋庆阳.南社先烈周祥骏史迹钩沉 [J].南京理工大学学报（社会科学版）2019，32（03）：40-47.

[604] 唐春生，王昆.族谱所见明清时期重庆地区的移民书写 [J].三峡论坛（三峡文学·理论版），2019（02）：1-6，9.

[605] 王辉，程秋平.家谱文化与档案价值的融合打造地方绿色经济 [J].兰台世界，2019（S2）：29-30.

[606] 王良.徽州家谱中的家风构建对当代社会的启示 [J].理论建设，2019（06）：108-112.

[607] 王良.徽州"士""商"职业观念的转换与构建——从徽州家谱中的

家规家训着手 [J]. 品位经典，2019（09）：23-24.

[608] 王芹.《新安毕氏会通世谱》述略 [J]. 皖西学院学报，2019，35（01）：128-131.

[609] 王新才，谢鑫. 我国图情档领域的谱牒研究：兼与史学、社会学范式比较 [J]. 图书馆论坛，2019，39（03）：112-120.

[610] 王莹. 基于"互联网+"技术的一站式家谱综合服务平台构建 [J]. 图书馆建设，2019（S1）：79-83.

[611] 王玉亮，艾静. 区域史研究与族谱、方志等史料价值问题 [J]. 石家庄学院学报，2019，21（02）：43-47.

[612] 翁玉莲. 围场县档案馆收藏《于氏家谱》[J]. 档案天地，2019（2）：5.

[613] 吴晓云，吕淑贤. 北京大学图书馆馆藏家谱修复的科学实践 [J]. 图书馆学研究，2019（8）：46-52.

[614] 吴新澎，黄红兵. 以《通志·校雠略》论续编家谱 [J]. 文学教育（下），2019（07）：10-13.

[615] 吴正彪，杨青艳. 论宗族谱牒文献资料整理在土司文化研究中的重要意义 [J]. 凯里学院学报，2019，37（05）：31-35.

[616] 夏翠娟. 文化记忆视域下家谱文献价值的再认识和内容的深开发 [J]. 图书与情报，2019（05）：49-57.

[617] 徐昉. 从家谱档案中看徽州宗族的变迁——以《新安徐氏宗谱统系》为中心 [J]. 黑龙江史志，2019（02）：26-31.

[618] 杨芳，关欣. 略论吴子玉的家谱理论成就 [J]. 皖西学院学报，2019，35（03）：132-136.

[619] 杨芳.《休宁曹氏统宗世谱》述略 [J]. 阜阳师范学院学报（社会科学版）2019（02）：121-126.

[620] 杨杰宏. 纳西族姓氏背后的文化密码 [J]. 中国民族教育，2019（11）：61-64.

[621] 尹燕. 家谱在方志编修中的重要性研究 [J]. 兰台内外，2019（36）：79-80.

[622] 于洁.《满洲瓜尔佳氏索尔果家族研究》出版 [J]. 满族研究，2019

（03）：117.

[623] 于美娜，刘彬彬，齐红祥.以天一阁藏《延陵郡吴氏宗谱》为例谈修复用纸的再染色 [J].兰台世界，2019（11）：92-95.

[624] 于美娜.天一阁古籍修复技艺在家谱修复中的运用——以《江阳嵩高柴氏宗谱》为例 [J].艺术品，2019（11）：80-85.

[625] 臧秀娟.试述家谱与名镇志编纂——以江苏名镇志《湖塘镇志》编纂为例 [J].中国地方志，2019（02）：29-34，124.

[626] 张进进.浅谈古籍函套制作工艺——以《旌阳李氏宗谱》为例 [J].中国民族博览，2019（2）：230-231.

[627] 张萍，叶思佳.天一阁藏家谱中新见黄宗羲佚文两篇考释 [J].宁波大学学报（人文科学版），2019，32（01）：17-21.

[628] 张前永."谱学不等于家谱学"——仓修良《谱谍学通论》之"谱" [J].图书情报研究，2019，12（04）：23-26.

[629] 张纹华.简朝亮的族谱研究 [J].广东石油化工学院学报，2019，29（05）：74-78，82.

[630] 张星久，陈青霞.从族谱看传统政治思想的民间表达与实践 [J].江苏社会科学，2019（06）：232-241，260.

[631] 张玉昭.关于我国近四十年来家谱档案价值研究述评 [J].兰台内外，2019（09）：8-9，13.

[632] 赵雪芹，邢慧.家谱知识服务平台用户持续使用意愿研究——以上海图书馆家谱知识服务平台为例 [J].图书馆，2019（03）：106-111.

[633] 郑自海，郑宽涛.中土两国人民友好往来的见证——记南京湖熟《保继堂马氏宗谱》新发现 [J].南通航运职业技术学院学报，2019，18（01）：55-58.

[634] 郑自海.明初南京回族迁徙西北源头珠玑巷考 [J].中国穆斯林，2019（02）：82.

[635] 周文玖.中华民族的家谱：二十四史漫谈 [J].书屋，2019（03）：4-7.

[636] 朱兰兰，薄田雅.数字人文视域下家谱档案资源多元化开发 [J].浙江档案，2019（10）：31-33.

[637] 朱丽君.统修族谱:一个北方家族的宗族意识与当代重建 [J].河北学刊,2019,39(05):210-216.

[638] 朱宇超.同治《平江盛氏家乘初稿》述略 [J].兰州教育学院学报,2019,35(07):1-2.

[639] 祝虻.现存明代家谱所辑文书论略——以徽州家谱为中心 [J].档案学通讯,2019(04):91-97.

[640] 蔡东洲,雷步照.武胜《段氏族谱》考论 [J].西华师范大学学报(哲学社会科学版),2020(02):7-12.

[641] 蔡祯,孙梓健.文化自信视域下家谱文化分析研究——以《人民日报》1946—2020 年的家谱报道为例 [J].新闻研究导刊,2020,11(12):230-231.

[642] 常建华.隐逸与治家:明万历浙江《重梓遂邑纯峰张氏宗谱》探析 [J].史林,2020(04):1-8,219.

[643] 陈飞.中西家谱文化的对比考察 [J].寻根,2020(05):20-30.

[644] 戴元枝,张小明.明清徽州族谱传记中塾师形象的书写 [J].安徽农业大学学报(社会科学版),2020,29(04):115-122.

[645] 杜靖,李耕.甘肃凉州达氏宗族的文化实践:"边汉社会"的又一类型及概念再思——兼与石峰教授讨论 [J].思想战线,2020,46(01):35-48.

[646] 段雪玉.南海孔氏:清代广东大盐商家族研究 [J].盐业史研究,2020(03):20-29.

[647] 谷长保,沈昕.传承与发扬:发掘徽州族谱家训时代内涵助推乡风文明建设 [J].皖西学院学报,2020,36(01):32-35.

[648] 胡宁.《三凤堂薛氏宗谱》:研究明清藏羌边地的重要文献 [J].西华师范大学学报(哲学社会科学版),2020(02):18-22.

[649] 黄春梅.潮汕族谱中的义利观及其在宗族关系中的表现 [J].韩山师范学院学报,2020,41(05):60-64.

[650] 江凌圳,丁立维,黄爱军.明代浙派名医楼英学术传承与思想文化 [J].中医药文化,2020,15(04):40-46.

[651] 李郭俊浩. 琉球久米系家谱特征 [J]. 读书, 2020（01）: 51-57.

[652] 李鲜. 徽州家谱中的族产研究 [J]. 佳木斯大学社会科学学报, 2020, 38（03）: 133-135.

[653] 廖涵. 族谱撰修与移民叙事——以民国《云阳涂氏族谱》为例 [J]. 西华师范大学学报（哲学社会科学版）, 2020（04）: 24-28.

[654] 刘敏. 家谱的价值研究——以四川资州《王氏族谱》为例 [J]. 文物鉴定与鉴赏, 2020（01）: 26-27.

[655] 刘倩倩, 夏翠娟. 家谱知识服务平台众包模式的设计与实现 [J]. 图书馆论坛, 2020, 40（05）: 10-15.

[656] 刘志家. 浅谈新时代家谱编修的创新——以重修《弼佐刘氏家谱》为例 [J]. 福建史志, 2020（03）: 53-56.

[657] 龙泽江. 苗族土司家谱《龙氏家乘迪光录》概说 [J]. 原生态民族文化学刊, 2020, 12（05）: 34-38.

[658] 马以林. 浅议新时期续修家谱——以山东长白山马氏第六次续修家谱为例 [J]. 山东图书馆学刊, 2020（02）: 9-12.

[659] 普梅笑. 从《石屏彝族文献家谱译注》谈彝族文献家谱及其文化内涵 [J]. 贵州工程应用技术学院学报, 2020, 38（04）: 65-71.

[660] 任明, 许光, 王文祥. 家谱文本中实体关系提取方法研究 [J]. 中文信息学报, 2020, 34（06）: 45-54.

[661] 沈文锋. 根系两岸——第四届海峡两岸民间谱牒文化论坛综述 [J]. 黎明职业大学学报, 2020（03）: 29-34.

[662] 沈文锋. 族谱文化传承传播与族谱收藏机构的现代化改造 [J]. 晋城职业技术学院学报, 2020, 13（03）: 71-74.

[663] 沈文锋. 闽台族谱文化传承传播与族谱共享研究 [J]. 艺术与民俗, 2020（01）: 38-45.

[664] 施东. 谱牒文献的整理与出版——以《上海图书馆藏珍稀家谱丛刊》为例 [J]. 编辑学刊, 2020（02）: 48-52.

[665] 史光辉; 张菁洲. 中国古代年谱体制的形成与发展 [J]. 中华文化论坛, 2020（05）: 57-66, 156.

[666] 宋仕平，梅雨青．土家族传统社会的宗族形态：组织结构与社会功能 [J]．三峡大学学报（人文社会科学版），2020，42（01）：45-49，54.

[667] 涂志伟．闽粤宗祠与台湾各姓族谱 [J]．闽台缘，2020（02）：66-74.

[668] 汪锋华．晚清徽州宗族的教育观新论——以徽州家谱、族规、家训为中心 [J]．合肥工业大学学报（社会科学版），2020，34（02）：94-101.

[669] 汪锋华．藩篱中的自由：民国徽州宗族婚姻观的革新——以徽州家谱族规家训为中心 [J]．安庆师范大学学报（社会科学版），2020，39（01）：58-63.

[670] 汪受宽．永登鲁土司家谱的研究与整理 [J]．社科纵横，2020，35（03）：111-116.

[671] 王鹤鸣．荣毅仁副主席到上海图书馆觅谱寻根 [J]．寻根，2020（03）：91-94.

[672] 王建文，汪顺生，付军．明代坐隐园主人和园址的研究——以新发现的汪廷讷家族家谱为基础 [J]．北京林业大学学报（社会科学版），2020，19（01）：72-77.

[673] 王建勇．民国家谱中的三篇张謇佚文 [J]．档案与建设，2020（06）：85-87.

[674] 王立成．青衫槐笏存家谱——东光《邢氏家乘》述略 [J]．档案天地，2020（01）：56-61.

[675] 王芹．明代家谱《厚铭日记》文献价值考述 [J]．图书馆研究与工作，2020（01）：70-73，96.

[676] 温来生．彭毓睿 续修家谱留住满族乡愁 [J]．绿色中国，2020（02）：38-41.

[677] 吴才茂．亦谱亦志：清代西南土司族谱编纂的方志化研究——以亮寨蛮夷长官司为例 [J]．原生态民族文化学刊，2020，12（05）：21-33.

[678] 吴雪菡．论家谱"欧式""苏式"之分 [J]．寻根，2020（04）：117-123.

[679] 谢必震．两岸关系族谱资料研究评析 [J]．闽台缘，2020（02）：60-65.

[680] 谢琳惠．基于黄河文化传承的馆藏中原家谱研究 [J]．河南图书馆学刊，2020，40（09）：2-3.

[681] 徐俊六.族源、制度与家国：丽江《木氏宗谱》美藏整理本的人类学研究 [J].西北民族大学学报（哲学社会科学版），2020（01）：39-51.

[682] 颜晓军.吴镇家族与赵孟頫家族世交考——兼论《义门吴氏谱》的问题 [J].故宫博物院院刊，2020（02）：24-41，108-109.

[683] 于秀萍，童广俊."分支别派"与明清以来华北家族的发展 [J].沧州师范学院学报，2020，36（01）：84-90.

[684] 喻雯虹.公共图书馆家谱资源的阅读推广与文化传承 [J].图书馆，2020（07）：45-49.

[685] 张舰戈.徽州普通家族的谱系构建——歙县刻工家族虬川黄氏族谱编纂考 [J].安徽大学学报（哲学社会科学版），2020，44（04）：1-8.

[686] 张俊峰，张瑜.结构与建构：沁河流域的宗族实践——以山西阳城县张氏家谱为中心 [J].青海民族研究，2020，31（01）：206-214.

[687] 张士闪.民间文献与地方社会的历史构成——以清代胶东地区"双山马家"族谱编撰为例 [J].华中师范大学学报（人文社会科学版），2020，59（05）：147-156.

[688] 张勇华.族谱编纂之法与客家联修：以谢氏、刘氏族谱为例 [J].赣南师范大学学报，2020，41（04）：21-25.

[689] 周梦云.家谱展现的宗族教育对当今高校教育的启发——以徽州周氏家谱为例 [J].西部学刊，2020（18）：101-104.

[690] 周燕儿.清《山阴峡山何氏简谱》史实辨误及文献价值探析 [J].图书馆研究与工作，2020（11）：78-85.

[691] 周媛.从《江村洪氏家谱》所记匾额对联看古代宗族的家风建设 [J].中国民族博览，2020（14）：214-215.

[692] 朱开忠.馆藏缩微文献珍品考述——以安徽省图书馆藏 3 部明代徽州家谱为例 [J].数字与缩微影像，2020（02）：27-30.

[693] 朱忠飞.闽南客家抄本族谱的特点及其文献价值 [J].赣南师范大学学报，2020，41（04）：26-30.

[694] 祝振媛.我国传统家谱档案的可视化构建——以浙江仙居高迁《吴氏西宅宗谱》为例 [J].档案学通讯，2020（02）：72-79.

[695] 卓威翰 . 闽台云峰卓氏福庭系族谱关系考 [J]. 闽台缘，2020（02）：75-85.

[696] 祖梓恒 . 清代家谱中的满族文化生活浅探——以咸丰朝《图门世谱》为例 [J]. 文化创新比较研究，2020，4（09）：40-41.

附录五 全国古籍普查平台中的家谱

（一）家谱

序号	普查编号	索书号	详细信息	数据类型	来源	建立时间	数据状态	单位
1	410000-8283-0000032	405	何氏家谱不分卷 / （清）□□□纂修 / 清稿本	汉文古籍	录入	2011/03/11	二审中	沁阳市博物馆
2	410000-2206-0001946	过 *1946*12*8-2	莫氏家谱六卷 / （清）莫如冀编 / 清末石印本	汉文古籍	录入	2012/05/23	临时保存	新乡市图书馆
3	410000-2206-0001916	过 *1916*12*8-2	李氏家谱不分卷 / （清）李正柄撰 / 清乾隆三十四年（1769）刻本	汉文古籍	录入	2012/05/23	临时保存	新乡市图书馆
4	410000-2206-0001880	*1880*12**2-3	固始吴氏家谱□□卷 / （□）□□辑 / 清末思源堂刻本	汉文古籍	录入	2012/05/22	临时保存	新乡市图书馆
5	410000-2241-0032621	991.06/3643	[河南商丘]汤氏家谱四卷 / （清）汤培原纂修 / 清光绪三十四年（1908）汤氏刻本	汉文古籍	导入	2012/04/23	临时保存	郑州大学图书馆

续表

序号	普查编号	索书号	详细信息	数据类型	来源	建立时间	数据状态	单位
6	410000-2241-0031454	D91.24/1267	董氏家谱二卷／（清）孙景贤纂辑／清道光十二年（1832）刻本	汉文古籍	导入	2012/04/23	临时保存	郑州大学图书馆
7	410000-2241-0027470	26.124/526=2	睢阳蒋氏家谱十二卷／（清）蒋念学纂修／清光绪三十四年（1908）刻本	汉文古籍	导入	2012/04/23	临时保存	郑州大学图书馆
8	410000-2205-0000435	C5/25（3）	［安阳］朱氏家谱不分卷／（清）朱觅撰／清光绪三十二年刻本	汉文古籍	套录	2011/08/24	二审中	安阳市图书馆
9	410000-2205-0000434	C5/25（2）	［安阳］朱氏家谱不分卷／（清）朱觅撰／清光绪三十二年刻本	汉文古籍	套录	2011/08/24	二审中	安阳市图书馆
10	410000-2205-0000431	C5/25	［安阳］朱氏家谱不分卷／（清）朱觅撰／清光绪三十二年刻本	汉文古籍	录入	2011/08/24	二审中	安阳市图书馆
11	410000-8286-0000238	23-00271-2	吴氏家谱不分卷／（清）佚名撰／清光绪二年刻本	汉文古籍	录入	2012/05/30	二审中	灵宝市文物保护管理所
12	410000-2201-0010860	26.1.3/25	张氏家谱不分卷／（清）□□撰／清刻本	汉文古籍	录入	2013/01/11	临时保存	河南省图书馆
13	410000-5241-0000076	789.2/370	孔子氏家谱一卷／（清）孔传清撰／清同治四年（1865）刻本	汉文古籍	录入	2012/10/09	临时保存	河南师范大学图书馆
14	410000-2206-0006004	*64758	张氏家谱一卷／（清）张冰著／清康熙四十七年（1708）敦临堂刻本	汉文古籍	录入	2012/07/31	临时保存	新乡市图书馆

续表

序号	普查编号	索书号	详细信息	数据类型	来源	建立时间	数据状态	单位
15	410000-2203-0001019	256/10	祥符田氏家谱一卷／（清）田佽纂修／清同治九年（1870）铅印本	汉文古籍	录入	2012/07/20	临时保存	开封市图书馆
16	410000-2203-0001017	256/7	睢阳蒋氏家谱十二卷前谱一卷／（清）蒋念学纂修／清光绪三十四年（1908）蒋氏刻本	汉文古籍	录入	2012/07/19	临时保存	开封市图书馆
17	410000-2203-0001015	256/2	浙江余杭徐氏家谱一卷／（清）徐继鐄等编／清道光抄本	汉文古籍	录入	2012/07/19	临时保存	开封市图书馆
18	410000-2220-0001507	255/1	杜氏家谱一卷／清光绪间刊	汉文古籍	录入	2012/06/09	临时保存	唐河县图书馆
19	410000-2206-0002402	民国中州00491-493*13*6-2	汲县李氏家谱一卷／（清）李时燦编／民国抄本	汉文古籍	录入	2011/05/30	临时保存	新乡市图书馆
20	410000-2206-0002005	过民国线装37514-23*12*8-2	禹县朱氏家谱不分卷／（民国）朱辑五编／民国十八年（1929）	汉文古籍	录入	2011/05/23	临时保存	新乡市图书馆
21	410000-2206-0001973	过*37501-2*12*8-2	学正黄氏家谱节本八卷／（清）黄任恒著／清宣统三年（1911）保粹堂刻本	汉文古籍	录入	2012/05/23	临时保存	新乡市图书馆
22	410000-2201-0033197	民史824	茹氏家谱一卷／茹应聘纂修／民国三十年（1941）影印本	汉文古籍	套录	2014/11/25	临时保存	河南省图书馆
23	410000-2201-0033052	民史869	[河南偃邑]商兼村谢氏家谱不分卷／谢国恩等修／民国八年（1919）影印本	汉文古籍	录入	2014/11/24	临时保存	河南省图书馆

续表

序号	普查编号	索书号	详细信息	数据类型	来源	建立时间	数据状态	单位
24	410000-2201-0031868	民史 418	茹氏家谱□□卷／（清）□□／民国影印本	汉文古籍	录入	2014/11/07	临时保存	河南省图书馆
25	410000-2201-0031849	民史 480	碓山张路庄张氏家谱一卷／张伯昂纂／民国二十三年（1934）影印本	汉文古籍	录入	2014/11/07	临时保存	河南省图书馆
26	410000-2201-0031807	民史 427	王氏家谱不分卷／王祖佑等修／清光绪十三年（1887）刻民国续修本	汉文古籍	套录	2014/11/07	临时保存	河南省图书馆
27	410000-2201-0031214	民史 297	[河南新乡]鄘南茹氏宗谱／（清）茹口纂修／民国影印本	汉文古籍	录入	2014/11/04	临时保存	河南省图书馆
28	410000-2201-0029181	史 2998	孔子世家谱不分卷／（清）孔广汉修／清刻本	汉文古籍	套录	2014/10/21	临时保存	河南省图书馆
29	410000-2201-0026557	史 2312	[山东曲阜]孔子世家谱一卷／（清）孔繁灏修／清咸丰十年（1860）郎申之抄本	汉文古籍	录入	2014/09/16	临时保存	河南省图书馆
30	410000-2201-0019639	史 48	[河南沈丘]遂平兴隆]李氏家谱不分卷／李申甫修／清石印本	汉文古籍	录入	2013/12/17	临时保存	河南省图书馆
31	410000-2201-0010874	26.1.3/33	南海学正黄氏家谱十二卷首编各一卷（表）／（清）黄任恒编／清宣统三年（1911）保粹堂刻本	汉文古籍	录入	2013/01/11	临时保存	河南省图书馆

续表

序号	普查编号	索书号	详细信息	数据类型	来源	建立时间	数据状态	单位
32	410000-2201-0035609	26.1.3/26	张氏家乘/（清）襄城张氏辑修/清河南襄城张氏刻本	汉文古籍	录入	2016/10/25	临时保存	河南省图书馆
33	410000-2294-0002014	番403/108.1	孙氏家谱不分卷/（民国）凤诏著/民国二十八年（1939）影印本	汉文古籍	录入	2016/6/21	临时保存	洛阳市文物工作队
34	410000-2294-0002013	番403/108	孙氏家谱不分卷/（民国）凤诏著/民国二十八年（1939）影印本	汉文古籍	录入	2016/6/21	临时保存	洛阳市文物工作队
35	410000-2294-0001916	番403/35	洛阳县马氏家谱/（清）沈桂芳撰/民国十九年（1930）石印本	汉文古籍	录入	2015/10/19	临时保存	洛阳市文物工作队
36	410000-2294-0001897	番209/36	李氏家谱不分卷/（民国）李准撰/民国二十年（1931）刻本	汉文古籍	录入	2015/10/19	临时保存	洛阳市文物工作队
37	410000-2201-0035007	民史964	[□□氏家谱]/□□修/民国抄本	汉文古籍	录入	2014/12/31	临时保存	河南省图书馆
38	410000-2201-0033820	史3967	李氏家谱□□卷/李亮采编/清光绪三十三年（1907）李延济抄本	汉文古籍	录入	2014/12/02	临时保存	河南省图书馆
39	410000-2201-0033721	民史901	邵康节家谱/□□/民国抄本	汉文古籍	录入	2014/12/01	临时保存	河南省图书馆
40	410000-2201-0033412	史3415	□氏家谱□□卷/□□/清刻本	汉文古籍	录入	2014/11/27	临时保存	河南省图书馆
41	410000-2201-0033268	史3402	□氏家谱□□卷/□□/清刻本	汉文古籍	录入	2014/11/26	临时保存	河南省图书馆

（二）宗谱

序号	普查编号	索书号	详细信息	数据类型	来源	建立时间	数据状态	单位
1	410000-2241-0027449	26.124/443	路氏宗谱十卷/（清）路俊焕篡修/清光绪十三年（1887）尚德堂刻本	汉文古籍	导入	2012/04/23	临时保存	郑州大学图书馆
2	410000-2241-0027404	26.124/313	[江苏常州毘陵]溏溪张氏宗谱不分卷/（清）张顺格[等]主修/清光绪十九年（1893）百忍堂刻本	汉文古籍	导入	2012/04/23	临时保存	郑州大学图书馆
3	410000-5221-0000020	0019	[河南南阳]刘氏宗谱十卷/（清）刘忠方等修/清光绪三十年崇本堂刻本	汉文古籍	导入	2011/06/02	二审完成	舞阳县图书馆
4	410000-5221-0000019	0018	孟氏宗谱二十四卷/（民国）不著撰者/民国活字本	汉文古籍	导入	2011/05/05	一审退回待修改	舞阳县图书馆
5	410000-2201-0000415	0529	孙氏宗谱□□卷/（□）孙□修/明抄本（有图）	汉文古籍	导入	2010/12/09	二审完成	河南省图书馆
6	410000-2216-0000032	卡405	何氏宗谱不分卷/（清）□□□篡修/清稿本	汉文古籍	录入	2011/02/09	临时保存	沁阳县图书馆
7	410000-2232-0000003	0000002	[湖北英山]胡氏宗谱八卷/（清）胡全篡修/清乾隆四十年刻本	汉文古籍	录入	2011/05/27	二审完成	平顶山市图书馆
8	410000-2206-0001942	过*1942*12*8-2	吕氏宗谱不分卷/（清）吕锡麟撰/清道光二十五年（1845）刻本	汉文古籍	录入	2012/05/23	临时保存	新乡市图书馆
9	410000-2206-0001941	过*1941*12*8-2	刘氏宗谱十卷/（清）刘梦兴撰/清同治十二年（1873）又林唐刻本	汉文古籍	录入	2012/05/23	临时保存	新乡市图书馆

续表

序号	普查编号	索书号	详细信息	数据类型	来源	建立时间	数据状态	单位
10	410000-2206-0001920	过民国平装1920*12*8-2	李氏宗谱世系表 / (民国) 李时燦撰 / 民国刻本	汉文古籍	录入	2012/05/23	临时保存	新乡市图书馆
11	410000-2206-0001919	过民国平装1919*12*8-2	李氏宗谱世系表 / (民国) 李时燦撰 / 民国刻本	汉文古籍	录入	2012/05/23	临时保存	新乡市图书馆
12	410000-2206-0001918	*1918	李氏宗谱母系表不分卷 / (清) 李□□编 / 清写刻本	汉文古籍	录入	2012/05/23	临时保存	新乡市图书馆
13	410000-2206-0001917	1917	李氏宗谱母系表不分卷 / (清) 李□□编 / 清写刻本	汉文古籍	录入	2012/05/23	临时保存	新乡市图书馆
14	410000-2206-0001914	过 1914*12*8-1	黄氏宗谱八卷 / (清) 黄企先编次 / 清末刻本	汉文古籍	录入	2012/05/23	临时保存	新乡市图书馆
15	410000-2206-0001878	过民国线装36738-43*12*8-2	古共郜氏宗谱六卷 / (清) 王郜勋修 / 民国十三年 (1924) 重刊本	汉文古籍	录入	2012/05/22	临时保存	新乡市图书馆
16	410000-2206-0001877	过 *36215-21*12*8-2	范氏宗谱四卷 / (清) 范汝奎撰 / 清乾隆二十二年 (1757) 刻本	汉文古籍	录入	2012/05/22	临时保存	新乡市图书馆
17	410000-2206-0001503	205.5/005	六修陈氏宗谱六卷 / 陈如山等修 / 民国二十四年平封河南新华印刷局铢本	汉文古籍	录入	2012/05/18	临时保存	新乡市图书馆
18	410000-2299-0000374	402	[湖南祁阳] 赵氏四修宗谱□□卷 / 清末孝文堂活字印本	汉文古籍	导入	2012/04/26	临时保存	少林寺藏经阁

续表

序号	普查编号	索书号	详细信息	数据类型	来源	建立时间	数据状态	单位
19	410000-2241-0027753	26.12773/183	彭文敬公（彭蕴章）行状一卷／（清）彭慰高状／清光绪六年（1880）刻本	汉文古籍	导入	2012/04/23	临时保存	郑州大学图书馆
20	410000-2241-0027578	26.124/954	[常州武进]戸庄徐氏宗谱十六卷／（清）徐川大／清光绪三十二年（1906）江苏常州武进固本堂刻本	汉文古籍	导入	2012/04/23	临时保存	郑州大学图书馆
21	410000-2241-0027563	26.124/934	[茶亭里]钱氏宗谱十卷／（清）钱度／清光绪十四年（1888）思本堂刻本	汉文古籍	导入	2012/04/23	临时保存	郑州大学图书馆
22	410000-2241-0027531	26.124/882	[常州]昆陵东青邱氏宗谱六卷／（清）邱文孝主修／清光绪七年（1881）常州东善堂刻本	汉文古籍	导入	2012/04/23	临时保存	郑州大学图书馆
23	410000-2241-0027503	26.124/667	[胡庄]唐氏宗谱十卷／（清）唐企宽主修／清光绪二十九年（1903）成美堂刻本	汉文古籍	导入	2012/04/23	临时保存	郑州大学图书馆
24	410000-2241-0027488	26.124/648	[江苏]高氏续修宗谱二十四卷／（清）高裕芳纂修／清光绪三十年（1904）江苏江阴裕格远堂刻本	汉文古籍	导入	2012/04/23	临时保存	郑州大学图书馆
25	410000-2241-0027466	26.124/526	[江苏宜兴]蒋氏宗谱四卷／（清）蒋晋蕃主修／清光绪三十年（1904）孝思堂木活字本	汉文古籍	导入	2012/04/23	临时保存	郑州大学图书馆

续表

序号	普查编号	索书号	详细信息	数据类型	来源	建立时间	数据状态	单位
26	410000-2241-0027461	26.124/502	[无锡锡山]华氏通九支宗谱二十八卷附文献考、傅芳集十卷/(清)华立均编/清光绪三十年(1904)无锡惇叙堂木活字本	汉文古籍	导入	2012/04/23	临时保存	郑州大学图书馆
27	410000-2241-0027452	26.124/443=2	路氏宗谱十二卷/(清)路培德纂修/清宣统二年(1910)尚德堂木刻本	汉文古籍	导入	2012/04/23	临时保存	郑州大学图书馆
28	410000-2201-0030094	民史 85	范氏宗谱四卷首二卷/(清)范乃功修纂/民国十二年(1923)刻本	汉文古籍	套录	2014/10/29	临时保存	河南省图书馆
29	410000-2201-0025712	史 2139	范氏宗谱五卷/(清)□□撰/清刻本	汉文古籍	录入	2014/08/22	临时保存	河南省图书馆
30	410000-2286-0002479	2405 民 200	【河南】古共邵氏宗谱六卷/(清)邵启荣纂修/民国十三年(1924)续修本	汉文古籍	录入	2013/06/08	临时保存	河南省图书馆
31	410000-2286-0002478	2405 民 196	【河南】古共邵氏宗谱六卷/(清)邵启荣纂修/民国十三年(1924)续修本	汉文古籍	录入	2013/06/08	临时保存	河南省图书馆
32	410000-2201-0010952	26.1.3/55	弓氏宗谱不分卷(图)/(清)弓承平等撰/清光绪二十九年(1903)刻本	汉文古籍	录入	2013/01/04	临时保存	河南省图书馆

续表

序号	普查编号	索书号	详细信息	数据类型	来源	建立时间	数据状态	单位
33	410000-2201-0010862	26.1.3/27	陈氏兆祥宗谱不分卷／（清）陈元龙等撰／清道光二十八年（1848）刻本	汉文古籍	录入	2013/01/11	临时保存	河南省图书馆
34	410000-2201-0000864	206.2/1	[陕西茂陵]张氏宗谱二卷／（清）张鸿山纂修／清宣统三年（1902）刻本	汉文古籍	录入	2012/07/04	临时保存	河南省图书馆
35	410000-2201-0000845	206.2/1	[陕西茂陵]张氏宗谱二卷／（清）张鸿山纂修／清宣统三年（1902）刻本	汉文古籍	录入	2012/07/04	临时保存	河南省图书馆
36	410000-2201-0001945	36128-9*12*8-2与1944重复作废	马氏宗谱（安阳蒋村）四卷／（清）马吉祥纂／清光绪（1899）安阳马氏祠堂刻本	汉文古籍	录入	2012/05/23	临时保存	河南省图书馆
37	410000-2201-0001944	过*36128-9*12*8-2	安阳蒋村马氏宗谱八卷／（清）口口撰／清光绪年间刻本	汉文古籍	录入	2012/05/23	临时保存	河南省图书馆
38	410000-5234-0000069	00096	周氏宗谱六卷／（清）周鸣春等修／清宣统元年（1909）木活字本	汉文古籍	套录	2016/10/19	临时保存	河南省桐柏县图书馆
39	410000-2294-0001930	番209/41	李氏宗谱不分卷／（民国）李準书／民国二十年（1931）写刻本	汉文古籍	录入	2016/06/14	临时保存	洛阳市文物工作队
40	410000-2206-0010266	过补*10266*12*8-2	李氏宗谱附录一卷／清刻本	汉文古籍	录入	2016/03/29	临时保存	新乡市图书馆

续表

序号	普查编号	索书号	详细信息	数据类型	来源	建立时间	数据状态	单位
41	410000-2206-0010265	过民国平装 10265*12*8-2	李氏宗谱世系表/（民国）李时燦撰/民国刻本	汉文古籍	套录	2016/03/29	临时保存	新乡市图书馆
42	410000-2206-0010264	过民国平装 10264*12*8-2	李氏宗谱世系表/（民国）李时燦撰/民国刻本	汉文古籍	套录	2016/03/29	临时保存	新乡市图书馆
43	410000-2206-0010141	过*36214*12*8-2	范氏宗谱四卷/（清）范妆棻撰/清乾隆二十二年（1757）刻本	汉文古籍	套录	2016/01/13	临时保存	新乡市图书馆
44	410000-2201-0034441	1889（4.7/159）	忍斋眼笔记十二卷冯氏宗谱一卷/（清）冯柏椿撰/清乾隆四十三年（1778）稿本	汉文古籍	录入	2014/12/10	临时保存	河南省图书馆
45	410000-2201-0032772	民史756	尤氏部谱口口卷/口口民国逐初堂铅印本	汉文古籍	录入	2014/11/13	临时保存	河南省图书馆
46	410000-2201-0032775	民史807	古共部氏宗谱六卷/（清）郜启荣纂修/民国十三年（1924）刻本（有图）	汉文古籍	录入	2014/11/13	临时保存	河南省图书馆
47	410000-2201-0031214	民史297	[河南新乡]郦南茹氏宗谱/（清）茹口纂修/民国影印本	汉文古籍	录入	2014/11/04	临时保存	河南省图书馆

（三）族谱

序号	普查编号	索书号	详细信息	数据类型	来源	建立时间	数据状态	单位
1	410000-2241-0014300	22.216074/377	春秋世族谱一卷／（清）陈厚耀撰／清光绪二十五年（1899）两湖书院正学堂刻本	汉文古籍	导入	2012/04/20	临时保存	郑州大学图书馆
2	410000-2241-0014289	22.215074/377	春秋世族谱一卷／（清）陈厚耀撰／清雍正三年（1725）刻本	汉文古籍	导入	2012/04/20	临时保存	郑州大学图书馆
3	410000-8286-0000246	23-00267	四次续修河阳薛氏族谱五卷／（清）佚名撰	汉文古籍	录入	2011/06/08	二审中	灵宝市文物保护管理所
4	410000-2222-0000128	1.6/2	春秋世族谱一卷／（清）陈厚耀撰／清光绪二十五年（1899）两湖书院正学堂刻本	汉文古籍	录入	2011/04/20	临时保存	偃师市图书馆
5	410000-2206-0001913	过补*1913*12*8-2	郭氏族谱十三卷／（清）郭培远辑／清乾隆同刻本	汉文古籍	录入	2012/05/23	临时保存	新乡市图书馆
6	410000-2206-0001912	过 *36744*12*8-1	郭氏族谱十二卷／（清）郭宗茶纂／清光绪二年（1876）孝思堂刻本	汉文古籍	录入	2012/05/23	临时保存	新乡市图书馆
7	410000-2202-0001502	205.5/004	八修边氏族谱十卷／边济仁等修／民国二十四年封丘边氏胎谋堂铅印本	汉文古籍	录入	2012/05/18	临时保存	郑州市图书馆
8	410000-2202-0001501	205.5/002	柳氏族谱／柳桐曾等修／1962年山东石印本	汉文古籍	录入	2012/05/18	临时保存	郑州市图书馆

续表

序号	普查编号	索书号	详细信息	数据类型	来源	建立时间	数据状态	单位
9	410000-2202-0000860	205.5/002	滕阳张氏族谱/张孝田等修/1962年山东石印本	汉文古籍	录入	2012/05/18	临时保存	郑州市图书馆
10	410000-2299-0000388	801	永言徐氏七修族谱□卷/清光绪追报堂字活字印本	汉文古籍	导入	2012/04/26	临时保存	少林寺藏经阁
11	410000-2241-0027563	26.124/934	[荼亭里]钱氏宗谱十卷/(清)钱度/清光绪十四年(1888)思本堂刻本	汉文古籍	导入	2012/04/23	临时保存	郑州大学图书馆
12	410000-2241-0027433	26.124/366	[焦作]孙氏族谱不分卷/(清)孙镜心修/清光绪二十八年(1902)[河南孙氏]抄本	汉文古籍	导入	2012/04/23	临时保存	郑州大学图书馆
13	410000-2241-0027411	26.124/340	[江苏常州]昆陵盛氏族谱十六卷/(清)盛清学/清光绪九年(1883)思成堂刻本	汉文古籍	导入	2012/04/23	临时保存	郑州大学图书馆
14	410000-2241-0027232	26.12102/856	新纂姓氏族谱笺释八卷/(清)熊峻运纪录/清雍正二年(1724)经纶堂刻本	汉文古籍	导入	2012/04/23	临时保存	郑州大学图书馆
15	410000-2206-0002003	*2003*12*16-5	张氏族谱三卷/(清)□□编/清末刻本	汉文古籍	录入	2012/05/23	临时保存	新乡市图书馆
16	410000-2206-0002002	*2002*12*16-5	张氏族谱三卷/(清)张时中撰/清同治九年(1870)刻本	汉文古籍	录入	2012/05/23	临时保存	新乡市图书馆

续表

序号	普查编号	索书号	详细信息	数据类型	来源	建立时间	数据状态	单位
17	410000-2206-0002001	过 *2001*12*8-2	岳氏族谱七卷 /（清）岳象贤修 / 清光绪十三年（1887）石印本	汉文古籍	录入	2012/05/23	临时保存	新乡市图书馆
18	410000-2206-0001980	过 *1980*12*8-2	岳氏族谱三卷 /（清）岳在嶙修 / 清同治五年（1866）刻本	汉文古籍	录入	2012/05/23	临时保存	新乡市图书馆
19	410000-2206-0001979	过 *1979*12*8-2	岳氏族谱三卷 /（清）岳在嶙修 / 清同治五年（1866）刻本	汉文古籍	录入	2012/05/23	临时保存	新乡市图书馆
20	410000-2206-0001978	过 *1978*12*8-2	岳氏族谱三卷 /（清）岳在嶙修 / 清同治五年（1866）刻本	汉文古籍	录入	2012/05/23	临时保存	新乡市图书馆
21	410000-2206-0001971	过民国线装 38277-78*12*8-2	魏氏族谱六卷 /（民国）魏联奎修 / 民国二十二年（1934）新子印刷所铅印	汉文古籍	录入	2012/05/23	临时保存	新乡市图书馆
22	410000-2206-0001950	1950	王氏族谱？卷 /（民国）王照宝撰 / 民国十三年写刻本	汉文古籍	录入	2012/05/23	临时保存	新乡市图书馆
23	410000-2206-0001949	过 *36235-48*12*8-2	天井里张氏族谱十二卷 /（清）张祖燕编 / 清道光二十五年（1845）张氏刻本	汉文古籍	录入	2012/05/23	临时保存	新乡市图书馆
24	410000-2206-0001948	过补 *1948*12*8-2	申氏族谱不分卷 /（清）申如顼撰 / 清同治十一年（1872）刻本	汉文古籍	录入	2012/05/23	临时保存	新乡市图书馆
25	410000-2201-0010856	26.1.3/24	马氏族谱不分卷 /（清）马驰堇等撰 / 清刻本	汉文古籍	录入	2013/01/11	临时保存	河南省图书馆

续表

序号	普查编号	索书号	详细信息	数据类型	来源	建立时间	数据状态	单位
26	410000-2201-0010840	26.1.3/11	朱氏族谱不分卷 /（清）朱希孔辑 / 清道光二年（1822）诚敬堂刻本（图）	汉文古籍	录入	2013/01/10	临时保存	河南省图书馆
27	410000-2206-0008029	过 *8029*12*8-2	岳氏族谱三卷 /（清）岳在巘修 / 清同治五年（1866）刻本	汉文古籍	录入	2012/09/26	临时保存	新乡市图书馆
28	410000-2217-0000285	0000285	[河南鄢陵] 康氏族谱一卷 /（清）□□修 / 清光绪刻本	汉文古籍	录入	2012/09/14	临时保存	鄢陵县图书馆
29	410000-2217-0000284	0000284	[河南鄢陵] 张氏族谱三卷卷首一卷张氏农茔祭田手册 /（清）张燦撰 / 民国石印本	汉文古籍	录入	2012/09/14	临时保存	鄢陵县图书馆
30	410000-2203-0001022	257/3	新纂氏族笺释八卷 /（清）熊峻运著 / 清雍正二年（1724）同文堂刻本	汉文古籍	录入	2012/07/20	临时保存	开封市图书馆
31	410000-2203-0001014	256/1	会稽陶氏族谱三十二卷 /（明）陶崇道辑 / 清道光十年（1830）刻本（有图）	汉文古籍	录入	2012/07/19	临时保存	开封市图书馆
32	410000-2206-0002822	* 中州 00999*13*6-3	河阳张氏族谱一卷 /（清）张肇坊编 / 清光绪抄本	汉文古籍	录入	2012/06/05	临时保存	新乡市图书馆
33	410000-2206-0002498	民国中州 00768*13*6-2	新乡王氏族谱一卷 / 王毓德等编 / 民国抄本	汉文古籍	录入	2012/05/30	临时保存	新乡市图书馆

续表

序号	普查编号	索书号	详细信息	数据类型	来源	建立时间	数据状态	单位
34	410000-2206-0002004	*2004*12	张氏族谱二卷/(清)张照暗辑/清嘉庆二十三年(1818)刻本	汉文古籍	录入	2012/05/23	临时保存	新乡市图书馆
35	410000-2201-0027771	史2701	林忠甸氏族谱二卷/(清)甸禄相纂/清同治二年(1863)刻本	汉文古籍	录入	2014/10/11	临时保存	河南省图书馆
36	410000-2201-0026486	史2307	陈氏族谱四卷/(清)陈奉璋等撰/清咸丰稿本(有图)	汉文古籍	录入	2014/09/15	临时保存	河南省图书馆
37	410000-2201-0025604	史2092	郭氏族谱十三卷/(清)郭培远辑/清乾隆刻本	汉文古籍	套录	2014/08/20	临时保存	河南省图书馆
38	410000-2201-0024824	史896	姚氏族谱/清刻本	汉文古籍	录入	2014/07/25	临时保存	河南省图书馆
39	410000-2209-0000930	2.6/25-00920	马氏族谱不分卷/(清)□□撰/清道光二十二年(1842)刻本	汉文古籍	录入	2014/06/05	一审退回待修改	许昌市图书馆
40	410000-2209-0000929	2.6/24-00919	段氏族谱/(清)□□撰/清刻本	汉文古籍	录入	2014/06/05	一审退回待修改	许昌市图书馆
41	410000-2201-0015534	16.4.3/4	春秋氏族谱一卷/(清)陈厚耀撰/清嘉庆八年(1803)禹谿吴敏修本	汉文古籍	录入	2013/06/25	临时保存	河南省图书馆
42	410000-2201-0014263	14.13/27	春秋世族谱一卷/(清)陈厚耀撰/清刻本	汉文古籍	录入	2013/03/15	临时保存	河南省图书馆
43	410000-2201-0010900	26.1.3/48	边氏族谱十卷/(清)边青黎撰/清道光十二年(1832)刻本	汉文古籍	录入	2013/01/11	临时保存	河南省图书馆

续表

序号	普查编号	索书号	详细信息	数据类型	来源	建立时间	数据状态	单位
44	410000-2201-0010881	26.1.3/34	谭渡黄氏族谱（实存三卷）/（清）黄元豹编／清刻本	汉文古籍	录入	2013/01/11	临时保存	河南省图书馆
45	410000-2201-0033780	史3462	梁郡张氏族谱□□卷／□□／清抄本	汉文古籍	录入	2014/12/01	临时保存	河南省图书馆
46	410000-2201-0033753	史3453	郭氏族谱□□卷／（清）□□著／清刻本	汉文古籍	录入	2014/12/01	临时保存	河南省图书馆
47	410000-2201-0033524	史3482	族谱 □□／清刻本	汉文古籍	录入	2014/11/27	临时保存	河南省图书馆
48	410000-2201-0033360	史3300	刘氏族谱□□卷／（清）□□编／清刻本	汉文古籍	录入	2014/11/26	临时保存	河南省图书馆
49	410000-2201-0033294	史3418	孙氏族谱 □□／清刻本	汉文古籍	录入	2014/11/26	临时保存	河南省图书馆
50	410000-2201-0033293	史3417	郭氏族谱 □□／清刻本	汉文古籍	录入	2014/11/26	临时保存	河南省图书馆
51	410000-2201-0033215	史3368	[河南新乡]郭氏族谱十一卷／清崇祀乡贤录一卷乡贤录一卷／清康熙刻本	汉文古籍	录入	2014/11/25	临时保存	河南省图书馆
52	410000-2201-0031727	民史477	获嘉卜氏族谱八卷首一卷／贾达五编辑／民国二十八年（1939）铅印本	汉文古籍	录入	2014/11/06	临时保存	河南省图书馆
53	410000-2201-0029800	史3137	[河南新乡]郭氏族谱□□卷／（清）□□纂修／清乾隆刻本	汉文古籍	套录	2014/10/28	临时保存	河南省图书馆

续表

序号	普查编号	索书号	详细信息	数据类型	来源	建立时间	数据状态	单位
54	410000-2201-0027937	史 2686	天井里张氏族谱十二卷 /（清）张祖燕著 / 清道光二十五年（1845）张氏刻本	汉文古籍	录入	2014/10/13	临时保存	河南省图书馆
55	410000-5237-0000094	00094	汪氏族谱十卷 /（明）汪志纂修 / 明弘治刻本	汉文古籍	录入	2017/07/27	临时保存	驻马店西平县图书馆
56	410000-2201-0035613	26.1.3/63	张氏族谱 /（清）张时方等续修 / 清宣统三年（1911）崇本堂刻本	汉文古籍	录入	2016/10/25	临时保存	河南省图书馆
57	410000-2201-0035611	26.1.3/62	淮阳张氏族谱 /（民国）张瓓兰、张习滨、张其端等续修 / 民国五年恒升石印石印馆石印本	汉文古籍	录入	2016/10/25	临时保存	河南省图书馆
58	410000-2294-0002040	番 215.2/61	金文世族谱四卷 /（民国）吴其昌著 / 民国二十五年（1936）石印本	汉文古籍	录入	2016/10/24	临时保存	洛阳市文物工作队
59	410000-2243-0003336	K877.3/6	金文世族谱四卷 /（民国）吴其昌著 /1936年商务印书馆胶印本	汉文古籍	录入	2016/04/13	临时保存	河南中医学院图书馆
60	410000-2294-0001901	番 209/37	陈氏族谱不分卷 /（清）陈秦章撰 / 民国写刻本（有图）	汉文古籍	录入	2015/10/19	临时保存	洛阳市文物工作队
61	410000-2294-0001360	番 209/29	朱氏族谱不分卷 /（清）朱希孔著 / 清嘉庆十八年（1813）写本	汉文古籍	录入	2015/08/27	临时保存	洛阳市文物工作队
62	410000-2201-0035002	史 3352	[山西洪洞]段氏族谱一卷 /（清）段凤魁修 / 清光绪抄本	汉文古籍	录入	2014/12/30	临时保存	河南省图书馆

续表

序号	普查编号	索书号	详细信息	数据类型	来源	建立时间	数据状态	单位
63	410000-2201-0034828	史3434	郭氏族谱不分卷 /（清）□□编 /清刻本	汉文古籍	套录	2014/12/15	临时保存	河南省图书馆
64	410000-2201-0033832	史3496	[□氏族谱]/清光绪抄本	汉文古籍	录入	2014/12/02	临时保存	河南省图书馆

附录六　程子宗谱

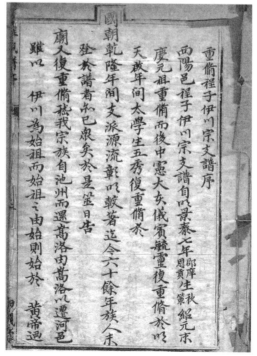

由　黄帝而下傳十一世至　休父祖佐周宣王伐玁狁徐
有功封於程國因為民始望安定程國在閣中安府之長安
城東北三十五里有程地今故址存焉春秋之世有　嬰祖
適晉存趙孤累贈忠翼疆濟孚佑廣烈公廟食絳州賜弟
廣平傳二世至　叔本祖趙簡子聘而不就按家語孔子之
鄭過程子於逯傾葢而語終日甚相親顧子路曰取束帛以
敬先生公其人也越鄰及漢有　黑祖仕漢高帝封應侯有
灰人李生　瑩祖為漢大臣至東晉有　元譚祖為

新安太守惠政於民諡忠佑公為新安始祖蹇在郡西傳十
三世至　靈洗祖孝德感神神指蓙地以報破侯景之亂仕
陳武帝以武功著累贈忠烈顯惠靈順善應王新安奉
以為神祀世忠廟傳八世至　皓祖唐玄宗開元進士
后為宣州刺史遷中山博野府今真定傳八世至　羽祖宋
太宗詔授禮部侍郎交以殿學士贈禮部尚書累贈太子
少師賜第東京太盎坊遂居京師傳三世至
先頭太中公瑀祖宋太中大夫司農少卿上柱國封永年縣

開國伯賜歸居洛宅天門街腹道坊生子二長

先賢豫國公以道先生顥祖次

先賢洛國公伊川先生頤祖皆居於嵩由

亥子百有一世焉

叭道祖生子三　端懿　端懃

伊川祖生子三　端中　端輔

端本　　　端彦宗高

端中祖傳七世至　德用祖

宗南渡攜族隨駕池州后　端彦祖君池州

叭洪武初年由池州回嵩世守祠墓

我族乃　端輔祖之苗裔也傳三世至

沛祖於南樂

孝宗年間由池州遷嵩洛講學懷州君西金城傳六世

至　慶元祖值元末之變攜兩子　大勳遷居於

此為兩陽邑　始遷祖焉越元及於叭至

國朝宗族漸盛爰紹先代之遺列其次拼其雁行使上

有所統下有所承長幼甲尊軼若列眉遠近親陳

瞭如指掌宛若黃河之水千里九曲穿龍門過積石

叭蓬於海其始固同源星宿也書成付之欹刪分之族

人俾知祖芳而自出而油然起孝敬之心若亥統河

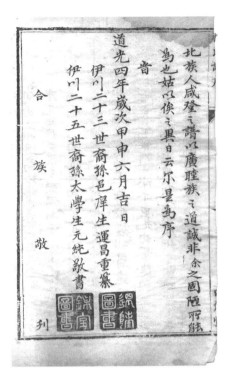

北族人咸登之譜以廣睦族之道誠非余之固陋所能

為也姑以俟之異日云尔是為序

音

道光四年歲次甲申六月吉日

　伊川二十三世裔孫邑庠生運昌重纂

　伊川二十五世裔孫太學生元純敬書

合　族　敬

刊

重纂河北西陽邑程子伊川宗支譜序

繼而序之之為纂籍而錄之之為譜纂譜

者上承先世之統而下啟後人之傳者

也我程氏宗支譜書自立圖而溯於道

光四年族人重修顏以譜序溯而上之

代不乏纂續之人故孰尊孰卑既彰明

大興祖而下列爲四帳凡我族人世系與訊
未入挂譜者咸以次收入書成付之剞劂
分之族人一則以識水源木本之有自一
則以起春露秋霜之孝思爲若夫統我
族人其遷居他方者咸錄挂譜以廣睦族
之道則又爲余之所厚望也愧念不敏

姑以俟之異日云爾是爲序

皇清咸豐指年歲次庚申六月吉日

伊川二十六世裔孫太學生汝巽重纂

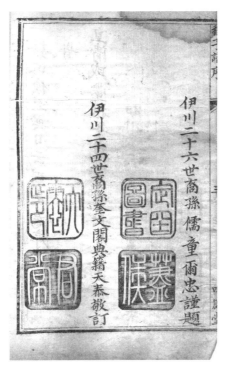

伊川二十六世裔孫儒童爾忠謹題

伊川二十四世裔孫奎文閣典籍天泰敬訂

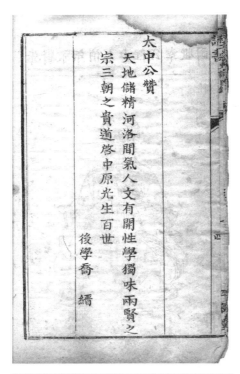

太中公贊

天地儲精河洛間氣人文有開性學獨昧兩賢之

宗三朝之貴道啓中原先生百世

後學喬　繡

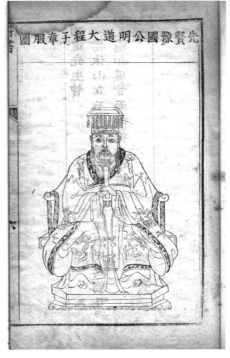

先賢豫國公明道大程子章服圖

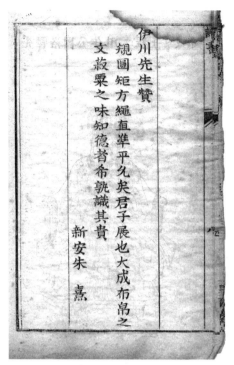

伊川先生贊
規圓矩方繩直準平允矣君子展也大成布帛之
文菽粟之味知德者希孰識其貴
　　　　　　　新安朱　熹

歷代誥勑
宋神宗元豐八年十一月二十六日勑鄉貢進士程頤孔子曰舉
逸民天下之民歸心焉吾思起巖穴之士以粉澤太平而大臣
以爾好學篤行薦於朝頤得試用故加以爵命起爾為洛人於
式此故事也盛名之下尚慎霣哉可特授汝州團練推官充西
京國子監教授填見闕　王震行
宋高宗紹興元年九月二日勑故左通直郎崇政殿說書程頤朕
惟周衰聖人之道不得傳世之學者遊道以趨利治已以為人
其間聞仁義道德之說者就從而求之亦就從而聽之間有老
佛大儒不事章句不習訓傳自得於正心誠意之妙則曲學阿

世者又從而排陷之卒使流離顛仆其禍賊於斯文甚矣尓頣
潛心大業無待而興者也方退居洛師則弟子從之孝弟忠信
及進侍講帷則拂心逆旨務引君以當道由其外以察其內以
其所已為而逆其所未為則高明自得之學可信不疑而浮偽
之徒自知學問文采不足表見於世乃弱其名以自售外示恬
然中寔奔兢外示朴魯中寔奸猾外示嚴正中寔囬僻遂使天
下之士聞其風而疾之是重不幸焉尓朕錫以贊書罷以延閣
所以振耀褒顯之者以明上之所興在此而不尚其明
靈知享此哉可特贈直龍圖閣
宋寧宗嘉定十三年正月十六日軍器監熊權考功郎官樓觀識

純公覆議曰嘗觀明道先生有言曰仲尼元氣也顏子春生也
孟子并秋殺盡見之又曰仲尼天地也顏子和風慶雲也孟子
泰山巖巖氣象也先生之品藻聖賢區別於片言隻字之間儼然
如在其左右也然則今日議先生之諡者烏可泛然而贅為之
說乎博士諡曰純公宣有得於春生而為和氣慶雲者乎及觀
伊川先生狀其行曰純公資稟既異而充養有道純粹如精金
溫潤如良玉寬而有制和而不流信斯言也諡之以純曰宜謹
議本年六月二十二日奉　旨依議
宋寧宗嘉定十三年正月十六日軍器監熊權考功郎官樓觀識
正公覆議曰伊川先生程公頣奉其兄明道先生親得濂溪先

生而師之宜其心同道行同功無間於一氣令博士謚明道以
純謚伊川以正曰純與正亦有異乎此覆議者所當辨也夫有
天資有學術學術得於師承之素天資得於稟賦之初以學術
而充天資固可以達道之精微然而天資之得於稟賦者雖聖
賢不能以強同而終亦同歸於道也明道天資純粹其接物如
陽春之溫故曰純其言之入人也如時雨之潤故曰純夫伊川天資
勁正法度森嚴豈明道所謂秋殺盡見泰山巖巖氣象之遺風
餘韻者乎考之議論擇之躬行春之立朝大節謚之以正曰宜
謹議本年六月二十二日奉　旨依議
宋理宗淳祐六年二月封程顥河南伯制曰明道初元天於河南

篤生大賢是似顏子故任承議郎宗正寺丞謚純程顥德性粹
甚天理渾然由明而誠有過化存神之妙自體達用有綏來動
和之功使得相於熙寧蒼生之福來艾朕每追惜之朕謚其遺
書如有用我期月而可直足以開萬世之太平也爰蹟從祀仍
錫之封以示褒崇以勸來者可特封河南伯餘如故趙以騰行
宋理宗淳祐六年二月封程頤伊陽伯制曰明道二年天於河南
挺生儒宗是似魯子故住左通直郎崇政殿書贈直龍圖閣
謚正程頤直內方外智崇禮甲物格知至則由体驗之功住重
道遠則自持守之固發明六藝辭嚴義密怡然理順渙然冰釋
豈獨天下之士受先覺之賜朕萬幾之暇垂意經術所籍以編

熙參夫愛躋從祀仍錫追封以示襃崇以勸來者可特封伊陽
伯餘如故趙以騰行

元文宗至順元年加封河南伯程顥豫國公詔曰上天眷命皇帝
聖旨朕惟三千之徒莫先顏氏賭言往哲式克似之故河南伯
程顥體備至和而躬承絕學元氣之會鐘於獨得聖人之道顥以
復明係百世之真儒豈追崇之可後爰蔥戲典爵以上公於戲
綢想德容儼揚休而山立事新禮命敷渙號以風行服此寵章
益綿道統可追封豫國公主者施行

元文宗至順元年加封伊陽伯程頤洛國公詔曰上天眷命皇帝
聖旨朕惟孟氏以來千有餘載不有先覺孰任其承故伊陽伯

程頤本諸躬行動有師法謂初入德始乎致知格物謂臨時從
道本乎觀象玩辭遺書雖見於表章異數尚裕於封冊胙之大
國庸示襃崇於戲規矩準繩庶有存於裕式火龍黼黻匪徒侈
於儀章懋德人文以對休命可追封洛國公主者施行

元文宗加封二程公爵食服晃九旒服九章用山龍華蟲藻火宗
彝粉米黼黻

祀典

元文宗至順元年加封伊陽伯程頤洛國公

宋理宗淳祐初視大學以明道伊川從祀孔庭
元仁宗皇慶二年建崇文閣於國子監以宋儒明道伊川等十人
從祀孔庭

明代宗景泰六年詔錄兩程後裔比顏孟例世襲翰林院五經博
士著為令典
明孝宗弘治十三年改民籍為賢籍豁除丁徭永為令典
清康熙二十五年七月內韓臣許　譚三
里題請兩程夫子進儒為賢
位列及門之下漢唐諸儒之上
清乾隆十六年三月十八日
翰祭大程文
惟爾篤抱中和學道道器德輝交暢表和風甘雨之禧享宇不
櫻昭崋嶽澄淵之度貫精誠於金石君相為之動容闢正路之
榛蕪豪彥於焉歸往竟其施設居然三代之英考厥生平豈徒

大賢以下道光豐石功著遺經朕時邁中州觀風洛邑聰言遺
愛如聞衆母之呼慨念斯文想見真儒之慨遣專官而展祀典
歆格於神靈
翰祭二程文
惟爾純學本誠明性成方大繼大中之清節既肯構而肯堂媲伯
氏之純修亦難兄而難弟事君以道大臣謇謇之風與聖為徒
儒者嚴嚴之象求孔顏之純學樂有在於曲肱旰旰爻永之微言
道匪過於下帶免作六經之羽翼宜隆千秋之蒸香朕以時延
莊蒞伊洛念哲人於彷彿依然立雪之門覽祠廟以輝光應比
春風之座用將祀事式遺專官惟異神靈尚其歆格

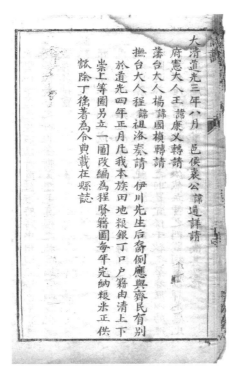

大清道光三年八月　邑侯袁公諱道詳請
府憲大人王諱康乂轉請
藩台大人楊諱國楨轉請
撫台大人程諱祖洛奏請　伊川先生后裔倒應與齊民有別
於道光四年正月凡我本族田地糧銀丁口戶籍由清上下
崇上等圖另立一圖改編為程賢籍圖每年完納糧米正供
誅除丁徭著為令典載在縣誌

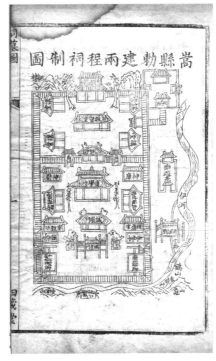

嵩縣勑建兩程祠制圖

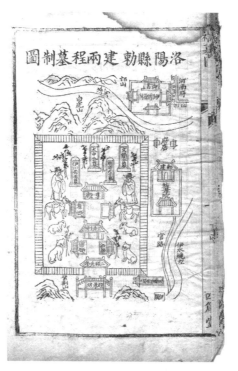

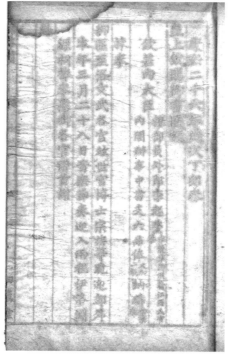

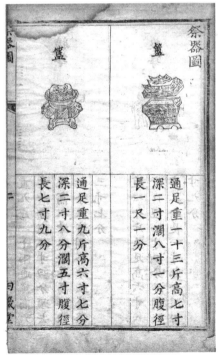

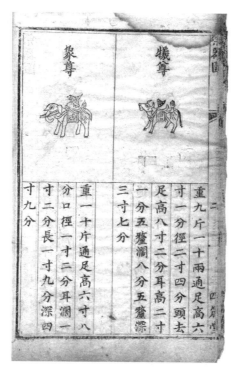

犠尊

象尊

重九斤一十兩通足高六寸一分徑二寸四分頸去足高八寸二分耳高二寸一分五鏨濶八分五鏨深三寸七分

重一十斤通足高六寸八分口徑一寸二分耳濶一寸二分長一寸九分深四寸九分

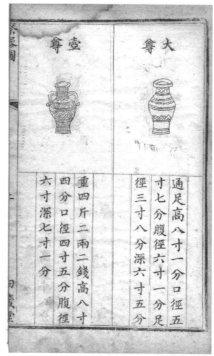

大尊

壺尊

通足高八寸一分口徑五寸七分腹徑六寸一分足徑三寸八分深六寸五分

重四斤二兩二錢高八寸四分口徑四寸五分腹徑六寸深七寸一分

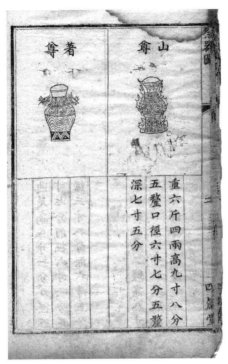

著尊　　山尊

重六斤四兩高九寸八分
五鐙口徑六寸七分五鐙
深七寸五分

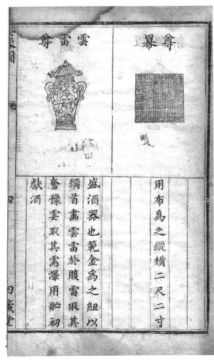

暴尊　　雲雷尊

用布爲之縱橫二尺二寸

盛酒器也範金爲之紐以
繢首畫雲雷於腹雷取其
奮豫雲取其需澤用貽初
獻酒

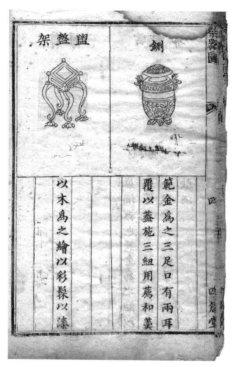

盥盤架　　　　　銅

以木爲之繪以彩髹以漆

範金爲之三足口有兩耳覆以蓋施三紐用薦和羹

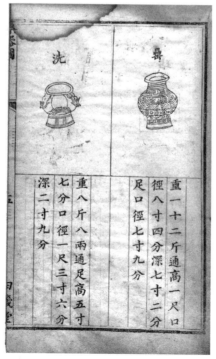

洗　　　　　尊

重八斤八兩通足高五寸七分口徑一尺三寸六分深二寸九分

重一十二斤通高一尺口徑八寸四分深七寸二分足口徑七寸九分

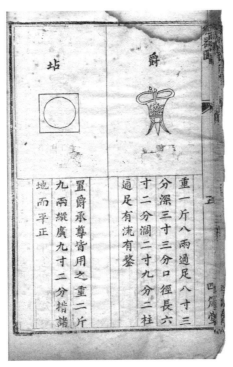

站　　　　爵

重一斤八两通足八寸三分深三寸三分口徑六寸二分濶二寸九分二柱遍足有流有鋬

置爵承尊皆用之重二斤九兩縱廣九寸二分楷諧地而平正

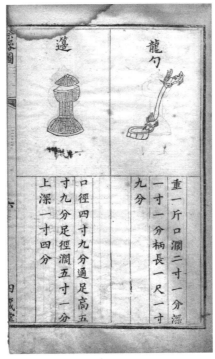

邉　　　　龍勺

重一斤口濶二寸一分深一寸一分柄長一尺一寸九分

口徑四寸九分通足高五寸九分足徑濶五寸一分上深一寸四分

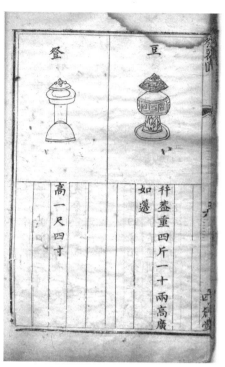

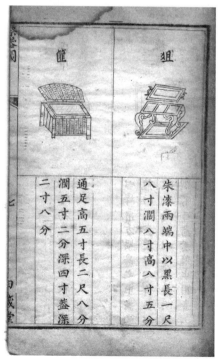

龍冪　　　　　　蓬巾

則不可畫雲龍止用青
以金錢用以覆尊若兩廡
龍兩旁畫文彩四角各綴
以絳帛方幅爲之中畫雲

以絡爲之圓幅玄被繡裏

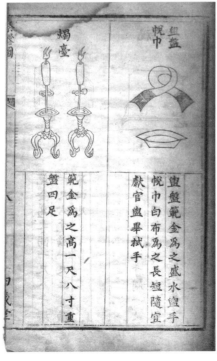

燭臺　　　　　盥盤
　　　　　　　幅巾

盤四足
範金爲之高一尺八寸重

獻官盥畢拭手
幅巾白布爲之長短隨宜
盥盤範金爲之盛水盥手

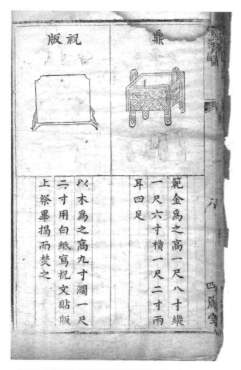

鼎
版祝

範金為之高一尺八寸縱
一尺六寸橫一尺二寸兩
耳四足

以木為之高九寸濶一尺
二寸用白紙寫祝文貼版
上祭畢揭而焚之

懷慶府
兩程夫子祠在縣署街察院東中憲大夫儀賓毓靈
府憲大人遵丁致祭永為令典詳載縣誌
林院五經博士圭璋重修立像春祀
皇清順治八年春秋祭祀世傳不爽乾隆三十七年翰
重修於
祭文
維某年干支某月干支某日干支知府某謹致
祭於
兩程夫子神位前曰惟神闡明正學
興起斯文本諸先聖淑我後人茲當仲秋式陳

324

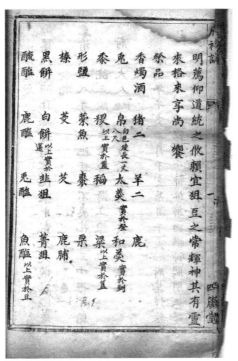

明薦仰道統之攸賴宜俎豆之常輝神其有靈

來格來享尚饗

祭品

香燭酒

豬二　羊二　鹿

兔　帛（白色長一丈入人）　太羹（實於登）　黍（以上實於簋）

形鹽　和羹（實於鉶）　稷

菱　茨　稷（以上實於簋）

葦魚　橐　粱（以上實於簋）

黑餅　橐　栗

棗　鹿脯

白餅（以上實於韭俎）　鹿醢

醓醢

鹿醢　兔醢　菁俎

魚醢（以上實於豆）

製祭品法

太羹　用淡汁肉計如無以羊甪汁代之

和羹　用豬背脊肉切每肉片滾湯浮過然后用鹽醬膏腊拌勻腰子切為支形臨祭用淡牛肉

黍　用黍米揀過淘克原滾滾湯撈起如撈飯法製造

稷　用稷米揀過淘克原滾滾湯撈起如撈飯法製造

稻　用白米揀過克原滾滾湯撈起

粱　用景禾米揀過克滾滾湯撈起

形鹽　用筋造築浮白鹽

葦魚　用白魚一尾大約一斤上下以白鹽少許醃過晒乾臨用時溫永洗净切為片時

橐　用膠棗成紅鮮棗臨用須滾浸濃酵者

菜　用大栗揉過完熟如無以核桃荔支代之龍眼亦可

榛　用榛子揉過完熟如無以核桃荔支代之龍眼亦可

菱　用菱米或鮮菱須揉過潔淨者

芡　印雞頭實揉過潔淨者

鹿脯　用活鹿一隻取肉一塊如無麞得代之

黑餅　用蕎麥麪造肉用砂糖為餡即作貢龍餅子

白餅　用根過生麪切夫本末取二寸淡用如無時用其根亦佳

韭葅　用猪脊肉勾如切小方塊用鹽酒蔥花撖蔣蘿蔔香拌作酢

醓醢

菁葅　用揀過菁菜略輕滾胸胸切作長片淡用

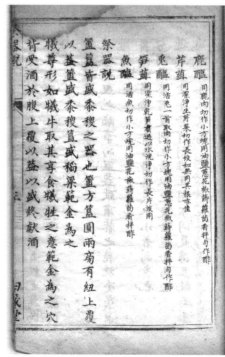

鹿醢　用鹿肉切作小方塊用油鹽蔥花椒蒔蘿蔔香拌匀作酢

芹葅　用鮮淨生芹菜切作長段如無同其根亦佳

兔醢　用活兔一首取肉切作小方塊用油鹽蔥花椒蒔蘿蔔香拌匀作酢

筍葅　用鮮淨乾筍煮過水浸淨切作長片淡用

魚醢　用活魚肉切作小方塊用油鹽花椒蒔蘿蔔香拌酢

祭器說

簠簋皆盛黍稷之器也簋方簠圓兩窩有紐上覆
以蓋簠盛黍稷簋盛稻梁範金為之

犧尊形如犧牛取其享食犧牲之意範金為之穴
背受酒於腹上覆以蓋以盛終獻酒

宗器志

象尊取形於象以明乎夏德而已夏者假也萬物
之所由而化也範金為之穴背受酒上覆以益用
盛亞獻酒
墨尊其器以佐尊也
洗所以盟也臨事而盟蓋致肅恭之義洗受葉水
惡污地也
爵按禮菁禽小者名爵其義取小者為貴也
勺剗龍菁首夏制也古以匏後世範金為之
遵豆遵古今皆竹制惟豆制不同夏楬豆敦玉豆
周獻豆今以木為之

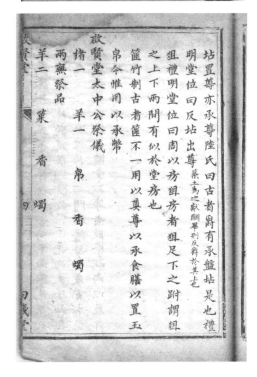

坫置尊亦承尊陸氏曰古者爵有承盤坫坫是也禮
明堂位曰反坫出尊
俎禮明堂位曰周以房俎房者俎足下之跗謂俎
之上下兩間有似於堂房也
籩竹制古者籩不一用以盛尊以承食膳以置玉
帛今惟用以承幣
欲賢堂太中公祭儀
猪一　　　羊一
兩羶祭品
羊二　　　菓　香　燭
　　　　　帛　香　燭

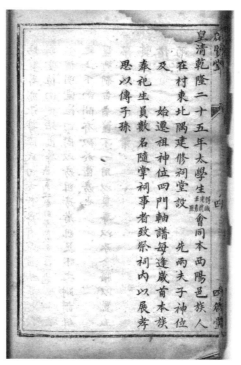

皇清乾隆二十五年太學生會同本西陽邑族人
在村東北隅建修祠堂設先兩夫子神位
及始遷祖神位四門軸譜每逢歲首本族
奉祀生員數名隨掌祠事者致祭祠內以展孝
思以傳子孫

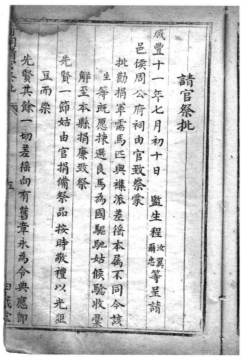

請官祭批

咸豐十一年七月初十日監生程爾忠等呈請
邑侯周公府祠由官致祭蒙
批勸捐軍需馬匹與㩝派差徭本屬不同今該
生等既愿揀選良馬為國駆馳姑候驗收蒙
解至本縣捐廉致祭
先賢一節姑由官捐備祭品按時敬禮以光
祖
豆而崇
先賢其餘一切差徭向有舊章永為令典應卸

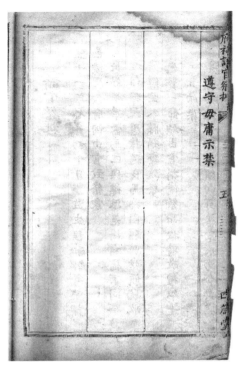

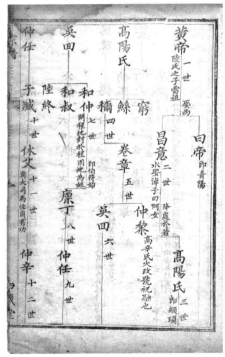

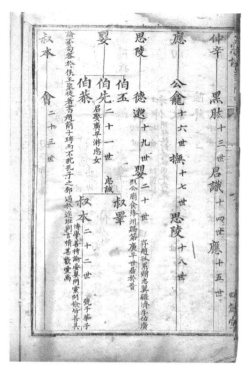

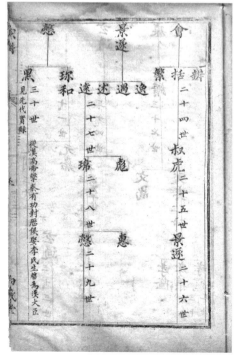

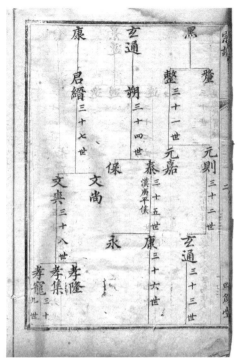

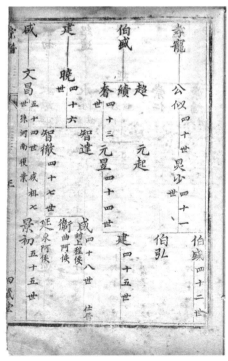

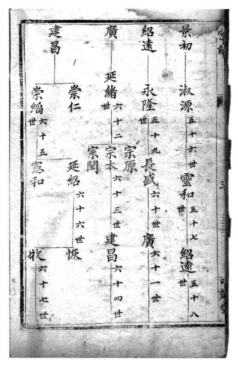

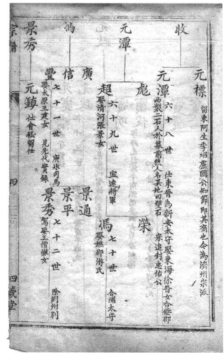

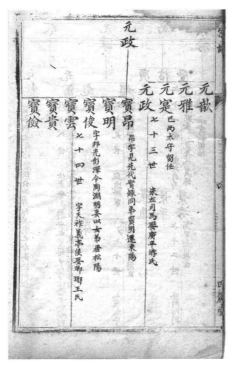

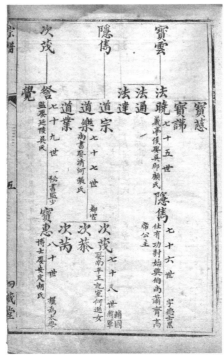

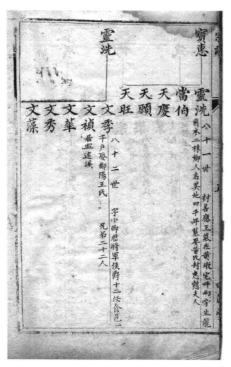

靈洗

寶惠

靈洗 八十一世 封吴應王葬左奇陂宅叶两学生龍角木二桂栁人名其地四千呼慧署曹氏村忠愍夫人

當伯

天慶

天顧

天旺

文季 八十二世 字少卿歷将軍侯爵十二任食邑一

文禎 呂監道溪

文筆

文秀

文藻

文慎 居松陽

文燦 呂淳安

文和

文恭

文幹

文翼

文會

文庸

文奇

文璉

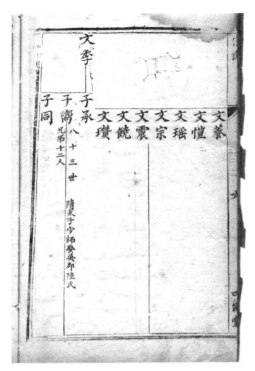

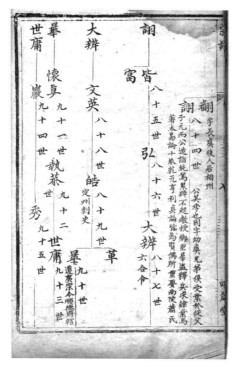

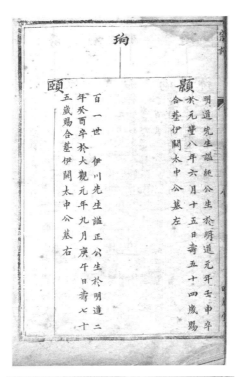

珦

顥

明道先生諱顥紇公生於明道元年壬申卒於元豐八年六月十五日壽五十四歲賜合葬伊關太中公墓左

頤

百一世
伊川先生諱頤正公生於明道二年癸酉卒於大觀元年九月庚午日壽七十五歲賜合葬伊關太中公墓右

頤

端中
於官
舉進士知六安州軍務業官內勸農營幼有高志從兄受四事采高宗南渡掾族隨寓池州死節

端輔
百二世
公字光嗣舉進士第知六安州軍務同兄二十四世至慶元祖與元末遷居於西陽邑學宗篤南渡由池州回南宋考宗懷十六大興移居於西陽邑之壻金城沛西壻而子大博之世高孫沛西曾孫篤南渡

端彦
從政即曾州司戶參軍高宗南渡從而兄隨寓沁弱居池州

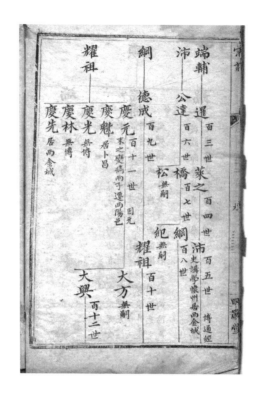

参考文献

一 著作

1. 洛阳市郊区委员会学习文史资料委员会.白居易家谱 [M].北京：中国旅游出版社，1990.

2. 王岳红.谱牒学论丛：纪念中国谱牒学研究会成立 20 周年专集第三辑 [M].太原：三晋出版社，2008.

3. 上海图书馆.中国家谱论丛 [M].上海：上海古籍出版社，2010.

4. 刘永升.青少所必读知识文丛：姓氏 [M].北京：大众文艺出版社，2010.

5. 来新夏，徐建华.中国的年谱与家谱 [M].北京：中国国际广播出版社，2010.

6. 金开诚，滕吉庆.中国古代文化史话：年谱与家谱（上）[M].长春：吉林文史出版社，2011.

7. 朱炳国.中国家谱文化 [M].南京：凤凰出版社，2012.

8. 吴宣德，宗韵.明人谱牒序跋辑略 [M].上海：上海古籍出版社，2013.

9. 陈建华，王鹤鸣.中国家谱资料选编 [M].上海：上海古籍出版社，2013.

10. 王强.中国珍稀家谱丛刊·明代家谱 [M].南京：凤凰出版社，2013.

11. 吴建华.姓氏文化与家族社会探微 [M].苏州：苏州大学出版社，2014.

12. 李万军，牛建军，赵斌.中华传统家谱文化常识 [M].郑州：中州古籍出版社，2014.

13. 肖东发，高宇飞.血缘脉系：家族家谱与家庭文化 [M].北京：现代出版社，2104.

14. 顾燕.中国家谱堂号溯源 [M].上海：上海古籍出版社，2015.

15. 山西省社会科学院家谱资料研究中心.历代姓氏丛书[M].北京：北京燕山出版社，2017.

16. 王俊.中国传统民俗文化中国古代家谱与年谱[M].北京：中国商业出版社，2017.

二 硕博士论文

17. 邓玲.海南家谱与汉文化南迁研究[D].华中师范大学，2012.

18. 齐起.族谱史料价值探析[D].吉林大学，2013.

19. 于程琳.明代徽州谱序研究[D].安徽师范大学，2013.

20. 王忠田.私修谱牒叙事的主要模式及文化内涵[D].湖北师范学院，2014.

21. 林静.魏晋南北朝谱牒学研究[D].西北大学，2015.

22. 闫康.谱牒档案的开发研究[D].河北大学，2017.

23. 刘晓静.当代家谱的编纂[D].山东大学，2018.

24. 马淑晨.明代儒家圣贤家族志研究[D].山东大学，2019.

25. 孟令龙.当代宗亲组织的社会功能研究[D].延边大学，2019.

三 期刊论文

36. 杜树景.浅谈收集家谱的方法[J].山东图书馆季刊 2003（3）：98-99.

37. 王鹤鸣.家谱的价值与弊端[J].上海教育，2006（22）：63.

38. 谢钧祥.论中华姓氏（下）[J].黄河科技大学学报，2007（1）：20-26.

39. 贺金瑞，燕继荣.论从民族认同到国家认同[J]，中央民族大学学报（哲学社会科学版）2008（3）：5-12.

40. 王鹤鸣.编纂《中国家谱总目》传承中华历史文化[J].史林，2009（3）：1-11，188.

41. 王铭，赵建华.浅析全球化背景下的中华民族认同感[J].和田师范专科学校学报，2009（1）：4-5.

42. 侯月祥.客家族谱中的堂号、堂联对客家人文化意识的诠释——以客家139姓为例[J].岭南文史，2011（2）：20-28.

43. 王开萍.浅析家谱的价值与收集 [J].四川图书馆学报，2011（1）：55-59.

44. 曹丽.中国人民大学图书馆馆藏名人家谱概述 [J].社科纵横（新理论版），2013，28（04）：259-260，262.

45. 王昭.浅谈家谱文献资源建设 [J].图书馆学刊，2013，35（07）：51-53.

46. 董洁.公共图书馆对家谱文献的收集整理与开发利用 [J].图书馆研究与工作，2013（03）：57-59.

47. 周明杰.图书馆谱牒文献研究 [J].图书馆学刊，2013，35（08）：122-124.

48. 丁攀华.温岭图书馆家谱资源库建设的实践与思考 [J].图书馆研究与工作，2013（03）：54-56.

49. 董家魁.徽州家谱研究的回眸与前瞻 [J].图书馆理论与实践，2013（06）：100-106.

50. 张安东.传统的嬗变：当代民间修谱与宗族意识的变迁 [J].理论建设，2014（06）：71-75.

51. 徐雁."百代孝慈高仰止，千年支派永流长"——20世纪五六十年代家谱文献毁损钩沉 [J].图书馆论坛，2014，34（12）：104-110.

52. 张静.家谱征集与区域历史文化研究 [J].图书馆学刊，2014，36（07）：61-64.

53. 张詠.回族家谱研究文献概况 [J].图书馆理论与实践，2014（02）：107-110.

54. 刘焕云.论客家谱牒文化的保存与活化 [J].嘉应学院学报，2014，32（07）：11-18.

55. 王忠田.家谱叙事话语特征研究——以河洛地区若干家谱为例 [J].地方文化研究，2015（2）：60-78.

56. 李建武.天津现存家谱的数量、内容和价值 [J].图书馆工作与研究，2016（08）：79-84.

57. 山石英.我国古代谱牒档案的发展研究 [J].兰台世界，2016（S1）：127-128.

58. 钱杭.20 世纪 60 年代初河南中部农村的宗族与族谱——细读《前十条》附件中的《偃师报告》[J]. 社会科学，2016（4）：131-141.

59. 柳庆龄，刘学荣.祖宗像在祭祀祖先礼仪中的宗教内涵 [J]. 大众文艺，2016（15）：272-273.

60. 王鹤鸣.中国家谱的价值 [J]. 中华魂，2016（6）：60-62.

61. 王忠田.家谱叙事话语的直义行为——以河洛地区若干家谱为例 [J]. 长江丛刊，2016，2：65-68.

62. 于美娜.家谱修复的实践与认识 [J]. 兰台世界，2017（S1）：143-144.

63. 赖广昌.客家的堂号和堂联 [J]. 华人时刊，2017（3）：70-71.

64. 王鹤鸣.少数民族家谱为中华民族的形成提供了第一手资料 [J]. 安徽史学，2017（01）：98-103.

65. 李莺莺.图书馆家谱文献的著录与保护 [J]. 晋图学刊，2017（01）：63-66，78.

66. 孙侃.庞云泰：我为家族迁徙编家谱 [J]. 文化交流，2017（12）：21-25.

67. 邬才生.谱牒文化及其在当代的传承和发展 [J]. 江苏地方志，2017（04）：70-73.

69. 王新才，谢鑫.我国图情档领域的谱牒研究：兼与史学、社会学范式比较 [J]. 图书馆论坛，2019，39（3）：112-120.

70. 张勇华.族谱编纂之法与客家联修：以谢氏、刘氏族谱为例 [J]. 赣南师范大学学报，2020，41（4）：21-25.

71. 朱忠飞.闽南客家抄本族谱的特点及其文献价值 [J]. 赣南师范大学学报，2020，41（4）：26-30.

72. 喻雯虹.公共图书馆家谱资源的阅读推广与文化传承 [J]. 图书馆，2020（7）：45-49.

后 记

家谱作为中国历史文献的重要组成部分，较之其他类型历史文献，对本家族的发展播迁及人物记载更为本真、翔实，与国史、方志等其他历史文献做比较研究时，能起到辨伪存真、文史互证的作用。作为华夏文明的重要发祥地、儒家思想形成发展的核心区，根亲意识强烈的河洛地区，家谱的内容非常丰富，特色突出鲜明，主要体现在儒家正统观念以及民族意识方面：一是入世意愿强烈；二是重视宣扬家贤的高节懿行，期望子孙建功立业、报效国家；三是尊祖敬贤、和亲睦族、勤俭创业、重视教育等，这些传统美德在河洛地区家谱叙事中得到了普遍、充分的体现。但较之家谱编撰、研究发达地区如上海、福建、安徽等，当前的河洛地区家谱整理、修撰和研究，无论是从研究深度和广度，还是从社会的整体认同上均略显薄弱，即使作为国内家谱收藏第一的机构——上海图书馆，河洛地区家谱入藏数量也很有限。宋代开始南方家谱盛出，而北方战乱频发，已有家谱失修、散佚严重，加之宋代以后经济文化中心南移，所以学界重点关注南方家谱。

古人云"谱牒，身之本也"，又云"子孙不知姓氏所从来，以昧昭穆之序者，禽兽不如也"，还有"养不教，父之过""亲不亲，故乡情"等，在传承和弘扬中国优秀传统文化中，家谱具有显著的修身齐家、建功立业、敦宗睦族的启迪、激励作用，通过修谱、知谱、爱谱，为先人的丰功伟绩树碑立传，传承前辈精神，具有重要的教化育人作用。我们基于强烈的求知渴望和从事图书馆职业的社会责任感，在工作之余，不分寒暑，无论假日，深耕于"河洛文化研究富矿"——河洛地区家谱搜集、学习、整理和研究，忧于家谱，乐于家谱，爱在家谱。2019年9月18日，习近平总书记在黄河流域生态保护和高质量发展座谈会上发表重要讲话，强调要深入挖掘黄河文化蕴含的时代价值，讲好"黄河故事"，延续历史文脉，坚定文化自信，为实现中华民族伟大复兴的中国梦凝聚精神力量。我们深入学习、贯彻讲话精神，深深感受到习总书记的讲话为河洛文化的深入研究注入了强大动力，为加强家风家教建设指明了方向。该书就是立足河洛地方文献整理研究一线，探赜索隐，钩深致远，编辑成书，旨在为深入整理挖掘、分析研究河洛地区家谱的文献内容和当代精神价值进行有益的尝试！

长期以来，我们克勤克俭，孜孜以求，学有专攻，携手共进，砥砺前行，把自己的青春年华和人生乐趣献给了图书馆工作，献给了家谱事业。我们不忘初心，长期耕耘，集腋成裘，编撰出版过高水平专著，主持完成过多项国家哲学社会科学、省级哲学社会科学等项目，发表过多篇有影响力的论文，在理论和实践相结合方面具有扎实的探索精神。在图书馆学、文献学、版本学、河洛文化研究等方面，尤其在河洛地方县志、家谱、碑刻、地契、壁画等相关文献的收集、整理、研究、推广等方面建树颇多。我们的研究实践和成果受到同行的赞赏和学界的认可，如发表的《家谱中"祖"字文化内涵探究——以河洛地区若干家谱为例》一文，在图书馆学情报学专业核心期刊《图书馆》2015年第8期发表，并被中国人民大学复印报刊资料《图书馆学情报学》2015年第12期全文转载，著名图书情报学专家黄长著研究员对该领域的研究给予了高度关注和大力支持，多次对该研究进行直接指导；著名图书馆学、文献学专家南开大学博士生导师徐建华教授在该书的整体立意、章节架构、概念把握等多方面悉心指导并欣然赐序；等等。该书就是在总结前期相关研究的基础上，参阅了国内众多同行的研究成果，对河洛地区家谱文献进行系统深入研究的一次积极尝试。

《河洛地区家谱文化研究》一书在撰写过程中，河南省高校图书情报工作委员会主任、郑州大学信息管理学院的创始人、原郑州大学副校长崔慕岳教授，南开大学商学院信息管理系博士生导师徐建华教授，原洛阳汉魏故城文物管理所所长、河洛文化著名研究专家徐金星研究员，分别欣然给该书赐序，为该书增辉许多。河南省高校图书情报工作委员会副主任、河南大学博士生导师、著名文献学专家李景文研究馆员，河南省高校图书情报工作委员会副主任、著名阅读推广专家张怀涛研究馆员，教育部高校图书情报工作指导委员会副主任、河南省高校图书情报工作委员会副主任兼秘书长、郑州大学《周易》与古代文献研究所所长崔波研究馆员等几位业界知名专家自始至终对该研究及该著作的宏观构架、细节研判给予了诸多精心的指点。河南省高校图书情报工作委员会副主任、郑州大学图书馆馆长、博士生导师姚武教授，河南省高校图书情报工作委员会副秘书长、河南大学郭鸿昌研究馆员，中原工学院图书馆馆长岳修志研究馆员等，在不同层面也给予我们诸多帮助。洛阳理工学院的诸多领导对该书的出版给予尽心尽力帮助和支持。可以说，该书的顺利面世，与上述提到的领导和专家，还有许多没有提到的朋友们的无私帮助是分不开的，我们一定铭记于心，没齿不忘！在这里，我们表达最崇高敬意，并致以最衷心的感谢！

该书付梓之际，回首品味，总体来说感觉书中对于家谱内涵研究较为深入，对家谱内容所反映出来的社会关系、宗族结构、宗教信仰等方面的揭示只是起步，下一步我们将拓展思路，加强交流，沉潜钻研，攻坚克难，在河洛家谱乃至中原家谱的研究方面，继续探索，讲好黄河文化故事，丰富河洛文化研究的内容，传承好中华优秀传统文化，使家谱在新时代迸发出迷人的光芒。书中错漏讹误之处在所难免，敬请读者批评指正！

谢琳惠　张昕宇

2021 年 3 月

图书在版编目（CIP）数据

河洛地区家谱文化研究 / 谢琳惠, 张昕宇著 . -- 北京：社会科学文献出版社，2021.12

ISBN 978-7-5201-9612-3

Ⅰ.①河… Ⅱ.①谢… ②张… Ⅲ.①家谱 - 史料 - 河南 Ⅳ.① K820.9

中国版本图书馆 CIP 数据核字（2021）第 278202 号

河洛地区家谱文化研究

著　　者 / 谢琳惠　张昕宇

出 版 人 / 王利民
责任编辑 / 李建廷
责任印制 / 王京美

出　　版 / 社会科学文献出版社
　　　　　 地址：北京市北三环中路甲 29 号院华龙大厦　邮编：100029
　　　　　 网址：www.ssap.com.cn
发　　行 / 社会科学文献出版社（010）59367028
印　　装 / 唐山玺诚印务有限公司

规　　格 / 开　本：787mm×1092mm　1/16
　　　　　 印　张：23　字　数：342 千字
版　　次 / 2021 年 12 月第 1 版　2021 年 12 月第 1 次印刷
书　　号 / ISBN 978-7-5201-9612-3
定　　价 / 198.00 元

读者服务电话：4008918866